中国金融四十人论坛

CHINA FINANCE 40 FORUM

致力于夯实中国金融学术基础，探究金融领域前沿课题，引领金融理念突破与创新，推动中国金融改革与发展。

金融支持
碳达峰、碳中和

国际经验与中国实践

朱隽 等◎著

中信出版集团｜北京

图书在版编目（CIP）数据

金融支持碳达峰、碳中和 / 朱隽等著 . -- 北京：
中信出版社 , 2022.4
ISBN 978-7-5217-4090-5

Ⅰ . ①金… Ⅱ . ①朱… Ⅲ . ①金融业－绿色经济－研
究－中国 Ⅳ . ① F832

中国版本图书馆 CIP 数据核字（2022）第 041157 号

金融支持碳达峰、碳中和
著者： 朱隽 等
出版发行： 中信出版集团股份有限公司
（北京市朝阳区惠新东街甲 4 号富盛大厦 2 座 邮编 100029）
承印者： 宝蕾元仁浩（天津）印刷有限公司

开本： 787mm×1092mm 1/16 印张： 22 字数： 255 千字
版次： 2022 年 4 月第 1 版 印次： 2022 年 4 月第 1 次印刷
书号： ISBN 978-7-5217-4090-5
定价： 79.00 元

    "中国金融四十人论坛书系"专注于宏观经济和金融领域，着力金融政策研究，力图引领金融理念突破与创新，打造高端、权威、兼具学术品质与政策价值的智库书系品牌。

    中国金融四十人论坛是一家非营利性金融专业智库平台，专注于经济金融领域的政策研究与交流。论坛正式成员由40位40岁上下的金融精锐组成。论坛致力于以前瞻视野和探索精神，夯实中国金融学术基础，研究金融领域前沿课题，推动中国金融业改革与发展。

    自2009年以来，"中国金融四十人论坛书系"及旗下"新金融书系""浦山书系"已出版160余部专著。凭借深入、严谨、前沿的研究成果，该书系已经在金融业积累了良好口碑，并形成了广泛的影响力。

目　录

双碳目标约束下的最优化模型和最优解[①]

周小川[②]

"金融支持碳达峰、碳中和"是非常重要的课题，这一课题报告我看了当中的绝大多数内容，我总体感觉，报告做得很好很充实，覆盖面广，不仅涉及了实现双碳目标的方方面面，还详细介绍了国际上的研究与实践。

碳价：宏观、微观、市场建设和信息的连接点

总的来说，可以将报告内容划分为四个方面：宏观方面（包括宏观影响、政策应对等）、微观方面、市场建设方面和信息方面（包括信息披露要求、相关标准、压力测试等）。至于如何把这四个方面联系起来，当作一个有机的整体而非零碎的板块，并

---

① 本文为作者在 2021 年 8 月 15 日的中国金融四十人论坛（CF40）内部课题评审会"金融支持碳达峰、碳中和"上所做的评审发言。

② 作者系中国金融学会会长，中国人民银行原行长。

针对性地提出政策建议，我认为碳价是一个连接点，可以使这四个方面真正形成系统工程。

为什么说碳价，也就是碳排放价格，具有连接四个领域的作用呢？

首先，确定碳排放价格实际上是想寻求一个最优解。如果从现在开始到2060年，每年都设置碳排放总量控制目标，那么基于这些控制目标会形成一个碳排放价格，它既能激励减碳行为，又是对排碳行为的惩罚，或者说是排碳行为的代价，而且这个最优解是动态的，反映了从现在开始到2030年再到2060年的减排最优路径。因此，这是一个典型的动态优化问题，最后求得的最优解也能够确定和反映年度碳配额总量。

具体而言，无论是惩罚排碳行为还是激励减碳行为，究竟什么样的奖惩措施是最优的？这在理论上是存在一个最优解的。为了得到这一最优解，我们应该构建一个最优化模型，即在年度碳配额的约束下应如何最大化国内生产总值（GDP）？或者，应如何用最小的GDP代价来实现年度碳配额？当然这一最优解不仅包含2021年的最优解，还应该包括未来若干年的最优解。

其次，在年度碳配额总量确定以后，碳排放价格还能在具体的投资场景中发挥优化配置的作用。绿色金融在10多年以前被称为气候变化融资，当时国内一些人对其是坚决抵制的。绿色金融涉及的主要问题是资源配置，也就是说怎样配置资源才既能顺利地实现年度碳排放目标，又能通过投资帮助实现未来若干年的动态目标。因此，绿色金融首要的是制定激励机制（当然它还涉及绿色意识、风险控制等问题），碳排放价格就是其中最为重要的内容。

再次，厘清这些概念和理论就能够得知什么样的市场、什么样的机制能够决定碳配额的定价，从而能够通过市场机制寻求最优解。这实际上和一般均衡理论或最优化模型中市场机制实现最优解的道理是一样的。当然，这种市场机制应尽可能地覆盖所有重要的排放和减排经济活动，也就要求必须做好基础工作，使基础数据能够反映主要经济活动。对于那些排放很少或减排力度很小的经济活动，不排除一定程度上可以忽略或简化，毕竟它们几乎对整体排放活动影响不大，不能忽视大型的排放和减排项目，因为它们关系到市场的功能建设和最优解的确定。在这当中，碳价格是宏观、微观、市场建设和信息四个方面的连接点，应该把各个环节都联系起来，形成一个系统工程。

最后，从理论模型的角度考虑，要实现动态优化就必须具备一定的前提条件。一方面，信息要充分、准确。这涉及信息收集、标准制定、信息披露等相关规定的完备性。另一方面，模型假设要合理。所有数学模型都需要相关的假设，但只有合理的假设才具有实践意义。此外，优化的目标要清晰。如果目标不清晰，最终就得不到最优解，或者即使得到了最优解，那个最优解也是模糊的。

人们对动态优化还有许多其他的讨论。其实，在习近平总书记提出"30·60"双碳目标（2030年前实现碳达峰、2060年前实现碳中和）时，其动态路径就已经基本上勾画出来了。当然，我们还可以进一步详尽优化来平衡"30·60"双碳目标和经济代价，也就是如何在实现双碳目标的同时，保持GDP代价最小化。因此，事情并非像有些人士批评减碳热情时所说的推动减碳而完全不顾生产方和GDP的损失会造成经济严重下滑。值得争议的问题反而应该是，人们是否以及如何能说明现行及想要出台的政策组合是值得信赖的优化选择？

最优政策应当基于理论模型的最优解

许多人都关注双碳目标，但对于寻求最优解的具体措施却众说纷纭。仔细观察发现，许多讨论往往都是在文字层面上寻找最优解和最优政策的。

我个人理解，最优解应当包括两个层面的含义，一个是长期的动态最优解，即从现在开始到 2060 年实现碳中和目标的最优动态路径；另一个是近期如何优化奖惩机制以实现长期目标，即在中短期内，给定从现在开始到未来三四年的时间范围，通过最优化奖惩激励来实现当期目标。

换句话说，如果顺利建成了最优化模型，即在碳配额的限制下追求 GDP 的最大化，这种模型应该能够给出碳配额的一个影子价格；如果我们在实践中采取该影子价格，就在理论上实现了最优配置，因为影子价格体现的就是最优化奖惩机制。放眼未来，它也反映了最优的投资策略，即投资到何种程度既能达成目标又最合算。反之，如果我们在实践中偏离了碳配额的影子价格，也就等同于在理论上偏离了最优选择和最优路径。

这种最优解，我个人以为是很难用文字定性地予以准确描述、论证的，因为它终究是一个定量问题，应该用定量的方法解决，并且其解决方法在数学上已经很成熟，具有可行性。因此，当前不管在国际上还是在国内讨论碳定价，都不应该人为地拍脑袋定价，而应从最优化模型出发，从碳配额总量价格出发来推出有关行业的任务和资源配置，需要严谨地证明该价格是最优选择。

在此基础上，结合理论模型来看相应的政策选择，就很好理解了。碳税可以作为一种措施，碳税加上非碳税成本（主要是碳市场价格），两者之和应等于碳配额的影子价格。碳税可能起到一定的基础性作用，但其前提条件是，所有碳税收入应该用于减碳或实现零碳的各项经济活动，包括投资等。

此外，还可以从数学模型的角度来考虑这些措施的具体结合方式，奖惩机制包括对减碳的激励和对排碳的惩罚，两者在模型中应该表示为同一个变量，只是正负号相反。因此，奖惩的绝对值应该是相同的，不可能是两个数值，要想把碳税和碳市场价格拼接起来合用，就应该考虑两者的内在统一性。

总之，目前很多人通过文字层面的定性讨论追求最优解、寻找最优路径和争论最优政策，但如果这些讨论不使用数学模型的定量表达，就会引发争议，最基本的问题是无法说明某一策略相较另一策略是更优的，也说不清各变量之间的关系。其实这些关系在模型里是非常简明清晰的，只是用定性文字难以描述出来而已。因此，应该把双碳目标这个系统工程建立在系统性理解的基础之上。

金融促进碳市场建设

最后再谈谈金融领域的政策协调，这也是避不开的。课题组在报告中就金融支持"碳达峰、碳中和"提出了多项政策建议。这当中，我认为最重要的是促进碳市场的建设，使碳市场在功能上能够寻找最优影子价格，同时在政策实践中向这一最优影子价格靠拢。

当然，除此之外，其他辅助措施也是有效的，包括道德（觉悟）方面、监管方面和国际合作方面的措施，这些补充也都有益无害。实际上，正是因为人们在实践中还不太敢向最优影子价格靠拢，奖惩措施也不够充分，所以寄希望于多补充一些辅助措施来完善市场功能。假如明确了碳排放价格的最优化，并且在实践中尽量去落实这一最优价格，那么价格将作为最主要的一项工具，很多目标就可以借此依靠市场机制予以实现。

总之，"金融支持碳达峰、碳中和"课题已经有了许多有益的探索与产出，但总体而言，气候变化问题在国内仍是一个相当年轻的研究课题，是关于"30·60"双碳目标的一项中长期议题，还需要更多的人持续研究、深入探索、不断优化，提出更加精准的、可行的政策建议，帮助人们理解、制定和评估政策，并把成果落实到实践中去，为中国经济和全球气候变化做出贡献。

代引言二

能源短缺是低碳转型中的重要挑战 [①]

李克平 [②]

本书比较全面地总结了国际低碳转型过程中的理论研究、运作模式及先进经验，对中国当前正在推进的低碳转型、双碳目标的实践有很大的借鉴意义。

能源短缺是低碳转型中的重要挑战

在国际理论研究和模式分析中，低碳转型风险的基本聚焦点是绿色科技创新、技术进步所带来的风险，特别是对传统高碳行业和传统能源的冲击。很少有研究分析低碳转型过程中能源整体会遇到的挑战。

当前的国际形势给了我们提醒。2021年全球不同国家出现

[①] 本文为作者在 2021 年 10 月 23 日的第三届外滩金融峰会全体大会二"气候变化与可持续金融：趋势、机遇与挑战"上就外滩绿色金融报告《金融支持碳达峰、碳中和》所做的主题交流。

[②] 作者系 CF40 学术顾问、中国投资有限责任公司原总经理。

了明显的能源短缺，甚至有人担心出现全球性的能源危机。我认为，本次能源短缺是对全球低碳转型的一次检验，检验原来低碳转型的理念、假设、模式是否正确；也是一次考验，考验在新旧能源转型结构中、在能源短缺冲击下、在能源生产过程中，相关体制、政策、安排能否经受得住冲击，以及能在多大程度上迅速解决短缺问题，把危机扼杀在摇篮中；此外，这也是一个很好的契机，可以认真进行总结和反思，以便在今后的低碳转型道路上走得更顺利。

本次能源短缺的原因很复杂，但有一点毋庸置疑，即低碳转型和本次能源短缺有很强的相关性。也就是说，低碳转型是能源短缺的重要原因之一。在此背景下，要关注低碳转型的相关安排和内部特性会对能源短缺产生什么样的影响。

对此，有以下几点启示。

第一，全球在低碳转型过程中低估了新旧能源结构过渡、替代、衔接的风险。相关理论、模式、实践主要关注三方面内容：一是如何减排、减碳、去碳，如何实现零碳；二是如何更快推动绿色技术创新，因为只有创新成本降低，才能用新能源彻底替代传统能源；三是鉴于碳排放的外部成本和外部性，必须建立有效的政策、体制和机制体系，以便将碳排放的外部成本内部化。这是三个最重要的问题，但需要长时间才能实现。

为什么说新旧能源结构的衔接和转换没有引起足够重视？因为目前的制度安排暗含着一种假设，即一手做减排，一手做新技术，以创新推动新能源发展，认为新旧能源结构在替代过程中可以实现无缝衔接，所以不必过于担忧全球经济增长过程中的能源供应问题。但本次能源短缺告诉我们，这种暗含的假设、美好的期望是错误的，而且这种错误不可忽视。因为能源是现代经济的命脉。像中国这种大型经济体，一旦能源整体发生问题，其影响程度和解决难度都要远高于小国。对于传统能源占比很高的经济体而言，能源是需要认真思考和关注的问题，并且这一问题在全球也同样重要。因此，我们必须重视能源短缺问题，这是可持续、平稳转型的重要支点。

第二，现有思维方式需要调整，当需要形成社会共识、动员各方力量、号召全社会为人类的未来负责任地开展行动时，必须要做更多的分析和比较，以此达成共识。而一旦确定了共识和方向，就要更多以务实理性的方式来关注具体问题。比如，中国很多报告在分析低碳转型中的行为、政策和问题时，喜欢使用两分法，认为一项措施短期内可能是负面效应，长期内是正面效应，然后总结时就把正面和负面效应进行对冲，得出"总体上利大于弊"的结论。这种思维方式在动员阶段是可以的，然而一旦进入实际操作阶段，就必须要改变。要切实分析问题是什么、怎么解决或缓解问题。理论模型可以对冲正负面影响，但现实中的所有负面问题都不会因为未来的收益和好处而被对冲掉，每个人和每家企业都必须面对和解决当前的问题。

第三，2021年"新能源稳定性差"的检验结果略超预期。原来电力行业的观点是，新能源在品质、质量等物理角度存在瑕疵；但2021年发现，新能源的稳定性比预想的要更差，波动性更大，这远超预期。新能源是为应对气候变化而发展起来的，但在实际面对气候异常时却更具有脆弱性，风电、光电、水电在气候异常时都显示出比传统能源更大的波动性，这也是今年全球能源短缺的重要原因之一。动态来看，在新能源占比越来越高的情况下，如果没有重大的技术突破，新能源的波动性会更大，这是目前面临的重要挑战。解决这一问题需要发展新能源储能技术。目前来看，储能技术要取得突破，无论从理论上还是实践上都需要时间。因此，新能源缺乏自身的调节工具，必须依靠传统能源来弥补新能源波动时的缺口。

第四，要实现全球碳中和的目标，传统能源最终要被淘汰。但在长期转型过程中，我们要有理性和务实的态度，在低碳的约束条件下保证新旧能源结构的平稳转换。传统能源不是退得越早、越快就越好的，它和新能源实际上是互相替代、此消彼长的。诚然，能源要"先立后破"，在传统能源退出前，应该先有新能源作为补充，否则会出现能源供给缺口，但这一原则在实践中要更加复杂。

传统能源退出要更多依靠市场力量

传统能源企业有以下几种退出渠道。

第一种是最理想的，即通过新技术的突破来降低成本，新能源通过自身的技术成本优势和低碳优势，完全挤出传统能源。目前来看，新技术的突破还在进行中，速度时快时慢。

第二种是通过政府补贴和扶持，改变市场竞争关系，挤出传统能源，促进新能源对传统能源的替代。目前来看，传统能源企业退出市场和政府对新能源的支持力度之间具有相关性。

第三种是行政干预。行政干预并非简单的一纸命令，而是通过行政法规、措施、标准等方式，对传统高碳行业形成压力，抬高其成本，让企业知难而退。

第四种是通过资本市场让传统能源企业退出。目前资本市场上已有企业和投资者改变了预期，资本开始更集中地退出高碳行业，这是预期所产生的市场效应。

在新能源没有"立"住时，传统能源不能退出，应该怎么退出？市场是不存在"先立后退"的。市场投资虽有波动，但可能是传统能源企业退出的正确方向。政府干预真正能调控的空间，一是通过相关标准和约束条件，推动市场向长期有利的方向转化，实现平稳过渡；二是政府对低碳行业进行补贴时，要把握好力度和进度，帮助低碳行业替代、战胜传统行业。这也是未来面临的重要挑战。

依靠市场力量解决问题的一个重要特征是，新旧能源的长期供给弹性不同。对于新能源行业，市场发生缺口时，价格上升，资本会跟进；但对于传统能源行业，价格上升时，长期投资者仍会持谨慎态度。因此，即使有市场价格信号，短期内库存清空，但从长期来看，资本对产业格局的反应仍是不同的。这可以作为低碳转型过程中解决能源供给缺口的重要驱动力。政策制定者、投资者要把握好这些方面，对能源短缺做出充分的应对。

前　言

　　推动绿色低碳转型是一项系统工程。本书聚焦金融领域，就金融在绿色低碳转型中发挥的作用，以及如何更好地发挥金融的作用进行系统研究，主要有以下六个观点。

　　第一，绿色低碳转型要控制好转型风险。本书在第一章总论中分析了绿色低碳转型对宏观经济的影响，发现在绿色低碳转型过程中，一些高排放企业和行业如果短期内压力过大，容易引发经济波动，不利于绿色转型。因此，要控制好转型风险，实现平稳过渡。

　　第二，碳市场能在低碳转型中发挥关键作用。本书在第二章至第四章中讨论了绿色低碳转型的宏观经济政策框架，第二章重点关注碳税政策，第三章重点关注碳排放权交易，第四章重点关注贸易政策。碳市场通过市场价格激发减排的内在动力，有很大的发展潜力。因此，要持续发展碳市场，完善碳定价机制。

　　第三，金融可为绿色低碳转型提供重要支持。本书在第五章对金融支持低碳转型的概念进行比较和辨析，提出以绿色金融的概念统领本书所讨论的金融支持低碳转型议题。第七章对当前中央银行及监管当局的作用与争论进行了梳理。尽管国际社会对金融在碳定价中的作用、以货币政策和审慎监管政策支持绿色金融发展等仍存在一定的分歧，但越来越多的国家开始重视金融对绿色低碳转型的支持作用。包括中国在内的一些国家的中央银行及监管当局已经走在理论与实践的前沿，在应对气候变化的风险方面进行了积极探索。

第四，应对气候变化需要加强国际合作，中国可发挥引领作用。我们在第六章介绍了绿色金融的国际倡议与协调。从 2016 年中国首次提出将绿色金融纳入二十国集团（G20）议程以来，国际组织积极行动，绿色金融相关的国际平台和合作机制不断涌现。我国是绿色金融领域的先行者，应发挥先发优势和引领作用，积极引导相关国际标准和规则的制定。

第五，发展绿色金融要做好三项基础工作。发展绿色金融需要回答三个问题：一是哪些经济金融活动是绿色的，即标准问题；二是如何获取绿色金融的信息，即信息披露问题；三是如何评估绿色金融发展不到位不充分的风险，即压力测试的问题。本书在第八章至第十章依次讨论这些问题并提出建议。

第六，市场应在绿色金融中发挥主导作用。第十一章至第十三章是国际绿色金融发展的实践，探究了多边开发机构、各主要国家绿色金融市场及中国绿色金融的发展实践。从这些实践来看，发展绿色金融需要充分激发市场活力，利用市场机制提高资源配置效率；政府可通过支持政策，为市场机制发挥作用创造适宜的环境和条件。

第一章

低碳转型
对宏观经济的影响

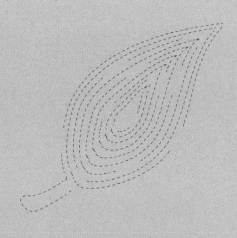

应对气候变化、践行低碳发展已经成为全球关注的焦点和世界各国的共识。气候变化可能产生物理风险和转型风险，对宏观经济造成深远的影响。作为本书的第一章，本章梳理了低碳转型对宏观经济影响的相关理论模型和实证分析，以及政策应对的框架，为后续章节的深入分析提供基础。

一、积极应对气候变化已成为国际社会的共识

　　气候变化是指气候平均状态统计学意义上的巨大改变或持续较长时间的气候变动，典型的时间跨度为 30 年或更长。当前，气候变化已成为人类社会面临的严峻挑战，其中最显著的就是全球变暖。自工业革命以来，人类大量消耗化石燃料，过度开垦土地，大气中温室气体浓度持续上升，导致全球变暖已成为当前气候变化的主要特征。

　　为应对气候变化，国际社会已着手做出共同努力。1992 年，联合国政府间谈判委员会就气候变化问题达成共识，形成了全球第一部为全面控制温室气体排放、应对气候变化的具有法律约束

力的国际公约——《联合国气候变化框架公约》（UNFCCC），构建起国际社会应对气候变化挑战的总体框架。

随后，UNFCCC 第 3 次缔约方大会（COP3）于 1997 年达成《京都议定书》，首次以国际协约的形式对发达国家温室气体排放提出量化限制，未对发展中国家设立硬性指标。但此后许多发达国家对《京都议定书》"自上而下"设立减排目标的模式表示不满并退出，《京都议定书》实际减排作用已非常有限，处于名存实亡的状态。

结合《京都议定书》的经验教训，2015 年 UNFCCC 第 21 次缔约方大会达成《巴黎协定》，提出到 2100 年要把全球平均气温较工业化前水平的升高幅度控制在 2℃ 之内，并为控制在 1.5℃ 内而努力。《巴黎协定》采取"自下而上"的灵活模式，以各国或地区决定并公布国家自主贡献（Nationally Determined Contributions，NDC，即每个国家或地区自主决定应对气候变化的行动措施）为特征，强调公平、共同但有区别的责任和各自能力原则，已获得近 190 个国家的核准。在此背景下，国际社会对气候变化问题的重视程度逐步提升，各方应对气候变化的行动开始加速。

二、气候变化对宏观经济的影响：文献综述

学术界很早就开始关注资源环境、气候变化等问题对经济发展的影响。1972 年，罗马俱乐部发布《增长的极限》一书，讨论了资源、环境与经济增长之间的关系，认为如果经济以"放任自流"的模式发展，随着资源逐渐耗尽，最终人类文明将在 2070 年之前面临经济、环境以及人口的全面失控和崩溃。这一

观点引起了广泛争议，但随着全球气候问题日益严峻，气候变化影响宏观经济已成为学术界无法回避的问题之一。

气候变化给经济社会带来的风险，与传统经济理论中的风险存在一定的差异，存在自然环境与人类经济社会的整体互动，更为复杂。为了清晰地描述气候变化风险的影响及传导渠道，学术界将气候变化给经济社会带来的风险分为物理风险和转型风险两类。

物理风险是指气候变化直接对实体经济产生的负面影响。引发物理风险的因素如下：一是热浪、干旱、洪水、飓风以及极端降雨等突发性气候事件，例如极端降雨导致的破坏性山洪暴发会对房屋财产、公共交通和农业等造成破坏；二是全球气温升高、海洋酸化和沙漠化等长期性气候变化，例如全球气温上升加速冰盖冰川融化，引发海平面上升，可能导致沿海城市、岛屿和低洼地区被淹没，带来一定的经济损失。

转型风险是指绿色转型政策加速、技术进步等人为因素引发高碳资产损失。例如，政府加快收紧环保政策、限制化石能源使用，或者清洁能源技术出现革新、新能源成本大幅下降，都会导致煤炭企业利润下降甚至破产。但转型风险对清洁能源行业的影响是积极的，例如环保技术革新和环保政策法规将利好清洁能源生产企业，提升可再生能源行业的整体资产价值。因此，综合对各行业的影响来看，转型风险对经济社会的影响不完全是负面的。

总体来看，上述两类风险既互相影响，又同时给经济和金融体系的方方面面带来冲击（见图1-1）。尽管目前准确估计物理风险和转型风险的影响仍较为困难，但经济学界已对此开展了多年的理论探索，逐步构建起从简单到复杂的分析模型，并根据不同气候变化情景不断修正模型，以更好地认识和防范风险。

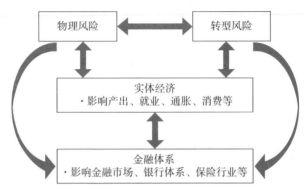

图 1-1　气候变化风险与经济和金融体系的影响关系

资料来源：作者整理。

诺贝尔经济学奖得主、耶鲁大学经济学教授威廉·诺德豪斯是气候变化经济学的奠基者。受罗马俱乐部的影响，他早期开始研究资源环境经济学，逐步认识到资源虽然有限，但科技进步能提供近乎无限的能源，真正对未来构成潜在威胁的是具有全球外部性的温室效应。随后，诺德豪斯开创性地将经济系统与生态系统整合在一个框架模型中，提出了第一个温室气体减排的成本收益模型。如今，研究气候变化的主流工具——气候变化综合评估模型（Integrated Assessment Models，IAM）就秉承了这一框架。该模型主要是将经济学中的边际分析法引入对气候变化问题的研究中（见图 1-2），即社会投入资源降低温室气体排放时，边际成本递增；但温室效应对经济的损害随着温室气体存量的减少而降低，这可视为减排的边际收益。当减排的边际成本等于边际收益时，模型达到减排的均衡点。

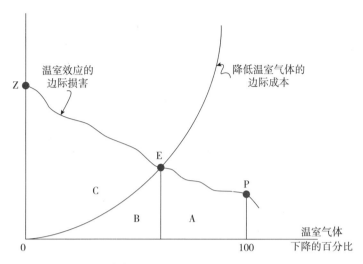

图 1-2 诺德豪斯在气候变化研究中引入边际分析法

资料来源：郭谁琼和黄贤金（2012）。

随着研究的深入，不少学者指出气候变化风险具有典型的非线性、肥尾（fat-tailed）以及系统全局性（systemic）特点，传统模型难以有效度量。因此，一些经济学家基于诺德豪斯及其改进后的分析框架，结合更新的宏观经济学模型工具，不断深化关于气候变化对宏观经济影响的理论研究，主要包括以下几类。

第一类是在经典的新古典经济增长模型中加入气候变化因素。一些学者以拉姆齐－卡斯－科普曼斯（Ramsey-Cass-Koopmans）的最优增长模型为基础，将温度等衡量气候变化的指标纳入了效用函数和资本累积方程。例如，有学者采用这一方法，提出气候变化对经济活动的影响主要有四种，即降低价值的市场效应、造成产出下降的生产力效应、降低人力资本水平的健康效应和引起资本频繁调整的资本贬值效应（Fankhauser and Tol，2005）。

第二类是运用世代交叠（Over Lapping Generation，OLG）模

型分析气候变化的代际风险转移。随着经济学理论的发展，部分学者发现无限期的增长模型无法分析气候变化风险在不同代际的转移，于是开始采用世代交叠模型研究气候变化问题。例如，有学者将海平面上升等因素看作气温升高的一期滞后结果和温室气体排放的二期滞后结果，发现气候风险在代际的分配存在不平衡、不公平的问题，需要政府积极介入以实现代际公平（Ansuategi and Escapa，2002）。最优的碳税税率应该等于减排的边际成本与现期减排给未来经济造成损害的边际现值之和，同时须针对不同代际群体设计适宜的转移支付，以确保社会福利水平的最大化。

第三类是量化测度气候变化的综合经济影响。可计算一般均衡（Computable General Equilibrium，CGE）模型是目前应用经济学领域较为常用的综合评估模型，可以反映经济体系中多个子系统的运行关系。例如，有学者将局部均衡模型与 CGE 模型结合起来，反映了气候变化给社会经济带来的综合影响（Basello et al.，2012）。王天鹏（2020）将 CGE 模型与 IAM 结合起来，从未考虑气候变化影响的均衡状态出发，模拟不同的气候响应导致要素市场、居民收入、商品需求等偏离原有均衡的情况，最后通过比较新旧均衡状态下的经济产出变化，衡量气候变化造成的经济损失。

第四类是分析不同气候变化应对政策的效果。分析应对气候变化的策略和政策时，需要考虑气候变化与经济增长的相互影响关系。格雷纳（Greiner，2004）将气候应对因素纳入 AK 类型（A 指代常量，K 指代物质资本和人力资本之和）的内生增长模型，发现开征碳税不仅会影响温度，还会影响经济增长的动态均衡过程。格雷纳（2005）构建了多区域的内生经济增长模型，发现无论区域之间是否合作，环境政策均能影响各区域的经济变量水平，也会影响长期增长率。

还有一些学者采用其他模型针对性地研究气候变化应对政策的效果，包括基于动态随机一般均衡（Dynamic Stochastic General Equilibrium，DSGE）模型分析货币政策调整促进经济绿色转型的效果（王遥等，2019；Carattini et al.，2021），通过存量流量一致（Stock-flow Consistent，SFC）模型分析气候变化对金融体系的影响（Yannis et al.，2018；Dafermos and Nikolaidi，2021），以及基于代理人基模型（Agent Based Model，ABM）研究商业银行等微观主体应对气候变化行为的影响（Lamperti et al.，2021）等。

总体来看，相关理论研究已经取得了很大的进步，这些模型也成为一些政府当局开展气候变化应对行动的分析基础。然而，现有研究也存在一定的缺陷。一是气候变化的长期性和复杂性增加了模型预测的不确定性，可能造成风险误判。二是超过一定临界值的气候变化将使全球产生不可逆转的后果，但现有模型往往关注气候变化的平均预期损失，风险分析结果存在被低估的可能。三是相关数据信息披露不足，可能直接导致各类研究对气候变化风险的分析受限，难以为制定适应性的经济政策提供有力保障。

三、低碳转型对主要宏观经济指标的影响

基于上述理论模型，国际组织和相关学者就气候变化对宏观经济的影响进行了大量分析。综合央行与监管机构绿色金融网络（NGFS）、国际货币基金组织（IMF）和经济合作与发展组织（OECD）等机构的研究看，物理风险和转型风险对宏观经济体

系的影响大多为负面影响（见表1-1），转型风险短期内可能带来负面影响，但可通过技术进步有所缓解，从长期来看，加快低碳转型利好经济体系。下面我们将聚焦于低碳转型对经济增长、通货膨胀和就业三大指标的影响，从短期和长期两个维度展开分析并归纳总结现有的研究成果。但影响情况与时间维度相关，需要分不同时期综合评判。

表1-1　气候变化对主要经济变量的影响

变量	气候变化风险的类型		
	物理风险：极端天气事件（短期到中期）	物理风险：逐渐变暖、更不稳定的温度和降水模式（中期到长期）	转型风险：向低碳经济转型（短期到长期）
产出	下降	下降	资本和劳动力的再分配可能带来跨部门摩擦
消费	下降，由于不确定性增加；上升，由于家庭需求增加	上升	可能下降
投资	下降	投资转向气候适应技术	上升，由于投资向气候减缓技术转移；下降，由于未来政策的不确定性更高
生产率	资本生产率下降	劳动生产率下降	对生产率的影响不确定
就业	下降	受气候影响大的行业劳动供给下降，部分低碳产业的就业人数增加	结构性失业上升
工资	不同行业和经济体的影响不同	下降	职工跨部门的潜在转移和培训需求上升
贸易	出口收入下降，进口成本上升	贸易路线被打乱，出口值减少	进出口路线被打乱；稳健开放的国际贸易基础设施能够起到缓冲作用，吸收气候变化冲击带来的负面影响
汇率	贬值	贬值	自由浮动汇率具备吸收冲击的能力

变量	气候变化风险的类型		
	物理风险：极端天气事件（短期到中期）	物理风险：逐渐变暖、更不稳定的温度和降水模式（中期到长期）	转型风险：向低碳经济转型（短期到长期）
通胀	波动性上升	相对价格变化和比较成本优势	能源价格最受影响，政策的不确定性影响通胀，技术变化可缓解通胀压力
通胀预期	引发更加同质化、突然和频繁的预期修正	气候冲击对实际通胀的影响时间更长	影响通胀预期的形成

资料来源：NGFS（2020）。

（一）低碳转型对经济增长的影响

短期内，低碳转型将提高生产成本，有不利于经济增长的一面。一方面，为实现低碳转型而推出的短期政策，例如碳定价、碳税等，将提高传统化石能源价格，增加经济成本，尤其将给传统能源以及建材、化工等高碳制造业带来较大的成本上升压力，从而影响经济增长。中金公司研究部（2021）指出，能源与工业领域的低碳转型成本高，需要通过改进低碳技术降低生产成本，收窄绿色溢价[①]。2021年中国电力行业的绿色溢价为17%，非电能源供应的全行业绿色溢价约为175%。另一方面，NGFS（2020）指出，在转型过程中，资本和劳动力面临跨行业、跨部门的再分配，这一过程可能存在摩擦，会降低配置效率、影响产出水平。

----

① 绿色溢价是指某项经济活动的清洁（零碳排放）能源成本与化石能源成本之差。目前通常为正值，即清洁能源成本高于化石能源成本。

但从中长期来看，低碳转型有利于经济增长。一是将减少经济因气候和环境问题遭受的损失。气候变化已经给世界各国经济的可持续发展带来了严峻挑战，全球变暖导致了日益严重的实物损失和经济损失。据 Our World in Data（用数据看世界）数据库的统计，过去 10 年，极端气象灾害给全球经济总共造成约 2.5 万亿美元的损失，比此前 10 年多出约 1 万亿美元。因此，缓解气候变化的低碳转型措施能够降低自然灾害和流行病发生的频率，从而减轻经济损失和实物损失，有利于经济的长期稳定发展。

二是低碳转型将增加投资。低碳转型需要对新技术、低碳能源基础设施等领域进行大量投资，将极大地促进经济增长。国际可再生能源署（IRENA）估算，在深度脱碳视角下，2050 年之前达到全球二氧化碳零排放需要 131 万亿美元的投资，其中 80% 以上将投资于可再生能源、能源效率、终端部门电气化以及电网建设。瑞银全球研究团队估算，从现在到 2050 年，保守估计能源体系转化需要 120 万亿~160 万亿美元的累计投资。联合国政府间气候变化专门委员会（IPCC）指出，若到 2050 年实现零排放，全球每年需要投资 1.6 万亿~3.8 万亿美元，按照 30 年的时间跨度估算，总的投资需求为 48 万亿~114 万亿美元。欧盟《欧洲绿色新政》提出，2030 年实现较 1990 年减排 50%~55% 的目标，每年需投入 2 600 亿欧元，相当于欧盟 2018 年 GDP 的 1.5%。

不少专家学者和机构也对我国低碳转型的投资规模进行了估计，基本上都是百万亿元级别。清华大学气候变化与可持续发展研究院课题组（2020）估算，为在 2050 年实现《巴黎协定》中提出的控温目标，我国以 2015 年不变价计算的能源与电力系统投资将达到 127 万亿~174 万亿元人民币。周小川（2021）指出，根据 IRENA 预测的全球 2050 年前达到碳中和需 131 万亿美元，那么中国需要约 283 万亿元人民币的投资。刘燕华（2021）指出，有测算显示中国为实现碳中和需要的资金为 300 万亿~500 万亿元人民币。从投行和咨询公司的预测看，中金、高盛、摩根士丹利、波士顿咨询公司对中国绿色投资规模的估计也都在 100 万亿~200 万亿元人民币。

三是低碳转型有利于技术进步。过去 10 来年，技术进步使光伏发电和风力发电的成本下降了约 80%，未来还存在巨大的下降空间。国内一些地区已经考虑要在 2050 年实现碳中和，比全国的目标提前 10 年，其中一个重要考虑就是，低碳转型是一个巨大机遇，会带来更多低碳绿色投资，促进技术进步和地区经济增长。

综合考虑这些因素，IMF《世界经济展望报告》（2020）测算了低碳转型对经济增长的影响程度。从 2020 年起的 15 年后，全球 GDP 增速将比不实施任何减排政策的情形高 1% 左右；2050 年后，缓解气候变化带来的新增净产出将迅速增加，到 2100 年将达到全球 GDP 的 13%。因此，如果各国加大绿色投资力度，后续稳步提高碳价格，将以合理的产出代价换取所需的减排。

不同地区因低碳转型而获得的收益也存在差异。欧洲等发达地区低碳转型启动较早，可再生能源部门规模已经较大，转型的额外益处有限；美国和中国的化石燃料资本存量较高，增加可再生能源会出现一定的调整成本，但低碳转型也会在长期内获得相对较大的新增产出；印度等人口快速增长型经济体及石油生产国的调整成本更高，但因减排获得的好处也会更大（见图 1-3）。

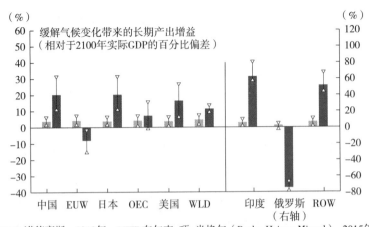

图1-3　缓解气候变化带来的不同地区中长期经济增长

注：EUW指欧盟、挪威、瑞士、英国，OEC指澳大利亚、加拿大、冰岛、列支敦士登和新西兰，WLD指世界，ROW指世界其他地区。数据标签使用的是国际标准化组织国家代码。

资料来源：IMF《世界经济展望报告》（2020）。

（二）低碳转型对通货膨胀的影响

低碳转型短期内可能提高通胀。一方面，各国加快推进环境保护和实现碳达峰、碳中和需要大量新的基础设施投资，包括对运输、水和卫生以及能源供应和使用的投资。OECD（2021）估计，如果要实现全球升温幅度低于2%的目标，未来10年，每年全球需额外进行6 000亿美元的基础设施投资，比基准情况提高10%。新增的绿色投资可能引发结构性通胀上涨。另一方面，低碳转型中的政策引导，包括碳税、碳排放权交易等政策，短期内将增加化石能源价格及其上下游生产成本，提高通胀压力。

但技术进步可有效缓解低碳转型带来的通胀压力。过去10

年，光伏、风电等设备的技术进步已经使其成本下降了80%，未来可能还有下降的空间。如果氢能、海上风能等其他新能源技术出现重大突破，整体能源成本还可能大幅持续下降，从而抑制物价水平的上升。因此，低碳转型对通胀的影响，在很大程度上取决于技术进步的步伐。

从中长期来看，低碳转型还有助于遏制全球变暖可能引发的长期通胀。从长期来看，气候变化可能危及全球水资源和食品安全，进而推高通胀。由于人类大量燃烧化石能源，导致气候变暖、冰川融化、海平面上升，干旱、洪水等自然灾害的发生频率自2000年以来几乎翻倍，并且将愈演愈烈。频发的自然灾害引发食品短缺，进而影响消费者物价指数，脆弱的低收入国家尤其容易受自然灾害的影响（沈联涛，2020）。

（三）低碳转型对就业的影响

低碳转型对就业的影响较为复杂，一方面，传统能源、钢铁等高碳制造业的就业岗位将明显减少；另一方面，新能源行业、服务业、有机农业等将创造大量就业岗位。从全球范围看，由于正负影响相互抵消，其对整体就业的长期影响可能较小。

低碳转型将使一些行业的工作岗位明显减少。能源行业受低碳转型影响较大。低碳转型要求以清洁的低碳或零碳能源代替以化石能源为主的传统能源。火电等传统能源行业将萎缩甚至退出历史舞台，导致就业减少，钢铁等高碳制造业的就业也将明显减少。以煤炭行业为例，世界银行工作论文（2021）指出，低碳转型可能造成煤炭行业的大量失业。美国煤炭工人数量已从1980

年的 22 万下降至 2020 年的 3.8 万，德国煤炭工人数量已从 1957 年的 75 万下降至 2018 年的 2 万，中国煤炭行业从业人员的数量也已从 2013 年的 611 万下降至 2018 年的 347 万。

但低碳转型也将创造大量的新增就业。一是新能源行业。IRENA 的数据显示，2012 年全球共有约 560 万人从事可再生能源相关工作，其中太阳能光伏、生物质能、风能提供了大量就业机会。而到了 2018 年，全球已有约 900 万人从事可再生能源相关工作，较 2012 年增长了约 61%。IRENA 预计，随着可再生能源的加速普及，到 2050 年将有 4 200 万人从事可再生能源领域的工作。

二是研发、技术咨询及相关绿色服务业。低碳转型将引导大量资金投资于绿色技术研发，带来大量新的就业机会。低碳转型需要融资和金融服务，这将有利于带动低碳转型相关金融行业的就业，包括清洁能源投资、低碳技术服务贸易、碳排放权交易及投资等。低碳发展带来的巨大投资，还能给包括咨询、保险、商业气象服务、环境保护和科普教育等服务业带来大量的就业机会。

三是农业和林业。与传统农业生产模式相比，低碳有机农业有着复杂的轮作系统和农业生产系统，包含更多劳动密集型生产活动，有利于就业的增加。低碳有机农业还倾向于种植更多劳动密集型作物，如水果、蔬菜等。这些作物的种植环节需要更加精细化的监测，采摘、物流运输等环节也需要更多劳动力参与以确保实现有效的信息追踪。森林能够吸收和储存二氧化碳，是天然的低成本碳汇，因此低碳转型也将使林业就业增加，具体涉及木材生产和加工、森林食品、森林药材、植树造林和森林旅游等领域。此外，资源回收和再利用行业也将新增大量就业岗位。

从中长期来看，低碳转型虽然将导致一些部门的就业产生较大幅度变动，但由于正负影响相互抵消，其对经济整体就业的长期影响可能保持在较小的范围内。IMF《世界经济展望报告》（2020）模型预测（见图1-4），在低碳转型初期，随着低碳部门（如可再生能源、建筑物改造、电动汽车生产和服务业部门）就业不断扩大，就业率会提升，预计2021—2027年，全球就业人数平均每年将额外增加1 200万人。之后随着转型推进，高碳部门（如化石燃料能源、交通运输业、重工业）就业不断减少，全球就业会略低于基线情形，最多比基线情形低0.5%左右，但到2050年前后全球整体就业又会回到基线水平之上。

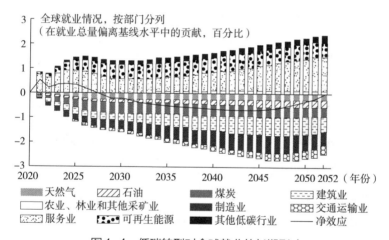

图1-4　低碳转型对全球就业的长期影响

资料来源：IMF《世界经济展望报告》（2020）。

四、低碳转型的宏观政策框架

在充分讨论气候变化对宏观经济影响的基础上，学术界和政府部门就如何做好政策应对进行了积极的探索。借鉴欧洲中央银行（2021）的研究，应对气候变化风险的宏观政策可分为三类，即碳定价政策、货币和金融政策，以及贸易政策。

其中，碳定价政策是应对气候变化经济影响的最主要手段，但面临一定的国别竞争和政治争议，下一步进展存在较大不确定性；货币和金融政策可对碳定价政策形成重要支持，由于央行在金融管理上具有较高专业性，未来可发挥更积极的作用；把贸易政策与气候目标相结合，也是实现可持续发展的重要手段，但面临国际协调的挑战。目前欧盟已提出碳边境调节税，但有国家认为这是一种变相的额外关税，不符合世界贸易组织（WTO）的规定，可能会在 WTO 层面提出异议。

碳定价政策沿袭了经济学解决负外部性问题的经典思路。根据庇古的观点，碳排放可视为负外部性问题，源于二氧化碳等温室气体排放缺乏定价机制。由于缺少价格信号的引导，市场机制在解决这类问题上无法充分发挥作用，因而需要政府采取行动克服市场失灵。碳定价主要有两种工具：一是碳税，由政府直接对外部性进行定价，属于价格型工具，是典型的财政政策工具；二是碳排放权交易体系（ETS），在给定排放总量限制的约束下，由企业在碳排放权交易市场上进行碳排放权的自由交易，最终确定碳排放权的价格，对外部性进行定价，属于数量型工具。ETS需要多种政策支持，包括财政政策、产业政策、市场监管政策、金融政策等，属于广义的政府政策。

相关研究对上述两类工具的特点和减排效果进行了比较分析。OECD（2021）认为，碳税的优点在于价格相对稳定，稳定的价格预期有利于企业经营和减排活动的开展，同时政府还可利用碳税收入增加绿色投资、加快绿色转型。但其缺点在于税率调整一般需要走立法程序，难度较大、耗时较长，同时税收征缴也存在一定的技术难度。

ETS 的优点在于减排效果更确定、能充分发挥市场机制的作用、便于实现国际协调等。OECD 认为，若能辅以适当的价格稳定机制，ETS 可能成为更具优势的碳定价机制。周小川（2021）将"有配额的一般均衡"方法应用于碳减排分析，同样发现 ETS 的价格信号最准确，激励机制也最有效，而碳税的税率较 ETS 价格形成的效率低，并且碳税更难对低碳技术提供正向激励，因此，基于 ETS 的价格信号引导全社会的碳减排是最优的机制设计。需要注意的是，尽管理论分析中 ETS 更具优势，但交易市场往往需要时间培育和建设，见效速度和碳税相比可能较慢，实践中两种工具都值得探索。

货币政策和审慎监管政策可通过引导资源配置支持绿色转型。金融体系作为现代经济的血脉，对资源配置的意义十分重大，因此货币政策和审慎监管政策可对绿色转型发挥积极的作用（Volz，2018）。从现有的研究来看，货币政策和审慎监管政策的作用主要集中体现在以下三个方面。一是资金支持，绿色转型需要较大规模投资，需要金融体系的融资支持。二是长效机制建设，通过发展低碳转型的投融资体系，引导社会资金调整配置，形成市场化的激励机制，强化绿色转型的内生动力。三是支持其他政策工具，例如可发挥 ETS 市场的金融属性，利用金融工具进一步提高碳市场在资源配置中的效率。

充分发挥金融对低碳转型的支持作用，需要建立健全低碳转型所需的投融资体系。央行及监管当局既需要推动完善相关基础设施，也要探索以货币政策和审慎监管政策引导金融体系绿色化，ETS 市场因具备金融属性，也离不开相关金融政策的支持。

贸易政策方面，目前国际各方正在探索碳边境调节缓解碳泄漏问题。一国单方面提高碳定价可能会带来碳泄漏问题，即高碳行业向低碳价的国家和地区转移，致使本应减少的碳排放转移到其他地区排出，使碳税和 ETS 政策的效果大打折扣。目前，解决这一问题有两种思路：一是设置全球统一的碳底价；二是进行碳边境调节，既可以对从碳定价低的国家进口的产品征税，也可以要求贸易商购买 ETS 配额。

在碳边境调节方面，实践中征收碳税或要求购买 ETS 配额的方式都值得探索。有一些研究比较倾向于 ETS，比如欧洲央行（2021）认为，对棕色（即高碳或污染性）进口商品加征关税对减排的影响较小，同时可能导致较大的福利损失。主要原因一是加征关税将导致实际汇率升值，从而削弱关税对贸易的抑制影响；二是被加征关税的棕色进口商品将被国内棕色商品替代，从而增加国内碳排放，从整体考虑，总的排放量并未减少；三是关税政策无法迫使企业将碳排放成本内部化。

考虑政策组合的情况，欧洲央行（2021）认为最优组合是碳定价与货币政策相结合。其中，碳定价政策专注于减排，而货币政策可降低碳定价带来的短期福利成本，为减排提供支持。主要原因有以下两点。一是引导企业转向更绿色的生产，企业生产和排放模式将受到强烈的影响，带来结构性调整。与货币政策相比，碳定价政策在结构调整上具备优势，主要专注于减排目标的实现。二是在低碳转型过程中，央行作为专业性的金融管理部门，可通过货币政策在稳定经济方面发挥至关重要的作用，从而最大限度地降低社会福利成本。在引入碳定价后，通胀和产出的波动性短期内会发生改变，但央行可通过调整其最优反应函数以适应绿色转型，实现福利改善。欧洲央行（2021）认为，在低碳转型的过程中，相对于通胀，货币政策需要对产出波动做出更多的反应，这可以显著减少转型带来的经济成本。

第二章

碳定价政策：
碳税及其作用

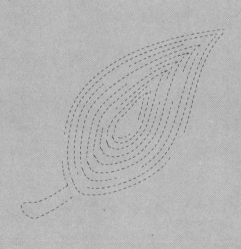

经济学理论认为，碳排放是一种负外部性，因定价机制的缺乏导致市场失灵。因此，政府干预需要建立健全碳定价机制以克服市场失灵。

一、碳定价机制

根据 UNFCCC 的定义，碳定价是指通过对温室气体排放收费，或者对减少排放提供激励的方式来抑制温室气体排放[①]。世界银行提供了类似的定义，认为碳定价是指对温室气体排放产生的外部成本进行定价，从而使排放主体承担相应的社会成本。碳定价能够向排放主体发出价格信号，以价格机制引导市场主体自发行动，在减排与付费之间进行决策，充分发挥"看不见的手"的作用，无须政府规定谁该减排、减排多少。OECD（2021）则指出，合理有效的碳定价能恰当提高碳排放活动的价格，降低市

[①]　UNFCCC 关于碳定价的定义详见 https://unfccc.int/about-us/regional-collaboration-centres/the-ci-aca-initiative/about-carbon-pricing#eq-4。

场对高碳能源的需求，并鼓励清洁能源消费与研发，从而降低温室气体排放。OECD测算，全球碳价每上升1欧元，会使二氧化碳排放规模在长期内下降0.73%。

UNFCCC、IMF、世界银行与OECD认为，碳定价政策主要包含两个方面。一是碳税，即对排放二氧化碳等温室气体的行为直接征税，明确每吨二氧化碳排放的税率。二是ETS，即预先设定二氧化碳等温室气体排放总量并发放配额，多排放的企业要么减排，要么需要在市场上购买排放配额。由于二氧化碳是最主要的温室气体，将碳排放权作为商品进行交易的平台通常被称为"碳市场"，上述市场交易机制则被称为"碳交易"。

碳定价主要靠价格信号调节碳排放，是气候变化应对政策体系中的重要一环，也是宏观、微观、市场建设和信息这四个方面的连接点，能将实现双碳目标的各个环节联系到一起，形成一个系统工程。与产业政策和减排行政指令等其他气候变化应对政策相比，碳定价政策在以下方面具有明显优势。

一是低成本、高效益地对碳排放进行长效调节。从经济学成本收益的角度看，只要减排的边际成本低于碳排放所需支付的碳价，那么排放主体就有动力持续减排。从理论上看，如果碳价等于企业和居民的边际减排成本，全社会的减排成本将实现最小化。因此，当一个国家或地区通过碳定价机制实施统一碳价时，将使各类排放活动的边际减排成本趋于均等，降低不同行业和区域因碳价差异而可能导致的套利行为，并促进整个社会层面减排。

二是充分调动排放主体积极性，减排方式更加灵活多样。相比政府等监管机构，企业和家庭部门等排放主体更为了解自身实际排放情况，以及具体的减排成本和合适的减排手段。碳定价机制可充分利用排放主体的信息优势，由排放主体选择最适合自己的减排手段，主动自行减排。直接制订行政的减排计划可能对大型重点排放主体较为有效，而对于中小型碳排放主体，运用碳定价的方法减排成本更低，效果也更好。

三是有助于抑制提高能效可能导致的碳消费反弹。提高能源使用效率，如提高单位质量煤炭的发电量将有助于减少排放。但能效提高后，由于电价可能随之下降，消费者可能增加对电能的使用，进而部分抵消能源利用效率提高带来的减排效果。除这种"直接反弹"外，还存在"间接反弹"，即消费者可以将节能省下来的钱用于其他高碳消费。碳定价政策能够直接增加排放活动成本，抑制消费者使用更多的高碳能源与商品，从而有效减弱"直接反弹"和"间接反弹"。

四是引导社会资金投向低碳技术创新与清洁能源投资。一方面，清洁能源的使用与技术创新是实现减排的重要途径，IMF和OECD的研究显示，碳定价与节能减排的技术创新之间呈正相关。也就是说，碳价会为减排技术创新提供持续动力。另一方面，碳价也会影响高碳排放项目的收益，导致其对投资者的吸引力相对于清洁项目下降。特别是合理的、稳定的碳价有助于投资者形成稳定的预期，促进节能减排方面的长期投资增加。

五是增加政府的财政收入。尽管碳定价政策的主要目的是促进减排，但同时也会给政府带来一定的财政收入，包括碳税收入和碳排放权的拍卖收入。OECD（2021）指出，在一些欧洲国家，来自碳定价机制的收入占GDP的比例已超过1%。相关财政收入在支持减排的同时，还可用于补贴因减排而受到影响的低收入家庭，增加可持续行业就业机会，促进可持续增长，实现有效的收入再分配。

根据一些国际组织的测算，全球许多碳排放尚未纳入碳定价体系，并且当前碳价无法实现《巴黎协定》的控温目标。OECD（2021）对 42 个国家的 6 个高排放行业的碳价进行了统计，统计范围覆盖全球化石能源二氧化碳排放量的 80%。统计结果显示，全球约有 46% 的二氧化碳排放尚未被定价。即便是已被定价的排放，也只有 12% 的碳价高于实现《巴黎协定》2℃控温目标所需的最低门槛，即 30 欧元 / 吨。而根据世界银行（2021）的估算，若要低成本、高效率地实现《巴黎协定》提出的 2℃控温目标，全球每吨二氧化碳排放的定价在 2020 年需达到 40~80 美元，并在 2030 年前达到 50~100 美元。

碳税是碳定价的工具之一，是应对气候变化的重要发力点。近年来，越来越多的国家采取碳税政策激励减排。本章将重点讨论碳税政策的优势和潜在不足，并对我国采取碳税政策提出一些基本的设想。

二、碳税的机制与特点

碳税即对排放二氧化碳等温室气体征税，是碳定价的重要工具之一。碳税是由政府部门来设定碳排放价格，并由市场来决定碳排放总量的，属于价格型工具。碳税在机制上比较简单，主要是先明确单位碳排放的价格，并针对化石燃料中碳的排放量来征收，即消耗单位燃料时产生的二氧化碳排放量乘以单位二氧化碳的排放价格。通过税收手段，碳税可以将外部环境成本转化为生产经营成本，引导市场主体减少化石燃料消耗、提高能源使用效率，并向低碳减排活动转型。

除上述定义之外，IMF（2021）也指出，各国广泛实施的燃料消费税也能起到激励减排的作用，可被视为一种隐形碳税。下文的讨论和研究将主要集中于狭义的碳税，不包括燃料消费税。

碳税政策有三大优势。第一，更适应大力度减排的要求。麻省理工学院的韦茨曼（Weitzman）教授在 20 世纪 70 年代提出，如果边际减排成本曲线比边际碳排放影响曲线更加陡峭，那么价格工具更为合适；反之则数量工具更优。OECD（2021）研究指出，由于《巴黎协定》要求在 21 世纪中期实现碳中和，意味着未来 30 年需要开展非常大力度的减排，边际减排成本曲线将大概率比边际碳排放影响曲线更加陡峭。在此背景下，固定价格的工具可能比固定数量的 ETS 和行政指令型工具更合适。

第二，可兼顾多重政策目标，从而能更好地适应不同国情。碳税有助于实现三项政策目标。一是保护环境。碳税可以增加企业碳排放成本，通过经济手段敦促企业自行减少温室气体排放，减缓全球变暖趋势。二是推动清洁能源使用。碳税能够抬高化石燃料价格，缩小清洁能源与化石能源的成本差距，从而增强清洁能源的市场竞争力。三是带来一定的财政收入。IMF（2021）测算，若全球实施 25 美元的碳税税率，将带来约占 GDP 0.8%的额外财政收入；若全球实施 50 美元的碳税税率，将带来约占 GDP 1.4%的额外财政收入。以美国为例，按 50 美元 / 吨的价格征收碳税，可在未来 10 年征得 2.2 万亿美元的财税收入。

第三，操作层面见效快、成本低、价格稳定并具备灵活度。一是见效快。碳税可直接增加温室气体排放成本，快速挤压资源密集型企业利润空间，倒逼其减少碳排放，采取节能减排或限制升温的措施，在短时间内实现碳排放量的大幅降低。例如，IMF（2021）估算，若美国在2030年前征收每吨50美元的碳税，则该国年二氧化碳排放量将减少22%。二是实施成本低。碳税主要依托现有税政体系实施，无须设立新机构，也不需要像ETS一样设计太复杂的市场规则和产品，已有的市场机制和配套基础设施还可以继续被有效利用。三是碳价相对稳定。各国调整碳税税率一般需要走立法程序，例如需要议会投票通过，这需要政府做大量准备工作并充分征求公众意见，难度较大，耗时较长。因此，OECD（2021）观察发现，中长期内各国燃料税的有效税率变化很小。这有助于形成稳定的价格预期指引，指导企业根据政府部门设置的碳税税率安排中长期减排行动。四是存在一定的灵活度。政府部门可根据国内发展情况灵活设置碳税税率和优惠政策，使其符合减排要求和经济发展需求。

但碳税也存在明显的局限性。一是作为价格型工具，对排放总量控制力度不足。碳税是由政府确定碳排放价格、由市场决定排放量的，最终的均衡排放量是不确定的。而碳税税率又不太可能在短时间内大幅调整。由于碳税会体现在能源与产品的最终价格上，若设置的税率高于居民和企业的承受能力，可能影响正常的经济活动，甚至影响民生。反过来，若设置的税率相对较低，则高排放、高收益的企业可维持原有生产经营模式不变，减排意愿低，减排总量不足。二是易发生税收的级联效应（cascading effect）。级联效应指单一税征于商品生产、销售等环节，最终累积于末端消费者。若碳税没有关于进项税减免的规定，则容易导致末端消费者被重复征税。三是不利于全球减排联动。为规避一国征收的碳税，跨国公司可轻易调整市场策略，并将高碳产业转移至碳税负担较轻的国家，造成本国碳泄漏。

三、对各国碳税实践的比较分析

世界银行的统计显示，截至 2021 年 5 月，全球已有超过 30 个国家和地区实施碳税政策（见表 2-1），我国并未征收碳税。2008 年以前，仅有 8 个欧洲国家明确实施碳税政策，主要集中于起步较早的北欧国家，如芬兰、挪威、瑞典、丹麦等。近年来，实施碳税政策的国家数量快速增长，范围横跨各大洲的发达国家和发展中国家，覆盖二氧化碳排放总量达 300 亿吨，占全球二氧化碳排放总量的 5.5%。仅在 2020 年和 2021 年初，就有荷兰、卢森堡以及墨西哥的塔毛利帕斯州和下加利福尼亚州新出台了碳税政策。

表 2-1　全球主要国家和地区碳税政策方案（截至 2021 年 5 月）

	国家或地区	实施时间	覆盖二氧化碳排放量占辖区内总排放量的比重（%）	碳税税率（美元/吨）
1	芬兰	1990 年	36	72.8（运输业燃料）62.3（其他化石燃料）
2	波兰	1990 年	4	0.1
3	挪威	1991 年	66	69.3（上限）3.9（下限）
4	瑞典	1991 年	40	137.2
5	丹麦	1992 年	40	28.1（上限）23.6（下限）
6	斯洛文尼亚	1996 年	50	20.3
7	爱沙尼亚	2000 年	6	2.2
8	拉脱维亚	2004 年	3	14.1

	国家或地区	实施时间	覆盖二氧化碳排放量占辖区内总排放量的比重（%）	碳税税率（美元/吨）
9	加拿大不列颠哥伦比亚省	2008 年	78	35.8
10	列支敦士登	2008 年	26	101.5
11	瑞士	2008 年	33	101.5
12	爱尔兰	2010 年	49	39.3
13	冰岛	2010 年	55	34.8（化石燃料）19.8（含氟气体）
14	乌克兰	2011 年	71	0.4
15	日本	2012 年	75	2.6
16	英国（碳交易地板价机制）	2013 年	23	24.8
17	法国	2014 年	35	52.4
18	墨西哥全国层面	2014 年	23	0.4~3.2
19	葡萄牙	2015 年	29	28.2
20	墨西哥萨卡特卡斯州	2016 年	—	—
21	加拿大阿尔伯塔省	2017 年	已于 2019 年 5 月 30 日取消	—
22	智利	2017 年	39	5
23	哥伦比亚	2017 年	24	5
24	阿根廷	2018 年	20	5.5
25	西班牙	2018 年	3	17.6
26	加拿大爱德华王子岛	2019 年	56	23.9
27	加拿大联邦层面	2019 年	22	31.8
28	新加坡	2019 年	80	3.7
29	加拿大纽芬兰和拉布拉多省	2019 年	47	23.9

	国家或地区	实施时间	覆盖二氧化碳排放量占辖区内总排放量的比重（%）	碳税税率（美元/吨）
30	加拿大西北地区	2019年	79	23.9
31	南非	2019年	80	9.2
32	加拿大新不伦瑞克省	2020年	39	31.8
33	墨西哥塔毛利帕斯州	2020年	—	—
34	墨西哥下加利福尼亚州	2020年	—	—
35	荷兰	2021年	12	35.2
36	卢森堡	2021年	65	40.1（上限）23.5（下限）

资料来源：世界银行《2021年碳定价国家与趋势报告》。

因经济发展阶段和减排目标等方面各有特点，各国碳税政策仍存在较大差异。但各国在碳税的具体实践中也有一些共同之处，主要体现在碳税的税制设计、税基选择、征税环节、税率水平、税收用途、税负优惠、实施效果等方面。

第一，从税制设计看，碳税既可以在全国推广，也可以开展地区性试点；既可以作为单列税种，也可以纳入现有税种之中。根据上述维度，碳税可按照其税制设计分为三类。一是在全国实行，并且作为单独税种。如芬兰、瑞典、荷兰等为减少温室气体排放，专门设立碳排放税。二是在全国实行，但不作为单独税种，而是将碳税隐含在现有税种中。如日本等在能源消费税、环境税等现有税种中加入碳排放因素，形成隐形碳税。三是只在国内特定区域实施，并且多处于试点阶段，如加拿大不列颠哥伦比亚省、美国加利福尼亚州、墨西哥塔毛利帕斯州和下加利福尼亚州等。

第二，从税基选择看，既可以根据实际碳排放量作为计税税基，也可以按照化石能源消耗量折算，国际上通常使用后一种方式。碳税税基是指有责任支付碳税的燃料、行业或市场主体，税基的选择将影响减排效果、碳税收入和政策实施成本。目前，碳税税基主要分为两类。一是以二氧化碳的实际排放量为计税依据，只有智利、波兰等少数国家采用。这种方法可直接反映排放量，但技术要求和实施成本高，需要企业购买二氧化碳监测设备，捕捉、测算和报告二氧化碳排放量。二是以化石燃料消耗量折算的二氧化碳排放量为计税依据，既可以从生产环节根据煤炭、石油等化石燃料以及煤焦油等燃料产品的含碳量直接折算，也可以从消费环节根据电力、运输等服务消耗的化石燃料的含碳量间接折算。这种方法在技术上更加简单可行，不需要企业运用新技术对二氧化碳排放量进行捕捉、测算和报告，行政管理成本相对较低。

第三，从征税环节看，多数国家主要是对能源的最终使用者征收碳税，少数国家也在生产环节征收。征税环节决定了纳税主体。理论上，碳税可以从化石能源供应链条的一个或多个环节征收。实际中，从征税效率和可操作性出发，多数国家主要在能源最终使用环节征税，即谁使用、谁排放、谁缴税，纳税主体通常是下游经销商或消费者（包括企业和居民）。在这种情况下，既可以按企业的实际二氧化碳排放量直接计税，也可以根据燃料消耗量、用电量等间接计税。另一种情况是在生产环节征税，如在加拿大，纳税主体主要是煤炭、石油、天然气的生产商、进口商和加工商，最终碳税会反映在燃料价格上，由使用者承担。

第四，从税率水平看，目前碳税税率总体仍然较低，并且各国和地区分布差异巨大，欧洲发达国家碳税税率普遍更高。截至2021年5月，全球碳税税率呈现从不到1美元/吨（波兰、乌克兰）到137.2美元/吨（瑞典）的巨大价格差异。碳税税率较高的主要是欧洲发达国家，特别是北欧。近一半国家和地区的碳税税率仍低于20美元/吨。各国间碳税税率差异大的主要原因是，不同发展阶段国家的减排目标和时间表不同，并且部分国家和地区除碳税以外，还有能源税或ETS等其他碳定价政策或减排政策，减排效果需要综合衡量。

第五，从税收用途看，各国一般是将碳税收入用于减排，即通过补贴返还或用于节能减排投资（见表2-2）。一些国家将碳税收入用于节能减排投资，包括新能源技术和碳减排技术的创新研发。例如，丹麦将来自工业部门的碳税收入全部作为改善工业能效的投资资金，日本将部分碳税收入投资于新能源技术的研发。还有一些国家使用碳税收入来补偿受到碳税负面影响较大的居民或地区，如法国、丹麦、加拿大通过转移支付来补偿受碳税影响较大的居民或地区。综合考虑国际经验，笔者认为，考虑到碳税的本质是对高碳排放活动征税，相应地，政府的碳税收入应全部用于激励减排或弥补居民付出的转型成本，特别是用于引导气候变化投资和激励投资（周小川，2021）。

表2-2　主要国家碳税收入用途比较

国家或地区	是否纳入一般预算管理	碳税收入主要用途
丹麦	是	用于各种公共天然气补贴和电力供热系统补贴，后来也用于降低居民税负
芬兰	是	部分用于奖励能源利用效率提高的企业
瑞典	是	弥补同期由于碳税而降低的个人所得税财政收入，代替个人所得税成为税源

国家或地区	是否纳入一般预算管理	碳税收入主要用途
挪威	是	主要用于抵扣企业的劳动力成本
德国	否，进入养老金账户	用于养老金补贴、改善社会福利，或用于支持发展可再生能源项目
英国	否，进入养老金账户	用于节约能源技术的研发和运用等
加拿大不列颠哥伦比亚省	是	将碳税收入返还给居民
法国	是	将碳税收入返还给家庭或企业，并以"绿色支票"作为返款媒介

资料来源：根据公开资料整理。

从具体实施效果来看，碳税已对一些国家的温室气体减排和经济低碳转型发挥了积极作用。例如，英国自 2013 年实行碳税以来，燃煤电厂效益显著降低，燃煤发电量大幅下降，2014 年天然气取代燃煤，成为英国电力供应的最主要燃料；2017 年风力、生物质能发电体量均超过煤电。瑞典自实施碳税政策后，化石燃料在工业耗能中的比例降至 30%，能源结构得到明显改善。加拿大不列颠哥伦比亚省自 2008 年征收碳税以来，已促进该省碳排放减少 5%~10%，并且对经济活动的负面影响有限。

但目前各国碳税水平较低，碳税的作用仍有提升空间。当前全球碳税税率平均水平约为 2 美元 / 吨，若仅依靠碳税政策，上述税率与实现《巴黎协定》2℃控温目标的税率水平还有很大距离。IMF 建议，为顺利实现控温目标，不同国家需要设置不同的碳税税率。对于减排目标相对较高的国家，在仅依靠碳税的情况下，每吨二氧化碳排放的税率应达到 75 美元左右；对于减排目标较低的国家，每吨二氧化碳排放的税率约 10 美元就足够了。

目前我国尚未实施碳税政策。前期国内也对碳税方案进行了研究探索，但不同部门对征税环节、税种科目设立、行政监管条线尚存在不同设想，最终未达成统一方案。

碳税政策值得我国继续研究探索。IMF曾积极呼吁中国将碳税作为减排、防治污染的优先政策选项。IMF估测，若中国自2017年起加征碳税，并且税率由2017年的15元/吨二氧化碳逐步上调至2030年的227.5元/吨二氧化碳，那么到2030年可实现NDC承诺，即单位GDP二氧化碳排放比2005年下降60%~65%。征得的碳税收入约占GDP的3%，若使用恰当，不仅可以支持清洁能源和低碳技术发展，还可以适当补贴受碳税影响的低收入群体。

以国际经验为基础，未来我国可积极探索开展碳税试点，作为全国性ETS市场的补充，对其形成协同效应。实施碳税政策需充分考虑经济发展情况、纳税方承受能力等综合性因素，可先选取试点，根据效果视情在全国推广应用。在税基选择上，可借鉴北欧国家的经验，根据化石燃料、燃料产品含碳量，通过公式合理估算碳排放量，以此作为计税依据。在税率设计上，可参照全国性ETS市场的现行价格，在确保价格信号一致的基础上，从低税率起步，按可预测的路径逐步提高，最终产生合理的碳税税率形成机制。

同时，宜恰当设计碳税收入安排，并遵从专款专用原则。碳税主要目标是减缓气候变化、保护生态环境，若被用于平衡预算或弥补赤字，难免出现走样。因此，碳税收入宜遵从专款专用的原则，用于支持新能源的开发普及，以及碳捕集、碳吸收等新技术的研发。同时，可考虑适当减免受到碳税影响的企业与个人所得税、社会保障缴费等，实现总体税负大体稳定。此外，还可以根据各地区、行业的发展阶段和资源禀赋，进行地区间、行业间和群体间的转移，提升社会公平性。

第三章

碳定价政策：
碳市场及其作用

碳定价的第二大工具是ETS。从定价方式来看，碳税直接确定碳排放价格，而ETS是通过市场交易来确定碳排放价格的。从政策属性看，碳税属于典型的财政政策，而ETS作为交易市场，需要财政政策、产业政策、金融政策等形成合力，特别是碳市场和碳交易都离不开金融政策的支持。除官方推动的有强制性特点的ETS外，市场也自发形成了以碳汇交易为特点的自愿碳市场，与官方ETS互为补充，丰富和完善碳市场体系。

一、ETS 的定义与特点

　　根据UNFCCC的定义，ETS是一种总量控制下的碳排放配额交易方式（Cap-and-Trade System），其具体机制是，由政府确定每年二氧化碳等温室气体的排放总额，即"企业需要持有配额才能排放温室气体，同时能够在市场上自由交易排放配额"[①]。由

[①]　UNFCCC 关于 ETS 的定义详见 https://unfccc.int/about-us/regional-collaboration-centres/the-ci-aca-initiative/about-carbon-pricing#eq-4。

于二氧化碳是全球最主要的温室气体，各方通常将温室气体的排放权交易简称为"碳交易"，并将相关市场交易机制称为"碳市场"。

ETS 的理论基础来自"科斯定律"，旨在通过市场方式减少二氧化碳排放。制度经济学家科斯认为，在污染权明确且可以在市场上进行交易的条件下，市场本身可有效消除排污行为的外部性。此原理最初用于排污权交易，随后拓展至温室气体减排。ETS 通常由政府确定每年的碳排放总额上限，然后有偿或无偿地向企业分配碳排放配额，同时允许企业间交易碳排放配额，以达到减排目标。

近年来，ETS 作为一种市场化的减排手段，在越来越多的国家和地区得到应用。自欧盟从 2005 年开始运行全球首个 ETS 以来，ETS 全球版图不断扩大，2021 年中国、英国和德国均建立了国家层面的 ETS。截至 2021 年 7 月，含我国碳排放权交易市场在内，全球已运行的国家和地区层面的 ETS 有 21 个，还包括欧盟层面的 EU ETS（欧盟碳排放权交易体系），其他 8 个国家层面的 ETS，以及 11 个州、省、市层面的 ETS（见表 3-1）。此外，其他国家正在筹划推进中的 ETS 有 8 个，提出初步设想的 ETS 有 16 个。目前全球 ETS 涵盖的二氧化碳年排放量约 80 亿吨，占全球年排放总量的 16%。其中，中国 2021 年建立的全国统一 ETS 市场是全球最大的碳市场，首批纳入电力行业，覆盖年均近 40 亿吨二氧化碳排放。未来，行业覆盖范围将逐步扩大至石化、化工、建材、钢铁、有色、造纸、航空等。初期配额分配较为宽松，并且全部免费分配，以帮助市场平稳起步，之后将逐步提升有偿分配占比。

表 3-1　主要国家和地区已运行的 ETS 基本情况

	名称		成立时间	2021 年 4 月碳交易均价（美元／吨）
区域层面	EU ETS		2005 年	49.8
国家层面	瑞士 ETS		2008 年	46.1
	新西兰 ETS		2008 年	25.8
	哈萨克斯坦 ETS		2013 年	1.2
	韩国 ETS		2015 年	15.9
	加拿大联邦层面 ETS		2018 年	31.8
	墨西哥试点 ETS		2020 年	—
	德国关于取暖和交通燃料碳排放的 ETS		2021 年	29.4
	英国 ETS（以取代英国原来参加的 EU ETS）		2021 年	碳交易地板价为每吨 24.8 美元，2021 年 5 月英国首次碳排放配额拍卖价格约为每吨 62 美元
	2021 年 2 月 1 日起，中国生态环境部制定的《碳排放权交易管理办法（试行）》开始施行，全国碳排放权交易市场于 2021 年 7 月启动		2021 年	2021 年 7 月 16 日，首笔全国碳交易价格为每吨 52.78 元，约合 8.1 美元
州、省、市层面	美国	区域温室气体减排机制（RGGI）	2009 年	8.7
		加利福尼亚州 ETS	2012 年	17.9
		马萨诸塞州 ETS	2018 年	6.5
	加拿大	魁北克省 ETS	2013 年	17.5
		不列颠哥伦比亚省 ETS	2016 年	19.9
		萨斯喀彻温省 ETS	2019 年	31.8
		新斯科舍省 ETS	2019 年	19.7
		纽芬兰和拉布拉多省 ETS	2019 年	23.9
		阿尔伯塔省 ETS	2020 年	31.8

		名称	成立时间	2021年4月碳交易均价（美元/吨）
州、省、市层面	日本	东京 ETS	2010 年	4.9
		埼玉 ETS	2011 年	5.4
	中国 2021 年 以前的 ETS 地 方试点	北京 ETS 试点	2013 年	4.3
		广东 ETS 试点	2013 年	5.7
		上海 ETS 试点	2013 年	6.3
		深圳 ETS 试点	2013 年	1.1
		天津 ETS 试点	2013 年	3.8
		重庆 ETS 试点	2014 年	3.7
		湖北 ETS 试点	2014 年	4.4
		福建 ETS 试点	2016 年	1.2

资料来源：世界银行《2021 年碳定价国家与趋势报告》。

相较于碳税，ETS 在以下三个方面具有更加突出的优势。一是直接规定减排总量，减排效果更具确定性。在碳税机制下，政府通过设定碳税税率确定排放价格，由市场主体决定碳排放总量。虽然税率上升会导致排放下降，但排放总量还是不确定的，减排效果可能打折扣。然而，在 ETS 机制下，政府可以每年设定排放配额总量，减排效果更加确定，而且调整更加灵活。

二是有利于实现国际碳定价协调。实践中，各国之间实施不同的气候政策会带来碳泄漏问题，即某一地区或部门的减排努力反而导致其他地区或部门的排放增加的现象。碳泄漏的一个主要渠道是贸易，也就是因为各国碳价有差异，碳价较高的国家生产成本也高，导致生产活动将向碳价较低的国家转移。因此，通过加强碳定价的国际协调，例如实施统一的碳定价，将有效降低碳泄漏率。相比要求发展水平各异的国家统一碳税税率，将各国

ETS 联通起来在操作上更为可行，政治阻力也相对较小。例如，欧盟国家已于 2005 年建立起区域性的 EU ETS，但是在碳税税率上，至今各国还有所不同。

三是促进资金在各国间的再分配。虽然统一全球碳税税率与联通各国 ETS 的减排效果应是相同的，但这两种工具的分配效应却不同。从理论上讲，统一碳税税率是经济效率较高的方法。在该机制下，大部分减排成本将被转嫁给发展中国家，因为其减排空间大，但碳税收入归各国政府所有，发达国家政府没有动力向发展中国家转让财政收入，而发展中国家可能会缺乏必要的资金，难以实现如此大幅度的减排。在 ETS 机制下，减排同样主要由发展中国家完成，但资金可以通过发达国家与发展中国家进行配额交易的方式，自动从发达国家流向发展中国家，从而实现资金的再分配。

但目前也有一些声音对 ETS 提出质疑，主要涉及价格波动、市场建设、培育和监管等问题。首先是认为 ETS 碳价波动较大。ETS 是固定配额总量，但碳价是配额买卖双方通过交易方式形成的，不确定性较高，碳价波动很大。而碳价波动性会影响投资者的投资决策：绝大多数投资者都是风险厌恶型，在投资收益相近的情况下，偏好收益波动性较小的投资项目，碳价波动幅度越小，投资者投资低碳技术和清洁项目的可能性就越大。其次是认为 ETS 运行成本高，功能可能有限。由于碳是无形产品，核查、登记、交易等环节运行成本高，并且未来碳市场最终会走向消亡，很难长期蓬勃兴旺。最后是担心排放配额分配方式存在市场公平问题。排放配额分配太松难以起到约束作用，太紧则可能对经济活动形成不小的冲击。

虽然上述观点有一定的现实考虑，但理由并不充分。尽管碳市场需要做好一些行政辅助安排，并且随着碳中和目标的实现，最终可能会逐步缩小甚至消失，但其在碳达峰、碳中和过程中促进减排、配置资源的好处远大于成本，还可以为碳排放合理定价，有不可忽视的重要价值。

ETS市场的碳价波动风险也是可以解决的问题，一些ETS已经通过引入价格稳定机制来提高碳价的稳定性。具体操作方式包括以下几种。一是碳价格支持法，即可以在ETS确定的碳价之上再加征一个固定的排放税。二是拍卖底价法，即在拍卖排放配额时设定最低价格。三是排放储备控制法，即当配额交易价格低于政府设定的门槛值时，从拍卖中撤回部分配额并将其注销。四是市场稳定储备法，即当流通中的配额数量过高或过低时，政府收回或释放配额，并通过配额数量调整来影响碳价。相比于碳税，有价格稳定机制支持的ETS可能更有利于减排。在碳税机制下，未来政策变动是未知的。而一个逐年增长的拍卖底价将更有助于投资者形成对碳价逐年上涨的价格预期，中长期内有利于更好地实现减排目标。

二、ETS市场的运行需要金融支持

目前全球运行时间较长、机制较为成熟的ETS市场大都与金融市场高度关联，并有多家金融机构参与。以欧盟ETS市场为例，2020年，金融机构购买的碳排放拍卖配额在所有拍卖配额中的比重已经由2018年的37.3%上升到43.7%。实际上，碳排放权作为一种稀缺的温室气体排放权证，已被当作特殊的有价经济资源在碳交易市场上流通，并逐步演变为具有投资价值和流动性的金融资产。同时，与大宗商品、股票和债券类似，碳排放权可分割、登记、托管、储存，并且具有可标准化、交易产品同质可替代、价格部分反映生产成本等与其他金融产品相似的特征（表3-2），还可以作为金融衍生品的底层资产。

表3-2　碳排放权与大宗商品和股票、债券的特征比较

	碳排放权	大宗商品	股票、债券
基本特征	标准化、同一碳市场内同质可替代、价格部分反映生产成本，仅对于碳市场参与者是一种资产，配额清缴后资产属性即消失	标准化、同质可替代、价格部分反映生产成本	标准化、同质可替代、形成持有者的资产或负债，价格取决于市场供需
物理性质	可分割、登记、托管、储存，无形、无储存成本	以物理形态存在，合约包含交付时间和地点等信息，储存及运输有成本	可分割、登记、托管、储存，无形、无储存成本
市场性质	人为创造的市场，取决于政策因素	不需要政府政策、可独立运行的市场	不需要政府政策、可独立运行的市场
金融属性	可作为金融衍生品的底层资产	可作为金融衍生品的底层资产	可作为金融衍生品的底层资产

资料来源：国际碳行动伙伴组织。

碳市场具有不确定性大、需要长周期跨期投资等特点，为提高碳市场的定价效率，需要引入金融工具优化资源配置，提供金融支持。尽管碳市场是由各国政府在减排目标下人为创造出的交易市场，但也存在合理定价、引导预期、优化资源配置、管理风险等需要金融市场支持才可满足的需求，主要体现在以下几个方面。

首先，碳市场需要为碳排放权定价，而只有具备充足流动性

的碳市场形成的均衡价格才是有效的。发展金融产品有利于增强市场流动性，形成有效的碳价格。其次，碳市场具有需要长周期跨期投资的特点，要用未来通过碳减排或碳沉降获得的收入支持当期投资。因此，既要有现货交易，也要有期货交易等衍生品。衍生品交易可以促进经济资源在中长期内合理配置，并实现供给和需求的跨期匹配，稳定减排预期。最后，全球碳市场仍处于发展的初期阶段，存在信用风险、对手方风险、监管政策风险等各类不确定性，需要更好地发挥金融体系对碳排放市场的支持，利用金融工具管理全过程风险，为参与主体减小投资决策的不确定性。

值得注意的是，碳市场与传统金融市场存在一定的区别。传统金融市场主要依靠供求关系来形成价格，主要变量由市场内生。而在碳市场的价格形成机制中，政府对碳排放权配额总量的确定，以及在各排放主体之间的分配是整个碳市场运行的基础。因此，与传统金融市场不同，对于碳市场，政府直接影响着其价格形成机制。要想充分发挥金融对碳市场的支持作用，离不开政府的引导和支持。

可服务于碳市场的金融工具包括交易、融资和支持三大类。碳交易的基础资产包括碳排放权配额和自愿减排项目产生的核证减排量，两者经过分配与核定后，即可进入市场发行，还可依托这两种基础碳资产开发出各类金融工具。一是交易工具，包括碳期货、碳远期、碳掉期、碳期权等，主要用于提供多样化的交易方式、提高市场流动性、对冲未来价格波动风险；二是融资工具，包括碳质押、碳回购、碳托管、碳资产证券化等，主要用于为碳资产创造变现的途径，帮助减排企业拓宽融资渠道；三是支持工具，包括碳指数、碳保险等，主要用于充分沟通市场信息，同时提供碳资产的风险管理工具和市场增信手段。此外，还需要相应的金融市场监管规则等基础条件。

因此，为碳市场提供金融支持，将有助于更好地发挥碳交易机制作用。对于参与碳市场的企业而言，运用适当的金融工具，将显著提升交易效率。一是可借助清晰的价格曲线开展跨期决策。碳期货、碳期权等产品的发展，可将现货的单一价格，拓展为一条由不同交割月份的合约构成的价格曲线，揭示市场对未来价格的预期，便于市场参与者跨期投资决策。二是有利于避免集中交易下价格波动带来的损失。由于碳市场有固定的履约期，目前大量现货交易集中发生在履约日期前，容易出现"潮汐现象"，产生大幅价格波动，而期货和远期交易以保证金为基础，可以提升非履约期交易的动机，平抑价格波动，减少可能的损失。三是有利于更全面的风险管理和投资决策。发展碳市场的金融工具，可以为市场主体提供对冲价格风险的渠道，便于企业更好地管理碳资产风险敞口，提高参与积极性。此外，通过金融机构与金融工具的支持，碳市场可以提供更有效的碳价，并可为碳税的税率设定提供重要参考，避免同时实施两种政策时出现市场价格信号混乱。

从国际经验来看，欧美 ETS 市场从设立之初就开始发展碳金融产品。欧美的 ETS 基本是在较为发达的金融市场背景下发展起来的，从设立之初就开始发展碳期货、碳期权等金融产品，部分地区期货甚至早于现货出现，对活跃市场交易、优化资源配置起到了重要作用。欧盟 ETS 的期货和期权产品启动较早，交易活跃。据统计，2015 年欧盟 ETS 市场期货成交量已达到现货成交量的 30 倍以上，并且参与期货交易的主体较为广泛，包括控排企业、金融机构和其他投资者等，各类参与主体积极性较高，有效提升了市场流动性。经过不断调整，欧洲碳期货价格形成机制已得到逐步完善，期货的价格发现功能在碳市场起到了重要的作用。

美国 ETS 市场的期货早于现货出现，有力促进了碳市场发展。美国东北部 10 个州的 RGGI 于 2009 年 1 月正式启动[①]，而芝加哥气候期货交易所于 2008 年 8 月便开始了 RGGI 期货交易。期货先于现货推出，不仅为控排企业和参与碳交易的金融机构提供了风险控制的工具，降低了碳市场设立之初的冲击，更重要的是，期货的价格发现功能为碳现货初次定价提供了重要的依据，降低了不必要的价格风险。

从管理格局看，欧美主要 ETS 市场均由环保和金融监管机构共同管理。随着欧美碳市场与金融市场关联的加深以及金融机构参与程度的提高，必要的监管措施也必不可少，以抑制过度投机，防止碳市场价格大幅波动。以欧盟为例，碳市场的监管主要包含欧盟和欧盟成员国两个层面。欧盟层面主要包括欧盟委员会气候行动总司、欧盟独立交易系统（EUTL）及欧洲证券和市场管理局等机构对微观市场活动的监管，欧盟成员国层面的监管机构通常为成员国的环保和金融管理机构。以美国为例，因缺少联邦层面的统一碳市场，其现货监管体系主要集中在区域层面，由

---

① RGGI 全称为 Regional Greenhouse Gas Initiative，指区域温室气体减排机制，目前有美国东北部 10 个州参与，包括康涅狄格州、特拉华州、缅因州、马里兰州、马萨诸塞州、新罕布什尔州、新泽西州、纽约州、罗得岛州、佛蒙特州。

各州单独建立监管体系；衍生品市场则主要由美国商品期货交易委员会统一监管。

由于碳市场具有一定金融市场的特点，与各国金融市场一样，因此可以探索市场间的互联互通。目前，主要国家的碳价各异，全球尚未形成建设统一碳市场的明确路径。在此背景下，一个可能的方向是，各国可以将金融市场联通的经验嫁接到碳市场，先建立小规模、可调节的可控碳市场联通。例如，允许发展中国家每年将一定数量的负值碳排放配额拿到欧洲碳市场去卖（周小川，2021）。这相当于碳定价较高的地区对碳定价较低的地区的一种资金支持，有助于推动各国碳定价的趋同，还可以连带技术方面的支持，从而推动全球，特别是发展中国家减排。

三、全球主要 ETS 的比较分析

总体来看，全球主要 ETS 运行机制基本相同，但不同市场在交易规模、价格区间、涵盖行业、配额分配方式、市场稳定机制等方面都具有各自的特点。其中，欧盟 ETS、美国加州 ETS 及美国东北部 10 个州的 RGGI 启动较早，覆盖行业较为广泛，交易量和资金规模也处于领先地位，基本情况见表 3-3。

表 3-3　欧美三大 ETS 基本情况比较

	欧盟 ETS	美国加州 ETS	美国 RGGI
涵盖行业	电力、工业生产、航空业，2022 年初拟纳入大型船舶的温室气体	电力、工业生产、交通运输业、建筑业	电力
2020 年排放配额	18.16 亿吨	3.34 亿吨	0.87 亿吨

	欧盟 ETS	美国加州 ETS	美国 RGGI
2020 年政府配额分配方式	57% 拍卖，43% 免费发放	58% 拍卖，42% 免费发放	100% 拍卖
2020 年政府拍卖收入	225 亿美元	17 亿美元	4 亿美元
年度配额调减系数	2021—2030 年 2.2%	2021—2030 年 5%	2021—2030 年 3%
价格稳定机制	2019 年起市场稳定储备（MSR）机制	最低拍卖价格机制	2021 年起排放控制储备（ECR）机制
2021 年 4 月交易均价	49.8 美元 / 吨	17.9 美元 / 吨	8.7 美元 / 吨
2020 年交易量	81.0 亿吨	17.4 亿吨	2.7 亿吨
2020 年交易额	2 298 亿美元	277.7 亿美元	19.3 亿美元
与其他 ETS 联通情况	2020 年与瑞士 ETS 实现互联，还将与英国 ETS 实现互联	2014 年与加拿大魁北克省 ETS 实现互联	无

资料来源：根据公开资料整理。

从市场交易规模看，近年来全球 ETS 交易总额明显增长。据路孚特的测算，2020 年全球碳排放权市场交易金额约为 2 290 亿欧元，较 2019 年上涨 18.2%，是 2017 年的 4 倍；2020 年交易量为 103 亿吨二氧化碳，较 2019 年上涨 19%，为有史以来的最高值。近年来，全球碳排放权市场的交易总额猛增主要受欧盟 ETS 市场规模增长的推动；2020 年欧盟 ETS 的交易额约为 2 298 亿美元，占全球交易总额的 88% 左右。交易额排在第二和第三的分别是美国的加利福尼亚州 ETS 和 RGGI，分别为 278 亿美元和 19 亿美元，二者的合计交易额在全球占比不到 12%，与欧盟交易额相比仍有明显差距。

从市场交易价格看，各 ETS 间的交易价格差别较大，欧洲国家价格普遍较高。2019 年，各 ETS 交易价格为 1~30 美元 / 吨。

2020年以来，主要国家和地区的ETS市场交易价格逐渐上行。截至2021年5月，欧盟、英国和瑞士的ETS交易价格已经达到世界银行估算的实现《巴黎协定》控温目标所需的碳定价，超过了40美元/吨。其中，欧盟碳排放配额现货价格从2020年初的25欧元/吨持续上涨至2021年3月末的42欧元/吨，增幅达68%。碳排放配额期货价格从2020年初的25欧元/吨增长至2021年4月的52欧元/吨，增长近108%。加拿大和新西兰的ETS市场交易价格也较高，为20~30美元/吨。我国和日韩碳交易价格还相对较低。

ETS的交易价格主要受碳排放配额的供需关系和交易两方面因素驱动。仍以欧盟ETS交易价格为例，2021年市场交易价格上涨主要受供需和交易两方面因素影响。供需方面，一是部分配额拍卖因故延迟，可出售配额减少；二是欧盟2020年末承诺加速减排，市场预期欧盟将进一步降低排放总量，并将导致可拍卖配额量减少，从而带动碳价格上涨；三是排放企业出于碳价上涨预期，提前买入配额，进一步增加对配额的需求。交易方面，随着经济缓慢复苏及欧盟宣布更高的减排目标，金融机构预期碳价上涨，增加多头头寸，投资者大量涌入碳排放配额交易市场，也成为驱动碳交易价格上涨的因素之一。

从涵盖部门看，所有ETS都涵盖了电力行业，大部分涵盖了工业生产，部分ETS还涵盖交通运输业和建筑业。2021年以来，在法国、德国与北欧地区的积极推动下，欧盟各国正在讨论将欧盟ETS覆盖范围扩大至汽车交通和建筑物等排放领域。但从2021年5月欧盟峰会的讨论情况来看，波兰、罗马尼亚和保加利亚等中东欧国家对此表示反对，认为其可能加剧欧盟内部较贫穷国家的负担。从 ETS 涵盖的二氧化碳排放量占各地区的总排放量比重来看，美国加利福尼亚州 ETS 的比重最高，2020 年为 80%；韩国 ETS 约占 74%；新西兰 ETS 约占 51%；欧盟 ETS 所涵盖的排放量在当地总排放中的占比约为 39%。

从政府配额分配方式看，有完全拍卖、"免费分配＋拍卖"、完全免费分配三种形式，发达经济体更多使用拍卖形式。政府一般希望提高拍卖配额比例，以获得拍卖收入，但实践中可能免费分配部分或全部配额，主要是为了降低高排放、易迁出企业的碳泄漏，同时便于市场发展初期的管理，这一方式也更易被企业接受。目前欧盟 ETS 采取的是 57% 的配额拍卖、43% 的配额免费发放的做法，美国加利福尼亚州 ETS 的配额分配方式和比例也与欧盟 ETS 类似，但美国 RGGI 的全部碳排放配额都以拍卖方式发放。

从年度碳排放配额的调整机制来看，大部分 ETS 会逐年减少排放配额，并逐渐提高年度调减系数，从而推动企业不断加大减排力度。此前欧盟 ETS、美国 RGGI 等市场出现年度碳排放配额设置过高，形成配额供给过剩的态势，导致出现大量未使用配额积累、碳价持续低迷的问题，随后均进行了配额缩减调整。

从市场稳定机制的设置看，部分 ETS 设置了包括拍卖价格区间限制、配额总量控制等市场稳定机制，以避免在 ETS 出现长期供求失衡时，无法对流通中的配额总量进行自动调节，导致配额交易价格过低或过高的现象。

四、自愿碳市场

值得注意的是，在官方部门设立的 ETS 市场之外，自愿碳市场也可以起到重要的补充作用。ETS 由政府实行总量控制并向企业分配碳排放配额，是一种"强制碳市场"。而在强制碳市场之外，企业出于社会形象或社会责任考虑等，自愿开展的排放交易活动则形成了自愿碳市场，包括我国的全国碳排放配额与中国核证自愿减排量（CCER）交易注册登记系统 [①]。

自愿碳市场属于"自下而上"的市场实践，比强制碳市场出现更早。与强制碳市场交易碳排放配额相对应，自愿碳市场的交易标的是经第三方机构认证后的碳汇，又称"碳信用"。与碳排放配额不同，碳汇没有总量限制，企业自愿、主动地通过实施减排项目创造碳汇，经第三方机构按相关标准认证后，在自愿碳市场交易。国际自愿碳市场的第三方认证机构多为私营机构，比较著名的机构包括核证碳标准、黄金标准、气候行动储备、美国碳注册和农林减排体系计划等。从覆盖领域来看，强制碳市场通常涵盖能源或能源密集型等高碳行业，目的在于提高相关行业的内生减排动力。而自愿碳市场涉及行业更广泛，除可再生能源外，还关注农业和林业、垃圾处理等未纳入强制碳市场的领域，并通过提供资金支持的方式，鼓励上述行业开展减排，并产生碳汇。

目前全球自愿碳交易以跨境交易为主，主要是发达国家大型企业从发展中国家购买碳汇，并且大多以场外交易（OTC）方式运作，没有集中的交易所和做市商。根据生态系统市场（Ecosystem Marketplace）的数据，2019 年全球自愿碳市场需求量的 62.9%

[①] CCER 于 2015 年在试点省份陆续启动，但由于流动性不足、个别项目不够规范等，国家发展改革委 2017 年暂停了 CCER 的申请，待《温室气体自愿减排交易管理暂行办法》修订后再受理。

来自欧洲发达国家，欧洲企业购买的碳汇的 40% 来自拉美和加勒比地区，亚洲、非洲项目则各占约 30%，仅 1% 来自欧洲本地项目。与之相反，占全球自愿碳市场需求 32.6% 的北美买家，其购买的碳汇有 80% 来自美国本地项目。

从各国的自愿碳市场来看，2013 年日本政府将其核证减排制度（Japan Verified Emission Reduction，向国内节能降耗或森林环保等项目产生的额外减排发放碳汇）和国内碳汇制度（国内大企业帮助中小企业减排可获得碳汇）合并，新设 J-Credit 制度，目前累计发放碳汇额度 624 万吨二氧化碳当量。澳大利亚于 2014 年叫停 ETS，转而推行减排基金（Emission Reduction Fund），企业自愿参与，通过公开拍卖的方式向政府出售碳汇。我国建立了 CCER 机制，于 2015 年在试点省份陆续启动。

部分 ETS 也允许开展自愿碳汇交易，用于抵减碳排放配额，但目前限制已趋于严格。2003 年以来，以 ETS 为代表的强制碳市场逐步成为主流，与自愿碳市场同时存在。企业也可自愿进行减排投资，经具有资质的第三方机构按标准认证后获得碳汇，部分 ETS 允许企业通过自愿碳交易购买碳汇，并作为排放配额使用。各 ETS 在运行初期普遍对排放主体购买碳汇并以此抵减自身排放的限制较少。但由于碳汇的自愿交易价格通常大幅低于配额价格（许多碳汇的交易价格仅为 1~5 美元 / 吨），部分企业大量购买碳汇抵减自身排放，进一步降低了对配额的需求。再加上欧盟等担心碳汇的质量[1]，因此，目前各 ETS 对碳汇抵减的限制

---

① 例如，有观点认为一些碳汇造林项目大量种植低成本的速生林，忽视了生态系统的多样性，反而不利于当地气候环境的改善。

趋于严格，如对碳汇抵减设置总量限制，以及将碳汇来源仅限于最不发达国家等。

但总体而言，目前自愿碳市场发展缓慢，在国际碳市场中占比较小，交易价格总体偏低。从交易量看，2019年全球自愿碳交易规模为3.2亿美元，自愿碳市场交易量为1.04亿吨二氧化碳当量。同年全球强制碳市场交易量为87.3亿吨二氧化碳当量，自愿碳市场交易量仅为强制碳市场的约1%。从交易价格看，2019年自愿碳市场交易价格最高的森林土地项目均价为4.3美元/吨，交易价格最低的可再生能源项目均价仅为1.4美元/吨。而同期欧盟ETS排放权均价约为25欧元/吨，2020年升至33欧元/吨。相比较而言，自愿碳市场的碳汇交易价格远低于强制碳市场的排放权价格。

全球碳汇自愿交易长期呈现供大于求的态势，但未来自愿碳市场的交易规模可能上升。2020年全球新生成碳汇1.81亿吨，实际用于碳抵消的自愿交易为0.95亿吨。但随着越来越多的企业确定碳中和目标，并且越来越多的国家提高减排目标，预计未来全球对碳汇的需求将明显增加。国际金融协会（IIF）预计，2030年全球对碳汇的年度需求可能达到15亿~20亿吨二氧化碳当量，2050年可能达到70亿~130亿吨二氧化碳当量。根据不同的价格情景，2030年的自愿碳市场规模可能为50亿~500亿美元。

目前自愿碳市场仍面临诸多挑战。一是碳汇质量参差不齐。不同项目产生的碳汇的特征和质量与基础项目息息相关，没有统一标准，导致交易耗时、低效。买方难以确定碳汇质量，特别是碳汇的持久性，即能否永久保持温室气体减排量。卖方则因项目周期长、碳捕集成本高、需求难以预测而导致部分项目难以吸引投资。碳汇质量的差异可能带来欺诈和错误定价风险，并降低市场流动性。二是市场基础设施建设落后。自愿碳市场主要是场外交易，没有中介机构承担做市商职能，市场流动性不足。此外，保险、期货等风险管理工具较少，数据透明度有限。三是标准不统一限制了跨境碳汇交易。由于风险核算、碳信用标准以及监测跟踪等方面的复杂性，国际自愿碳交易还面临许多现实障碍。例如，由于自愿碳市场的交易不透明，可能导致项目所在国和碳汇买方在减排上重复计算。四是碳补偿面临社会批评与质疑。有观点认为，碳补偿可能导致部分企业依赖购买碳汇，而忽视自身的减排努力，不利于强制减排。还有观点担心，大规模植树造林将以栽培单一树种的方式进行，而非恢复自然生态系统。因此，为促进自愿碳市场的发展，未来需加强相关市场基础设施建设、规范碳汇统计和测算标准，并加强对碳汇质量的监管与持续追踪。

五、对我国发展碳市场的思考

从中国碳市场的特点看，我国 ETS 市场经历了从地方试点到全国实施的发展过程。全国碳排放权交易市场已于 2021 年 7 月 16 日正式启动并完成了首笔交易，初期覆盖 2 225 家大型发电企业。其中，全国 ETS 注册登记系统在湖北设立，为履约企业办理开户手续；全国 ETS 系统由上海承建。全国 ETS 市场的管理办法、暂行条例和技术规范由生态环境部牵头制定，中国人民银行、银保监会和证监会等金融管理部门配合参与碳市场的管理。

我国 ETS 市场建设采取了"先试点再推广"的模式，最初于 2013 年启动，随后试点范围逐步扩大。2021 年 6 月前，试点地区已有深圳、上海、北京、广东、天津、湖北、重庆和福建，共 8 省市，覆盖电力、钢铁、水泥等行业近 3 000 家重点排放单位。涵盖部门方面，我国 ETS 试点以发电、石化、化工、建材、钢铁、有色金属、造纸和国内民用航空八大高耗能行业为主。配额分配方式方面，多数地区采取免费分配与有偿竞价相结合的模式，大部分配额免费发放。产品结构方面，主要是现货交易，衍生品交易有限。现货交易主要包括碳排放配额和具有自愿碳交易性质的 CCER。衍生品方面，部分地区推出了碳远期试点，但尚未开展碳期货交易。我国 ETS 试点基本情况如表 3-4 所示。

　　交易规模方面，截至 2020 年 12 月，我国试点碳交易市场累计配额成交量约为 4.55 亿吨二氧化碳，累计成交额 105.5 亿元，其中广东、湖北的成交较为活跃，但仍远低于当前每年近 100 亿吨二氧化碳的排放。2021 年 7 月 16 日，全国碳交易市场的交易量为 410 万吨，但 8 月开始交易热度逐渐减弱，8 月至 10 月日均成交量约为 25 万吨。这主要是因为初期分配给电力企业的免费配额并不算紧张，许多企业都持观望态度，暂不急于出手。自 11 月起，随着配额核定工作完成，重点排放单位实际配额盈缺情况得以明确，市场活跃度开始回暖，11 月日均成交量超过 100 万吨。2021 年 12 月，日均成交量也延续了 11 月的势头。交易价格方面，2020 年我国多数试点 ETS 的成交均价在 10~40 元 / 吨之间波动，仅有北京地区略高（见图 3-1），但仍远低于同一时期欧盟 ETS 中 30 欧元 / 吨以上的碳排放配额价格，主要原因是配额发放仍较为宽松，免费分配比重也较高。2021 年 7 月 16 日，

表3-4　我国ETS试点基本情况

试点交易所	配额分配比例	配额分配方法	纳入行业	交易规则	衍生业务
深圳排放权交易所	90%以上配额免费，并且考虑行业增长	历史排放法、基准线法	工业（包括电力、水务、制造业等）、建筑、交通运输等	现货交易、大宗交易、电子竞价	合同能源管理（EMC）投资基金、碳减排项目投资基金、碳债券
上海环境能源交易所	100%配额免费，适度考虑行业增长	历史排放法、基准线法	电力、钢铁、石化、化工等，航空、机场、港口、商场、宾馆等	挂牌交易、协议转让	CCER质押贷款碳借入机制、碳基金、碳指数
北京环境交易所	95%以上配额免费，以上一年的数据为依据，按年度发放	历史排放法、历史强度法、基准线法	电力、热力、水泥、石化、其他工业及服务业	公开交易、协议转让	碳排放配额回购融资、碳排放配额质押融资、中碳指数
广州碳排放权交易所	95%以上配额免费，按年度发放，考虑社会经济发展趋势	历史排放法、基准线法	电力、水泥、钢铁、陶瓷、石化、纺织、有色、塑料、造纸，年排放量2万吨以上	单向竞价、挂牌竞价、协议转让	碳排放配额抵押融资、碳排放配额托管、碳排放配额回购交易
天津排放权交易所	100%配额免费，每年可调整	历史排放法、历史强度法、基准线法	钢铁、化工、电力、热力、石化、油气开采等，重点排放领域年排放量2万吨以上	拍卖交易、协议转让	无
湖北碳排放权交易中心	100%配额免费	历史排放法	年能源消费量6万吨标准煤及以上的重点工业企业	定价转让、商议转让	碳基金、碳债券、碳资产质押融资、碳资产托管
重庆碳排放权交易中心	无偿分配为主，适当的有偿分配对过高的市场价格进行调控	历史强度法、基准线法	化工、钢铁、水泥、电力、造纸、玻璃以及有色金属等工业行业	公开竞价、协议转让	无

资料来源：根据公开资料整理。

金融支持碳达峰、碳中和

首笔全国碳交易价格约合 8.1 美元 / 吨，略高于地方试点的交易价格。此后，我国全国碳市场碳排放配额交易价格呈小幅波动、有涨有跌态势，截至 2021 年 12 月 23 日，碳交易价格约合 7.8 美元 / 吨。

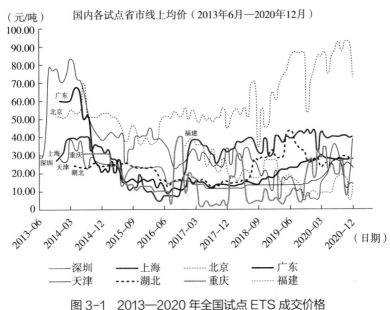

图 3-1　2013—2020 年全国试点 ETS 成交价格
资料来源：天津排放权交易所。

我国碳交易市场发展较快，但后发优势仍有进一步发挥的空间。一是覆盖范围有待扩展。我国全国碳市场首个履约期仅纳入发电行业，钢铁、化工、水泥等有巨大减排空间的行业尚未纳入。相较而言，欧盟 ETS 涵盖电力、供热、炼油、钢铁、造纸等 10 多个行业，2012 年纳入了航空业，欧盟委员会还在 2021 年 7 月出台提案，建议将海运行业纳入 ETS，以覆盖大型船舶碳排放，并针对建筑和道路交通单独新设碳排放交易系统。二是统计核证方式有待完善。我国目前没有完成对多数行业的碳计量核查体系（MRV），部分计量方法存在重复计算问题，而欧盟 ETS 初期就制定了严格的 MRV 制度和执行指南，2013 年还推出了系列法规和指导性文件，有效支持了欧盟 ETS 的运行，保证了市场的运行效果。

我国应进一步发展 ETS 市场，并充分发挥金融体系对碳市场的支持作用。金融支持碳达峰、碳中和目标，最重要的就是促进碳市场的建设，构建能够找到最优化的碳排放价格以及在实践中能够落实最优价格的碳市场，从而激发市场主体的减排活力。目前，金融体系对中国 ETS 的支持未得到充分发挥，碳金融市场发展仍相对滞后，存在较大提升空间。在监管机制方面，目前我国金融部门对 ETS 市场的参与程度还不够高。在我国已启动全国性碳市场的背景下，有必要比照金融市场的运行规则，来搭建登记、托管、交易、结算等碳市场的基础设施框架，并对碳排放权的现货和衍生品市场进行管理。这将有助于完善碳交易机制、提升碳市场运行效率、深化碳金融市场发展，特别是发展碳市场衍生品，给未来的减排活动提供价格信号。

一方面，应进一步提升碳现货市场的交易范围和频次。目前我国全国性 ETS 仅纳入 2 225 家发电企业，初期仍可能面临市场交易量小、流动性差的问题。未来需纳入更多行业和参与主体，包括逐步探索和允许更多金融机构稳妥参与碳市场交易，从而奠定更广泛的交易基础。同时，应嵌入有效的价格稳定机制，这就要求拿出足够比例的碳排放配额进入碳市场，避免长期存在配额供大于求的问题，从而稳定碳价格，并对长期投资和科技创新进行引导。在 ETS 的配额分配上，为体现对减排的激励作用，可参考"收费退费法"（feebates）的思路，测算主要减排行业的平均碳排放强度，并将更多配额分给排放强度低于平均值，即创造负值配额的企业（周小川，2021）。

另一方面，应积极发展碳金融衍生品，增强碳市场资源配置能力。2014年以来，已有少数试点地区尝试开展碳远期交易、碳排放权抵押等金融创新业务，但交易量相对 ETS 市场总额仍非常有限。由于减排技术进步路径与未来碳定价存在不确定性，碳期货、碳远期等衍生的碳金融产品有利于市场主体评估并锁定未来风险，促进中长期的低碳减排技术研发与投资，更重要的是，发挥衍生品市场的价格发现功能，为碳现货定价提供依据和参考（周小川，2021）。我国此前的 7 个试点 ETS 和全国性 ETS 均不具有期货交易资格，一些试点地区只能从碳远期产品入手，探索碳金融衍生品的开发，寻求"曲线突围"。然而，随着碳金融衍生品的发展，一定程度的投机也可能出现，因此需要对市场进行有效监管，控制风险。

在加强 ETS 市场建设的同时，还应完善自愿碳市场建设。随着我国全国性碳市场在 2021 年 7 月全面启动，全国统一的自愿碳市场，即"全国温室气体自愿减排管理和交易中心"也在北京成立。未来可考虑从以下几个方面完善我国自愿碳市场的建设。

一是修订完善《温室气体自愿减排交易管理暂行办法》，并加快发布相关配套细则。完善市场监管架构，建立有效的核查制度和项目指引。加强项目信息披露，完善第三方认证标准和实施流程，统一质量标准。规范市场参与者的资质和行为，确保市场信誉，强化反洗钱和反欺诈监管。

二是完善 CCER 注册登记系统的功能。不断提升 CCER 系统的维护管理能力，同时明确 CCER 系统与其他相关平台的链接机制，包括全国碳排放权注册登记系统、交易系统、清结算系统等，为交易的平稳运行奠定基础。

三是明确碳补偿的作用和限制。根据《碳排放权交易管理办法（试行）》，在即将开启的全国碳排放权交易市场中，CCER 最多可抵减 5% 的强制减排量。下一步应明确抵消机制细则，保证 CCER 对碳市场起补充而非冲击的作用，同时确保一定的灵活性。

四是为中国 CCER 融入国际自愿碳市场做好准备。2020 年 3 月，中国 CCER 项目体系被批准为国际民航组织国际航空碳抵消与减排机制（CORSIA）认可的合格减排项目体系。这意味着全球的航空企业可通过购买 CCER 的方式履行减排义务，为 CCER 增加了作为国际碳市场产品的新属性。因此，应就 CCER 融入国际市场做好准备，尽早明确相关细节。

第四章

贸易政策:
碳边境调节税及其作用

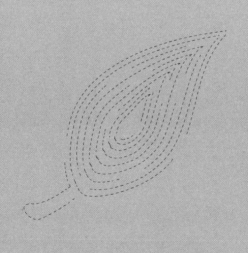

碳边境调节税属于贸易政策，旨在解决减排的国际协调问题。无论是碳税还是碳市场，都面临着碳泄漏，即本国高碳行业向低碳价的国家转移的问题，这引发了国际社会对减排过程中贸易政策的讨论与关注。一些发达国家希望通过碳边境调节税缓解碳泄漏问题，促进全球减排，同时保护本国部分行业的竞争力。但这一做法也面临争议，包括降低碳泄漏效果存在不确定性、与联合国气候治理共识和 WTO 规则不兼容等。

一、碳边境调节税的定义与特点

　　碳边境调节税是碳定价的一个重要问题。从理论上来看，无论是通过碳税还是 ETS 促进减排，一国单方面提高碳定价都可能带来碳泄漏问题。根据 OECD 的定义，碳泄漏指的是某一地区的减排努力部分或全部被其他地区排放的增加所抵消的现象，传导可包括能源价格和贸易两个渠道。

　　能源价格渠道下，部分国家更加严格的碳排放管制措施会降低其对化石能源的需求，进而压低全球化石能源的价格，导致其他碳排放管制较为宽松的国家增加化石能源消费。贸易渠道下，碳价较高的国家生产成本也更高，相较低碳价国家，其企业将失去价格优势，生产活动将向低碳价国家转移，导致生产环节产生更多排放。OECD测算，如欧盟以2005年的排放水平为基准，到2050年单边减排50%，其中12%的减排成果会被非欧盟国家排放增加所抵消。

为解决碳泄漏问题，有越来越多的观点呼吁在碳定价方面开展国际协调。一种思路是，设置全球范围内统一的碳定价或者碳底价。OECD（2021）研究指出，由于各国碳价差异很大，一种协调方法是在全球范围内设置统一的碳定价，若难度太大，还可尝试先设置统一的碳底价。这一方面能促进各国碳价趋同，形成更加公平的竞争环境；另一方面给各国留足政策空间，不妨碍其根据国内目标设置更高的碳价。IMF工作人员加斯帕和帕里（Gaspar and Parry，2021）也提出了设立全球碳底价的倡议，即根据各国不同的发展水平对主要排放经济体设置碳底价。例如，中国、印度、美国、英国、加拿大和欧盟可根据不同的发展水平，对每吨二氧化碳排放设置75美元、50美元和25美元三档碳底价。IMF认为，碳底价政策能够在推动减排的同时促进国际碳价的趋同。但该倡议对发展中国家的要求超出了《巴黎协定》的范畴，目前尚缺乏国际共识。

另一种思路是，征收碳边境调节税。根据OECD给出的定义，"碳边境调节税"是碳价较高、碳排放管制更为严格的国家，对从碳价较低的国家进口的高碳商品征税，或要求贸易商购买排放配额等机制的总称。该设想主要由欧盟等碳定价政策力度较大、排放管制更严格的发达经济体提出，旨在避免减排先行国家在国际竞争中处于劣势。在实践中，尽管各界通常以"碳边境调节税"来概括这种跨境协调机制，但其实际上可以有多种设计形式，因此有时也被称为"碳边境调节机制"。碳边境调节税既可体现为对从碳定价低的国家进口的产品征税，以及为碳定价高的国家的出口商提供出口退税，也可体现为要求贸易商购买 ETS 配额；既可仅针对进口商品征税，也可同时对国内商品和进口商品征税；既可针对进口商品单独设立 ETS，也可与各国国内现有 ETS 联通。但该机制目前仍不成熟，面临巨大争议。

二、国际上探索碳边境调节税的实践

国际上关于实施碳边境调节税的讨论主要集中在发达国家。早在 2007 年，欧盟就开始讨论对进口高碳商品征税。2019 年，在法国、德国等国家的积极推动下，欧盟委员会提出了实施碳边境调节税的设想。2020 年 3 月 10 日，欧洲议会批准了"与 WTO 兼容的欧盟碳边境调节机制"决议。欧盟委员会已于 2021 年 7 月 14 日公布了碳边境调节税的立法草案，并将启动相关立法程序。从近年来欧盟委员会的立法程序来看，一项立法草案从提出到正式通过审议的平均时长约为 18 个月（中金研究院，2021）。此后，法案还要经过各欧盟成员国的批准才能正式生效。因此，许多观点认为欧盟的碳边境调节税直到 2023 年才能实际落地。

欧盟委员会 2021 年 7 月首次公布的立法草案指出，2023—2025 年将作为试点阶段，对于碳边境调节税现阶段所涵盖的电力、钢铁、水泥、铝和化肥五大领域，产品进口方在试点期间仅需履行排放报告义务，不需要实际缴纳碳边境调节税。从 2026 年开始，产品进口方需要根据进口商品的碳排放支付碳边境调节税，并逐年提高税率。同时，考虑到欧盟 ETS 覆盖的行业范围将扩展，其碳边境调节机制也将在过渡期结束后考虑纳入其他行业。

在 2021 年 7 月正式公布碳边境调节税的立法草案前，欧盟委员会曾发布征求公众意见的文件，并提出了四种碳边境调节税可能实施的选项。其中，前两种是基于碳税机制，后两种是基于 ETS 机制：一是对进口商品征收碳关税；二是在终端用户处对高碳产品征收统一碳税，不区分国产或进口商品；三是扩大现有欧盟 ETS 的覆盖范围至进口商品；四是设置独立于欧盟 ETS 的新配额池子，该池子仅针对进口商品，进口商需根据所进口商品的排放量来购买配额。其中方案一最符合碳边境调节税的字面含义，方案四曾经是欧盟内部呼声最高的方案，也是 2021 年 7 月最终公布的立法草案中选择的方案。四种方案的详细对比分析如下。

方案一是对进口商品征收碳关税。在该方案下，对于欧盟从低碳价国家进口的商品，贸易商需要根据进口商品的碳含量支付碳关税，同时参照增值税的相关操作流程，进口商品在原产国已支付的碳税应被返还，即贸易商需要支付两国碳价间的差价。反之，如果欧盟国家向低碳价国家出口商品，出口商可能获得碳税返还。同理，如果欧盟向碳价更高的国家出口商品，欧盟企业需支付差价。

方案二是对部分存在碳泄漏的行业，无论是进口商品还是国内商品，征收统一碳税。这种税未必在边境征收，可以是对终端用户直接征税，因此部分学者和市场机构认为这种税收工具不应被称为碳边境调节税，而应算作基于产出征收的碳税，只不过税基包括进口商品。这种税与其他税种的区别在于，是根据商品碳含量而非商品价值征税的，征税对象不仅包括最终消费品，还可以包括中间产品。该方案与方案一的重要区别是，不包含对欧盟出口商的碳税返还机制。

方案三是扩大现有欧盟 ETS 的覆盖范围至进口商品。该机制下，从低碳价国向欧盟进口商品的贸易商需要根据其进口商品的碳含量购买欧盟 ETS 的配额。目前欧盟向其受碳泄漏影响最严重的能源密集出口暴露型行业（Energy-Intensive and Trade-Exposed Industries）发放免费的 ETS 配额。但如果要将进口商品纳入 ETS，为符合 WTO 规则，欧盟需要取消给自身企业发放的免费配额。

方案四是设置独立于欧盟 ETS 的新配额池子，其价格反映欧盟 ETS 配额的价格。该池子仅针对进口商品，贸易商需根据进口商品的碳含量，购买该池子的配额，只有购买足够数量的碳排放凭证才能进口相应排放量的货物。多余的凭证可由主管部门进行回购，但进口商之间不能私下交易。新的配额池子与欧盟 ETS 是两个独立的减排体系，欧盟 ETS 针对欧盟内部货物，新池子针对欧盟外部货物。从程序上看，进口商需事先申请成为"授权申报人"，相关门槛较低，只要不存在严重违法记录，能证明在财务和运营方面具有相应的资质即可。

在征求公众意见的过程中，有观点曾指出，方案四面临的一个问题是，当前欧盟 ETS 为高排放的内部货物发放了部分免费碳排放配额，但同时要求所有进口产品都要排放配额，这导致欧盟产品具有竞争优势，可能涉嫌违反 WTO 的国民待遇原则和非歧视原则。针对上述顾虑，欧盟委员会对 2021 年 7 月公布的立法草案进行了回应并初步提出解决方案，明确规定将考虑欧盟内的免费排放配额，从而调减进口货物所需购买的排放配额，具体做法由欧盟委员会另行出台。

欧盟碳边境调节税曾提出的四种方案的优缺点对比如表 4-1 所示。

从欧盟委员会正式公布的立法草案看，欧盟最终选择了方案四，主要原因是，与其他方案相比，该方案在明确将解决欧盟 ETS 对部分内部商品发放免费配额带来的公平问题后，与 WTO 规则的兼容性相对更好。事实上，欧洲议会 2021 年 3 月批准的决议明确提及，碳边境调节税下的碳价需反映欧盟 ETS 下配额价格的变动。各方当时即认为这是欧盟方面拟选择方案四作为最终方案的明确信号。欧盟委员会在 2021 年 7 月公布的立法草案中规定，碳边境调节税下所征收的碳价为上周欧盟 ETS 市场上碳排放配额拍卖价格的平均值。

从可行性看，方案二涉及对消费者直接征税，内部立法难度和社会阻力很大，可行性较差。从 WTO 兼容性看，方案三、方案四比方案一更具优势：WTO 机制下与碳边境调节税相关的条款主要是《关税及贸易总协定》中最惠国待遇原则和国民待遇原则，本质上要实现非歧视，即进口商品所需支付的碳价不超过本地同类商品的碳价。当前欧盟碳泄漏严重的行业的碳价反映为欧盟 ETS 配额价格，配额价格实时波动，如果按照方案一采取固定的碳关税，进口商支付的碳价将或多或少偏离本地同类商品的水平，欧盟可能还需频繁调整关税税率，而方案三、方案四则可

表 4-1 欧盟碳边境调节税曾提出的四种方案优缺点对比

	优点	缺点
方案一：对进口商品征收碳关税	· 对所有国家一视同仁，符合 WTO 规则 · 在降低欧盟向"棕色国家"的碳泄漏的同时，也会降低"绿色国家"对欧盟的碳泄漏	· 可能导致欧盟企业在向"绿色国家"出口时需缴纳更多税费，欧盟内生产企业可能持反对意见 · 在衡量碳含量时测算会更为复杂，除测算商品本身碳含量外，还需测算其中多少碳含量在原产国已缴纳碳税 · 税收工具价格相对固定，无法反映欧盟 ETS 碳价的实时变化
方案二：对国内商品和进口的特定商品征收统一碳税	· 目前多数国家都是在最终使用环节征收碳税的，已形成标准做法 · 无须测算高碳商品在原产国已被征税的碳含量	· 不包含对欧盟出口商的碳税返还机制，这些企业可能持反对意见 · 税收工具价格相对固定，无法反映欧盟 ETS 碳价的实时变化
方案三：扩大现有欧盟 ETS 的覆盖范围至进口商品	· 欧盟 ETS 已运行多年，规则较为成熟，操作可行性强 · 相比碳税机制，更灵活地反映欧盟内部碳价的变化，更加公平	· 若要符合 WTO 非歧视原则，可能涉及取消发放给欧盟企业的免费配额，会引发企业的强烈不满 · 向低碳价国家出口商品的欧盟企业可能会获得配额返还，这有悖于欧盟实现更多减排的目标 · 更多参与加入欧盟 ETS 可能会推高配额价格，导致欧盟企业生产成本上升
方案四：设置独立于欧盟 ETS 的新配额池子	· 不与欧盟 ETS 相连，不会造成欧盟内部碳市场的价格扭曲 · 相比碳税机制，更灵活地反映欧盟内部碳价的变化，更加公平	· 涉及可能取消给予欧盟企业的免费配额问题，会遇到阻力

资料来源：Allianz Research（2020）、KPMG Australia（2020），作者整理。

避免这一问题。相比方案三，方案四独立于欧盟现有 ETS，不会因为参与者激增而推高欧盟 ETS 下的碳价，不会加剧欧盟企业的负担，在欧盟内部的阻力更小。

同时，为确保方案四满足 WTO 的国民待遇原则和非歧视原则，欧盟委员会在 2021 年 7 月公布的立法草案中还明确提出，将从 2026 年开始逐步调减进口货物所需购买的排放配额，直至 2035 年完全取消免费配额，以解决欧盟 ETS 对部分欧盟商品发放免费配额带来的公平问题。草案还规定，如果货物出口时已在原产国支付了碳排放价格，为避免双重收费，进口企业可以在申报中要求对已支付的碳价进行抵扣。此外，已受欧盟 ETS 约束的其他国家和地区还将可以豁免欧盟碳边境调节税，包括冰岛、列支敦士登、挪威等欧洲经济体，以及与欧盟建立了碳市场挂钩的瑞士。欧盟委员会未来还有权对豁免国家名单进行动态调整。

美国联邦政府层面对碳边境调节税已有较多讨论，但可能仍存在一定争议。2007 年美国议员起草的低碳经济法案已提出实施碳边境调节税，但该法案以及后续的多个相关法案均未获得参众两院通过。美国总统拜登在竞选期间曾表示会考虑对碳密集型进口商品征收碳边境调节税，美国财政部长耶伦上任前也曾表示支持碳边境调节税，称实行碳定价政策的国家可以形成俱乐部或碳关税联盟，碳边境调节机制在设计上能够做到符合 WTO 规则。此外，多位美国政府官员和经济学家也曾公开支持美国征收碳边境调节税，以防止碳泄漏，保护美国竞争力。2021 年 3 月，美国贸易代表办公室发布了关于拜登政府贸易议程的报告，其中包括考虑对来自高碳污染国家的商品征收边境调节税，以减少全球碳排放。

但美国总统气候问题特使克里 2021 年 3 月在英国《金融时报》上撰文指出，碳边境调节税会对各国经济、各国关系和贸易产生较大影响，是"万不得已的手段"（last resort）。耶伦在正式担任美国财政部长后，也未就碳边境调节税问题发声。从美联邦政府层面看，美方内部对是否实施碳边境调节税可能仍存在一定争议。此外，加拿大也正在研究是否应出台碳边境调节政策。近日，英国前国际贸易大臣福克斯称，英国也应推出碳边境调节机制，从而在气候政策方面发挥领导力。

碳边境调节税的拥护者认为，该机制能够实现全球共同减排，并且促进公平竞争。但与此同时，也有澳大利亚等发达经济体，以及俄罗斯、巴西、印度、沙特阿拉伯和东盟国家等许多新兴经济体认为碳边境调节税缺乏国际共识，呼吁对其持谨慎态度。印度已表示，如果发达国家实施碳边境调节税，其将在 WTO 框架下提出抗议。2020 年 11 月，中国气候变化事务特别代表解振华在出席中欧绿色合作高级别论坛时表示，碳边境调节税在有效性、正当性、合法性和技术复杂性上都存在问题。2021 年 7 月，我国生态环境部新闻发言人表示，碳边境调节税本质上是一种单边措施，无原则地把气候问题扩大到贸易领域，既违反 WTO 规则，也不符合 UNFCCC 及其《巴黎协定》的原则和要求。

除各国当局外，国际学术界也有声音（Babiker and Rutherford, 2012）认为，实施碳边境调节税意味着减排成本将通过贸易渠道从发达国家向发展中国家转移，这对发展中国家是不公平、不合理的，也有悖于 UNFCCC 所确定的"共同但有区别的责任"。OECD 警告称，发展中国家可能会针对碳边境调节税采取报复性措施。

三、碳边境调节税面临的挑战

目前，各国之间的碳边境调节税尚未见正式实施，但 OECD 等机构认为，美国加利福尼亚州针对电力部门采取的调节机制具有一定的碳边境调节税性质。加州 2013 年建立起了 ETS，涵盖发电、炼油等行业。其中在电力部门项下，不仅包含本州企业的发电，还包括从外州购买的电力资源。这就等于将从外州购买的电力资源也纳入加州 ETS 内，实际上具有碳边境调节税的性质，但并未跨越国界，仅限于美国加州与其他州之间。具体操作上，加州实施"第一输送商"负责法，即处于电力输送环节第一个节点的州内企业需负责报告排放并购买相应 ETS 配额，州内发电企业需对自身发电行为进行监测和报告，外州进口电力则由进口商负责。

但研究发现，加州电力部门的调节机制在降低碳泄漏方面的效果有限，主要原因是电力企业可对不同发电方式产生的电力资源进行调配。宾夕法尼亚州立大学研究团队收集了加州 ETS 实施前 4 年和后 4 年的相关数据，研究后指出，由于电力出口商可以重新安排电力供应合同，加州 ETS 机制下仍会产生大量碳泄漏。"重新安排电力供应合同"指的是，电力出口商可将其通过低排放方式产生的电力供应给加州，而高排放方式下产生的电力则输送给其他州，因此整体排放水平并不会显著下降。有学者测算，这种通过重新安排合同带来的碳泄漏率可能高达 85%。

关于不同国家之间的碳边境调节税，从目前各方关于碳边境调节税的理念来看，人们对碳边境调节税能否有效降低碳泄漏尚有较大争议，碳边境调节税在具体设计和执行上也面临许多困难。碳边境调节税有两种征收方式：一种是对所有商品都适用，另一种是仅对高碳商品适用。欧盟目前倾向于第二种方式。若对所有商品都实施碳边境调节税，需计算每种产品的碳排放量，最佳情况是计算产品所在的整个价值链的所有碳排放。但存在以下困难：一是供应链信息往往涉及商业秘密，难以测算进口商品全生命周期碳排放量，并难以确保进口商提供的排放数据可信；二是对于电力和交通行业的中间品生产而言，难以区分边际和平均排放量；三是可能存在贸易"借道"他国再进口的情况；四是碳边境调节可能带来较大的非关税壁垒，可能导致贸易保护主义，造成对低收入国家的歧视，并使各方都互相升级关税措施或非关税壁垒，影响全球自由贸易体系（周小川，2021）。若只对高碳商品实施碳边境调节税，行政管理成本将大幅削减，但对当地产业链的影响可能更大。比如，若欧盟只对钢铁行业征税，导致下游产品（如铁钉、家具）生产成本上升，欧盟将不得不进口更多的下游产品，这对当地经济和就业的冲击更大。

从法律层面来看，实施碳边境调节税还面临与联合国气候治理共识和 WTO 规则不兼容的问题。在全球气候治理领域，"共同但有区别的责任"原则尽管尚未上升到国际法的层面，但根据 UNFCCC，以及《京都议定书》和《巴黎协定》，该原则已经成了国际气候治理共识中的基石，以反映各国经济发展的现实情况以及对气候变化问题的历史责任。同时，在近期的讨论中，许多新兴经济体认为碳边境调节税可能不符合 WTO 规则，可能导致贸易保护主义上升并引发贸易战，因此需在政治可行性和效率之间艰难取舍。例如，目前 WTO 规定，调节税所涉及的商品应与国内应税商品"类似"（like products），但这种"类似"并不包括生产方式是否环保。这意味着碳边境调节税可能单方面针对进口商品提出高于当地商品的环保要求，导致不公平竞争。

碳边境调节税在外交政治方面也面临挑战。一是各国的行业结构不同，碳边境调节的影响也不同。二是对于供应链非常复杂的产品，认证成本或将高达数万美元，这将使发达国家的大型公司处于更有利的地位。三是碳边境调节还可能被视为扩大域外监管权，有影响他国主权之嫌，也许会面临国际场合的政治阻力以及其他国家可能采取的报复性措施。此外，发展中国家还可能要求承担共同但有区别的减排责任和特殊待遇。事实上，尽管美国本身也有可能征收碳边境调节税，但由于其尚未建立全国统一的碳定价机制，若欧盟实施碳边境调节税，美国高碳排放企业对欧盟的出口也难免受到影响，因此，美国对欧盟率先实施碳边境调节税也有一定顾虑。

此外，碳边境调节税在发达国家内部也面临一定的政治阻力。以欧盟为例，由于欧盟成员国和各行业诉求存在差异，所以在设计上众口难调。例如，相关收入是应返还受影响的贸易伙伴，还是用于欧盟预算？碳边境调节税的征收应持续多久？是否对高碳行业永久适用？这些都需要较长时间的讨论，并倾注政治资本。尽管法国、德国、西班牙等主要欧盟成员国政府已表态支持碳边境调节税，但欧盟内部钢铁等行业的组织则表示，担心碳边境调节机制建立后，为避免对企业的双重保护，政府可能减少向钢铁企业免费发放的碳排放配额，从而增加欧盟钢铁企业的减排成本。

四、关于应对碳边境调节税的思考

尽管目前碳边境调节税仍存在较大争议和挑战，但仍有观点认为在缺少国际协调机制的情况下，该机制有助于解决碳泄漏和竞争力问题，甚至是最有效的工具（OECD，2021）。预计欧盟碳边境调节税的具体方案将很快明朗，若欧盟各成员国达成共识，将在 2023 年前后落地实施，并于 2026 年前后结束试点阶段，正式征收碳边境调节税。其他碳定价较高的经济体也可能跟进。

欧盟统计局的数据显示，2020 年欧盟从中国进口商品 3 825 亿欧元，中国是欧盟第一大进口来源国。我国商务部数据显示，中国对欧盟出口的主要产品包括机电产品、纺织原料及纺织制品、化工产品、塑料及其制品等。虽然这些产品尚未纳入欧盟的碳边境调节税征收范畴，但其大多属于大宗商品或低附加值商品，生产过程污染较重，如果未来欧盟进一步扩大征收碳边境调节税的行业，中国对欧盟的出口恐将面临更大的被税压力。据高盛测算，如果对整个碳足迹征收 100 美元 / 吨的碳税，中国对欧盟的出口每年可能面临高达 350 亿美元的碳边境调节税。

总体而言，短期内欧盟碳边境调节税对我国的直接影响有限。目前欧盟的碳边境调节税立法草案涵盖了电力、钢铁、水泥、铝和化肥五个领域，未来还可视情扩大。目前我国在上述五个领域对欧盟的出口并不多。复旦大学一带一路及全球治理研究院的报告（2021）显示，根据欧盟披露的贸易数据，2020 年，我国被纳入欧盟碳边境调节税征收范畴的产品仅占我国对欧盟出口总额的 1.19%，董钺等（2021）的研究也显示出类似的估算结果。若欧盟征收碳边境调节税，考虑到出口产品的碳排放含量，许多国家受到的影响要大于我国。安联研究表明（见图 4-1），若考虑到对欧盟出口商品的结构，按照出口商品隐含的碳排放计算，俄罗斯是受欧盟征收碳边境调节税影响最大的国家，其后是美国和沙特阿拉伯[①]，中国排名第八，因为对欧盟出口的商品更为多元化。

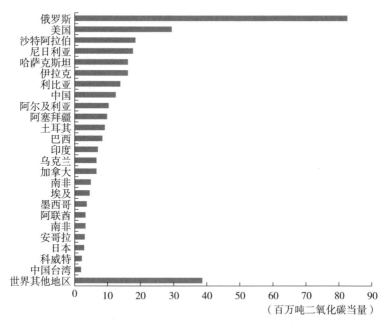

图 4-1　欧盟进口来源国在实施碳边境调节税情况下的敞口

资料来源：Allianz Research（2020）。

当然，我国的高碳钢铁和铝制品等局部产业的出口竞争力也会不可避免地受到一定影响。能源基金会、Sandbag（英国独立

①　排名靠前国家的隐含碳排放多来自石油制品，其中俄罗斯约 78% 的隐含碳排放来自石油制品，美国约 54% 的隐含碳排放来自石油制品。

智库）和E3G（英国气候变化智库）的联合研究显示，以2019年我国对欧盟钢铁出口（约47亿欧元）为例，2035年我国对欧盟钢铁出口将被征收约2.7亿欧元的碳边境调节税，这将导致中国向欧盟出口的钢铁成本增加约25%。但同时，欧盟完全取消了域内钢铁企业的免费碳排放配额，造成欧盟钢铁成本也将增加21%。综合来看，我国钢铁产品相对于欧盟同行的竞争力下降幅度有限。铝制品受到的影响更低。2019年我国对欧盟的铝制品出口约15亿元，若2035年仍保持此出口规模，将被征收约1.2亿欧元的碳边境调节税。

从中长期来看，碳边境调节税仍可能对我国产生重大影响。欧盟委员会公布的立法草案中保留了进一步纳入新产业的可能性，不排除欧盟未来扩大碳边境调节税范围，对机电、化工等一些我国的优势出口产业征收碳边境调节税，影响我国出口。其他发达经济体也可能效仿欧盟，实施碳边境调节税。例如，据IMF估算，如果加拿大实施碳边境调节税，其41%的征税所得收入将来自中国。

在此背景下，我国应深入研究碳边境调节税的动态和征管措施，妥善应对碳边境调节税可能产生的溢出效应。第一，我国可用好欧盟正式征收碳边境调节税前的时间窗口，在国际层面联合其他受影响较大的国家，发出对欧盟等单边征收碳边境调节税的顾虑与关切，呼吁慎重实施碳边境调节税，避免加剧国际贸易环境的动荡。

第二，无论是UNFCCC，还是《京都议定书》与《巴黎协定》，都规定发达国家有义务向发展中国家减排提供资金和技术支持，这也是全球碳减排的核心议题（周小川，2021）。因此，即使部分发达国家一定要征收碳边境调节税，也应该将征税所得收入全部用来支持发展中国家，或者是某个具体出口国的减排，从而确保所征收的资金用于应对全球气候变化。例如，考虑到发展中国家正在通过发展 ETS 市场促进减排，产生了负值的碳排放配额，可积极探索发展中国家与发达国家 ETS 市场之间的互联互通（周小川，2021）。发达国家可以使用碳边境调节税收入来购买发展中国家这部分碳排放配额，这相当于碳定价较高的发达经济体对碳定价相对较低的新兴市场和发展中国家的资金支持，从而促进全球，特别是发展中国家减排。

第三，我国应逐步完善以 ETS 为主的碳定价机制，并采取促进减排的产业政策与监管政策，以我国为主提升出口商品的"碳竞争力"。发达国家推出碳边境调节税提出的理由是解决碳泄漏，其背后的逻辑是各国之间碳价存在差距。但实际上，许多观点都认为，除了碳价会影响碳排放外，促进减排的产业政策与监管政策也会提高碳排放成本。随着我国根据双碳目标采取更加严格的碳减排措施，逐步扩大 ETS 覆盖行业[①]，与全球碳减排与碳中和工作相向而行，其他国家对我国出口商品实施碳边境调节税的理由和正当性也就下降了。

此外还值得注意的是，一方面，随着环境和气候变化议题关注度上升，将绿色、环保要求嵌入贸易和投资等经济活动已越来越普遍。无论欧盟碳边境调节税何时正式出台、其他国家是否效

---

① 目前我国碳市场只包含电力部门，而欧盟的碳边境调节税还拟包含钢铁、水泥、铝和化肥四个其他行业的产品，这可能增加这些行业享受碳边境调节税抵扣政策的难度。

仿，绿色国际贸易壁垒恐将成为长期趋势。未来欧盟还可能联合一些走在碳减排前沿的发达国家，推动碳边境调节税在 WTO 框架下升位为国际法。这将使中国等发展中国家面临的气候国际环境更为复杂。因此，我国宜让面临减排压力的企业积极做好应对准备，提高企业碳价意识，以应对包括碳边境调节税在内的各类绿色贸易壁垒。另一方面，随着我国将碳达峰、碳中和列入政策议程，目前我国的碳市场建设与减排力度已领先除欧盟之外的主要制造业国家，这也给未来我国参与并主导国际碳排放规则的制定与协调营造了有利环境。

第五章

金融支持低碳转型：
概念比较

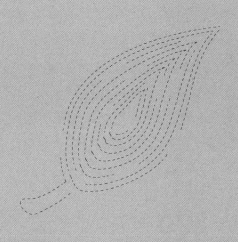

金融在支持绿色低碳转型方面的重要作用已有共识。相关研究从不同角度出发，提出了气候金融、转型金融、可持续金融、ESG（环境、社会和治理）投资、绿色金融等一系列概念。这些概念既有交叉重合的部分，也有内涵和外延上的不同。本章对这些概念进行了系统梳理，回顾了其发展历程和特点的异同，认为绿色金融可作为统领金融支持绿色低碳转型的核心概念，并提出绿色金融发展的相关原则。

一、气候金融

　　气候金融（Climate Finance）也可称为气候融资，2011年UNFCCC常设委员会将气候融资定义为"发达国家向发展中国家提供资金，帮助其减少温室气体排放，适应全球气候变化影响，增强人类和生态系统应对气候危机负面影响的能力"。后又重新将其定义为"来自公共、私人和其他来源的地方、国家或跨国资金，目的是支持应对气候变化的减缓和适应行动"（见图5-1）。

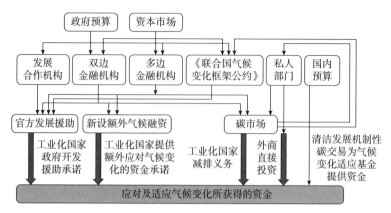

图 5-1　气候金融资金流动

资料来源：UNFCCC（2021）。

UNFCCC 对于气候金融定义的演变，反映了气候金融内涵的动态变化。气候金融最初主要关注发达国家使用公共资金向发展中国家转移支付，1992 年通过的 UNFCCC 声明指出，发达国家应向发展中国家提供额外的资金，以帮助其减少碳排放、适应气候变化，这构成了气候金融的雏形。之后，全球环境基金和绿色气候基金于 1991 年和 2011 年相继成立，为发展中国家提供气候金融支持。但在实践中，相关资金来源和规模均面临较大不确定性。尽管 2009 年联合国哥本哈根世界气候大会上，发达国家一致承诺 2020 年之前每年至少向发展中国家提供 1 000 亿美元帮助其实施气候政策和行动，但落实情况并不理想。智库气候政策中心（Climate Policy Initiative）的数据显示（见表 5-1 和表 5-2），2013 年和 2014 年从发达国家流向发展中国家的气候资金为 400 亿~600 亿美元。2015 年联合国巴黎气候变化大会上，发达国家同意将原本 2020 年到期的每年 1 000 亿美元的资金支持目标延期至 2025 年，2025 年之后资金支持目标另行评估。

表 5-1 2013—2014 年发达国家流向发展中国家的气候资金

单位：10 亿美元

	2013 年更新数据	2014 年更新数据	平均
多边开发性金融机构	10.5	16	13.2
双边开发性金融机构	12.3	17.5	14.9
气候基金	1.9	1.5	1.7
政府和援助机构	8.2	7.5	7.9
出口信贷	0.5	0.3	0.4
私人气候资金	2.2~24.8	3.6~21.2	2.9~23
合计	35.4~58.0	46.4~64.0	41.0~61.1

资料来源：Climate Policy Initiative（2015）。

表 5-2 2011—2014 年主要发达国家对发展中国家提供的气候资金

单位：百万美元

	2011 年	2012 年	2013 年	2014 年
美国	5 006.62	4624.81	4835.77	5 138.54
日本	4 799.00	4 798.47	10 409.76	10 771.48
法国	3 980.38	4 427.69	3 028.19	3 716.57
英国	3 424.26	3 598.74	3 390.84	4 466.47
德国	2 213.88	2 192.07	2 652.98	3 960.92
荷兰	1 762.88	1 765.96	2 017.36	1 508.60
瑞典	1 504.87	1 488.53	941.24	835.54
挪威	1 044.40	1 309.55	1 738.36	1 394.96
瑞士	624.13	624.89	3 492.10	3 302.20
全球总额	28 755.51	28 863.17	40 524.30	43 235.12

资料来源：Climate Policy Initiative（2015）。

在此情况下，各方认识到气候金融的含义需要外延。一方面，气候金融不仅涉及公共资金，还应调动市场资金参与（见图5-2）。2015年通过的《巴黎协定》指出，气候投融资不仅涉及公共资金，还需调动更广泛的社会资金，以更好地支持缓解和适应气候变化的应对措施。UNFCCC也因此对气候金融的定义进行了修订，将气候金融资金来源从国家之间的转移支付扩大至包括私人部门资金。美国在其于2021年公布的首份国际气候融资金融计划中也参照该理念，将国际气候金融定义为"支持发展中国家减缓和适应气候变化影响的资金，涵盖政府和市场两种资金来源"。

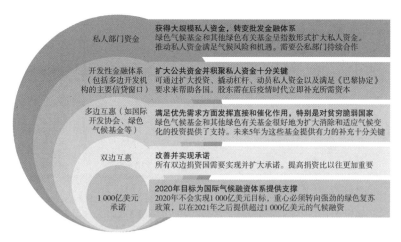

图5-2　国际气候金融概念框架

资料来源：Independent Expert Group on Climate Finance（2021）。

另一方面，气候金融还应该延伸至国内气候变化应对，而不仅仅是国际上对发展中国家的支持。2011年世界银行会同IMF、OECD向G20提交了《动员气候金融》（Mobilizing Climate Finance）报告，其中将气候金融定义为"包括促进低碳转型和提高气候韧性的所有资源，通过覆盖气候行动成本与风险，创造更加有利的环境，增强采取减缓和适应气候变化行动的能力，并鼓励新技术研发"。

对中国而言，气候金融又被称为气候投融资，主要聚焦于为国内的气候变化应对提供资金支持。参照《巴黎协定》，中国亦从"减缓"和"适应"气候变化这两个维度对气候投融资支持范围进行了定义，但提出了更为详细的支持领域。2020年，生态环境部、国家发展改革委和中国人民银行等五部门联合发布了《关于促进应对气候变化投融资的指导意见》，明确"气候投融资是指为实现国家自主贡献目标和低碳发展目标，引导和促进更多资金投向应对气候变化领域的投资和融资活动，是绿色金融的重要组成部分"。其中减缓气候变化方面包括调整产业结构，积极发展战略性新兴产业；优化能源结构，大力发展非化石能源；开展碳捕集、利用与封存（CCUS）试点示范；控制工业、农业、废弃物处理等非能源活动温室气体排放；增加森林、草原及其他碳汇等。适应气候变化方面包括提高农业、水资源、林业和生态系统、海洋、气象、防灾减灾救灾等重点领域适应能力；加强适应基础能力建设，加快基础设施建设、提高科技能力等。

二、转型金融

转型金融（Transition Finance）是近年才发展出来的较新概念，指为低碳转型活动提供资金支持的金融活动，旨在满足碳密集型行业绿色转型资金的需求，其内涵和外延尚处于初步发展阶段。目前，大部分机构或国家主要是对转型活动进行定义划分，从而间接定义转型金融，但在转型活动划分上存在显著的分歧。

2019 年 OECD 就转型活动给出了最宽泛的定义，即经济主体向联合国《2030 年可持续发展议程》17 项可持续发展目标（SDG）转型的进程。2019 年欧洲复兴开发银行（EBRD）将转型活动分为高排放行业提高能源利用效率、改进资源利用效率和建设可持续基础设施三类。2020 年气候债券倡议组织（CBI）发布《为可信的转型提供融资》（Financing Credible Transition）报告，将经济活动分为净零排放、零排放转型、不可转型、暂时过渡、搁浅五类。其中净零排放属于绿色活动，零排放转型（已有明确脱碳路径）可分属于绿色或转型活动，塑料回收等暂时过渡类以及长途客运航空等短中期可显著减排的活动均属于转型活动。此外，应日本、澳大利亚、加拿大等国的要求，2020 年国际资本市场协会（ICMA）发布了《气候转型金融手册》，为转型金融产品的发行提供指导和披露要求。

各国（地区）由于资源禀赋、产业结构、能源构成、发展路径不同，对转型活动范畴的具体界定也各不相同。欧盟采取正面清单模式，其于 2020 年发布的《欧盟可持续金融分类法案》①明确指出 22 项减缓气候变化的活动可作为"转型活动"(transitional activities)，集中在四大行业，即制造业、交通业、建筑业和信息产业（见表 5-3）。同时欧盟给出了严格的技术筛查标准，明确只有满足相关标准才能被冠以"转型"标签。

日本、新加坡、马来西亚、加拿大、澳大利亚等正在研究制定一个覆盖范围更广的转型活动分类标准。这些国家认为，棕色产业的碳减排和技术替代也急需大量资金，应发展转型金融填补

---

① 涵盖 7 大行业的 72 个减缓气候变化和 68 个适应气候变化的经济活动。

资金缺口。高碳排放企业转型不可一蹴而就，各国国情不同，转型路径也各不相同。因此，各国发展转型金融时，有必要根据自身国情，制定更加灵活的转型活动标准。澳大利亚还在多个场合表示，欧盟的转型活动定义过于严格，澳大利亚正致力于制定自身转型金融标准，以支持棕色资产向绿色资产转型。

表5-3 欧盟转型活动类别

制造业	水泥
	铝业
	钢铁
	炭黑
	纯碱
	氯气
	基础有机化学品
	硝酸
	初级形态塑料
交通业	城际轨道交通
	货运轨道交通
	城乡公路载客交通
	机动车交通
	公路货运交通
	内陆水上载客交通
	内陆水上货运交通
	内陆水上交通改造
	海洋水上载客交通
	海洋水上货运交通
	海洋水上交通改造
建筑业	现有建筑翻新
信息产业	数据处理和存储

资料来源：欧盟委员会（2020）。

其中，新加坡已经发布了转型金融框架，指出只要符合排放量大幅低于行业排放标准、具有与《巴黎协定》目标一致的减排路径，即可被认定为转型活动，具体涵盖汽车行业（包括提高能效、脱碳、碳捕集和储存活动）、金属和采矿行业（包括钢铁生产脱碳技术和提升高炉能效）、食品和农业、油气、化学品、电力（不含燃煤发电）、运输航空、电信以及物流业等。日本也将转型金融与绿色金融、金融创新并列为金融支持气候变化应对的三大优先领域。日本环境金融研究院 2020 年发布的《转型金融指引》（Guidance for Transition Finance）报告，列出了部分棕色行业经济活动分类目录和企业分类目录。其中，煤电活动转型路径分两个阶段，先从煤炭转向天然气，再利用 CCUS 技术实现净零排放。马来西亚转型活动的分类，涵盖所有会对环境造成显著影响的行业，积极采取措施减少对环境的损害，促进低碳转变。

加拿大和澳大利亚正在研究制定转型活动分类方法。其中，加拿大主要从能源、公用事业、农业、林业、水泥、钢铁、铝业、矿物开采八大行业制定有关领域转型活动的技术标准。

各方转型活动覆盖范围比较见表 5-4。

表5-4　各方转型活动覆盖范围比较

	技术上可替代产业	经济上可替代产业	化石燃料
欧盟	×	×	×
CBI	√（要求最终能实现净零排放）	×	×
日本	√	√	√
新加坡	√	√	×
加拿大	√	√	√

资料来源：作者整理。

在各方的分歧当中，是否应将包括煤炭在内的化石能源行业纳入转型活动是最大的分歧。欧盟明确地将包括煤炭在内的所有化石能源排除在外，甚至为化石能源提供运输服务都不予以转型金融支持。新加坡和EBRD也基本上将化石能源项目排除在外，不过在特定条件下，EBRD会在转型金融当中考虑煤转气和油转气项目，即项目采取最佳技术、当地没有其他可替代方案、能显著减少碳排放，并且借款者制定了低碳发展的转型战略目标。日本、加拿大、澳大利亚、马来西亚则主张考虑国情在能源结构上和自然资源禀赋上的差异，特别是风电、光伏发电等可再生能源并不一定适合所有国家，因此需要将煤炭等化石能源纳入转型金融范畴。部分金融机构如法国巴黎银行、安盛资产管理公司、星展银行认为，在是否支持化石能源上，转型金融应该保持灵活性，在条件允许能够利用风能等可再生能源的情况下，转型金融自然不能支持煤电，但如果一国由于自然条件或法律法规限制，无法使用风电等可再生能源，那么采取高效减排的煤转气项目也可纳入转型活动中。

三、可持续金融

可持续金融（Sustainable Finance）顾名思义，与可持续发展概念密切相关。2018年G20可持续金融研究小组发表《G20可持续金融综合报告》，将可持续金融定义为对可持续发展目标框架提供直接和间接支持的金融服务及相关机制和市场安排，其最终目的是推动实现强劲、可持续、均衡和包容性增长。G20可持续金融研究小组认为，适当的可持续金融发展框架也有助于应对风险和外部性等市场失效问题，进而提高金融市场的稳定性和效率。

欧盟、IMF 认为，考虑环境、社会和治理因素是实现可持续发展的重要方面。因此，欧盟将可持续金融定义为金融部门在投融资决策中充分考虑环境、社会和治理因素，引导社会经济资源支持长期性的可持续经济活动和项目；IMF 则定义可持续金融为企业将环境、社会和治理原则纳入商业决策、经济发展和投资战略。

可持续金融定义与可持续发展目标关系紧密（见图 5-3），可持续金融的发展可追溯至可持续发展目标的提出。1987 年，世界环境与发展委员会（WCED）在《我们共同的未来》报告中第一次阐述了可持续发展的概念，并将其定义为在满足当代人需要的同时，不损害后代满足其自身需要，这得到了国际社会的广泛认同。2015 年联合国可持续发展峰会在纽约召开，通过了《2030 年可持续发展议程》，设立了涵盖贫困与饥饿、经济增长等 17 项可持续发展目标和 169 项具体目标，旨在从 2015—2030 年以综合方式彻底解决社会、经济和环境三个维度的发展问题，转向可持续发展道路。

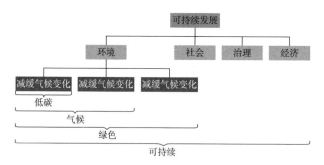

图 5-3　可持续金融与可持续发展

资料来源：欧盟委员会，社会价值投资联盟。

当前，欧盟是可持续金融的行动先锋。为落实 2019 年 12 月欧盟《欧洲绿色新政》提出的 2050 年碳中和目标，欧洲每年投资缺口高达 4 700 亿欧元，可持续金融被寄予厚望。自 2015 年通过《巴黎协定》以来，欧盟一直在不断完善可持续金融框架。2018 年欧盟出台《可持续增长融资行动计划》（Action Plan on Financing Sustainable Growth），提出 10 大类 22 项具体行动计划及时间表，其中制定的欧盟气候分类标准、强化信息披露和报告、统一绿色债券等金融产品标准被视为重要内容。目前各项工作在有序推进中。

一是 2020 年 6 月欧盟发布《欧盟可持续金融分类法案》，引入技术标准界定符合欧盟气候变化适应及减缓两大目标的经济活动。

二是 2021 年 6 月欧盟发布《欧盟可持续金融分类法案》第 8 条补充法案，即《欧盟气候分类授权法案》[①]（EU Taxonomy Climate Delegated Act），要求大型金融和非金融企业在披露相关业务规模、投资和贷款活动市场份额时须按规定的内容、方法和信息呈现形式进行报告。

三是 2021 年 7 月欧盟发布《欧盟绿色债券标准》，要求项目资金必须 100% 用于符合《欧盟可持续金融分类法案》标准的项目，并且绿色债券须由经欧洲证券及市场管理局注册的第三方机构进行认证。

---

① 授权法案有 3 个附件，包括《授权法附录一》《授权法附录二》及《授权法披露要求细则》，附录一和附录二聚焦能源部门及高碳行业的分类目录，所涉经济活动覆盖欧盟直接温室气体排放量的 93.2%，披露要求细则对披露义务进行了详细规定。

随着 2018 年行动计划的陆续完成，欧盟于 2021 年 7 月发布《可持续金融新战略》，对可持续金融的发展提出了六大领域共 25 项具体促进措施（见表 5-5），将成为《欧洲绿色新政》下一阶段的重要支柱。

表 5-5　欧盟《可持续金融战略》6 项行动计划及措施要点

政策领域	具体政策与措施要点
1. 扩大现有的可持续金融工具箱，提高转型金融可获得性	· 立法支持有助于减排的能源部门融资 · 扩展欧盟气候分类法框架以进一步识别经济活动 · 通过欧盟气候分类法的补充法案，进一步涵盖农业和能源部门 · 2022 年第二季度通过与水质、生物多样性、污染预防和循环经济相关的欧盟分类法条例 · 完善金融工具的"贴标"框架，并引入有针对性的 IPO（首次公开募股）披露要求
2. 提高可持续金融的包容性，促使中小企业获得转型融资	· 征求欧洲银行业管理局（EBA）对绿色贷款和抵押贷款的定义及意见，并增加公民和中小企业获得可持续金融咨询服务的机会 · 整合可持续金融相关数据，与数字金融平台加强合作，以支持和鼓励中小企业及个人投资者的数字创新解决方案 · 识别保险业缺口，并与利益相关者展开气候韧性对话（2022 年） · 2021 年底发布社会责任分类报告 · 加强对气候和生物多样性预算的跟踪方法，支持将国家预算转向绿色优先事项，并在 UNFCCC 第 26 次缔约方大会前组织首届年度可持续投资峰会
3. 增强经济和金融体系对可持续性风险的抵御能力	· 与欧洲财务报告咨询小组（EFRAG）、欧洲证券及市场管理局（ESMA）和国际会计准则理事会（IASB）合作研究财务报告准则如何反映可持续性风险 · 确保以透明的方式在信用评级和展望中系统反映 ESG 风险，将欧洲证券及市场管理局（2023 年）的进一步评估纳入框架 · 对《资本要求条例》和《资本要求指令》提出修正案，以确保可持续发展风险在银行风险管理系统中的一致性整合，包括完成银行的气候变化压力测试（2021 年） · 对偿付能力指令提出修正案，将可持续性风险纳入保险公司的风险管理，包括保险公司的气候变化情景分析（2021 年） · 加强金融稳定风险评估、定期压力测试、宏观审慎工具评估以及环境退化和生物多样性丧失风险等方面的研究，加强长期金融稳定

政策领域	具体政策与措施要点
4. 进一步加大金融部门对可持续发展的支持力度	· 加强金融机构对其支持可持续发展目标和过渡计划情况的披露 · 要求欧洲保险和职业养老金管理局（EIONA）评估审查养老基金的受托责任，将可持续性影响纳入投资决策过程 · 提高 ESG 评级的可靠性和可比较性
5. 加强欧盟金融体系完整性，监督其向可持续金融有序过渡	· 在欧洲监管机构的支持下，监管"漂绿"风险，并评估和审查主管机关当前可用的监管和执行手段，以确保监管权力、能力和义务符合目的 · 在 2023 年之前，建立一个强有力的监管框架，以衡量可持续资金的流动，并协助成员国评估投资差距和衡量其金融部门取得的进展 · 在 2022 年之前，加强所有相关政府当局包括成员国、欧洲央行、欧洲系统性风险委员会、欧洲监管当局和欧洲环境署之间的合作，致力于采取共同方法，监督有序过渡，并确保在整个欧盟金融体系中采用"双重要性"的评估和披露方法 · 建立可持续金融研究论坛，促进研究人员和金融界之间的知识交流
6. 制定国际可持续金融标准，支持欧盟伙伴国	· 推动"双重要性"概念成为主流，并就目标和分类原则强调披露框架的重要性 · 扩展可持续金融国际平台（IPSF）的工作并加强治理 · 制定综合战略，推广可持续金融工具，扩大中等收入和低收入国家获得可持续金融的机会

资料来源：作者整理。

除欧盟外，国际金融机构也对可持续金融进行了积极探索。1991 年，联合国环境规划署（UNEP）与德意志银行、汇丰银行等商业银行萌生了推动银行业可持续发展意识的计划。1992 年，联合国环境与发展会议（又称"地球峰会"）在巴西里约热内卢举行，会议发布了《银行业关于环境和可持续发展的声明书》，标志着 UNEP 银行倡议正式建立。1995 年 UNEP 又联合瑞士再保险等保险公司发布了《保险业关于环境和可持续发展的声明书》，并在 1997 年成立了 UNEP 保险倡议。同年，为了吸引更多金融机构，银行倡议更名为金融机构倡议。为更好发挥合力、撬动私人资金、促进可持续发展，UNEP 在 2003 年将金融机构倡议和保险倡议合并为联合国环境规划署金融倡议（UNEP FI）。

近年来，国际上各方还不断扩展可持续金融的含义，将强调债务可持续性的可持续融资纳入其中。一方面，国际金融协会于 2004 年通过了《新兴市场稳定资本流动和公平债务重组原则》，提出了信息共享和透明度、债权人和债务人密切对话与合作、良好诚信行为、公平待遇四大原则，以推动商业债权人和债务国有序重组，防范债务危机。之后，随着《新兴市场稳定资本流动和公平债务重组原则》适用范围从新兴经济体扩展至所有债务国，其于 2010 年更名为《稳定资本流动和公平债务重组原则》。

另一方面，G20 于 2017 年通过了《G20 可持续融资操作指引》，指出可持续融资是在提供稳健发展资金的同时，确保该国主权债务处于可持续的水平。同时，《G20 可持续融资操作指引》提出实现可持续融资的五大要求，包括提供足够的资金、信息共享和透明、财务支持一致性、各方协调、加强法律保障。IMF 和世界银行于 2019 年据此提出了判断融资是否可持续的评估框架。

此外，可持续金融也延伸至基础设施建设领域。2019 年 G20 峰会通过了《G20 高质量基础设施投资原则》，目的主要是提高基建项目的财务可持续性，同时强调高质量基础设施对促进可持续发展的积极作用，高质量的基础设施投资不仅要考虑经济效率，还需考虑环境、抗自然灾害风险韧性、社会、治理等因素。

四、ESG 投资

ESG 投资由 UNEP 于 2006 年正式系统性地提出，是将环境

（E）、社会（S）和治理（G）因素作为投资和资产配置的依据。ESG 投资尤其重视所投企业和项目的环境气候表现，并关注社会责任和治理的情况。环境方面，主要包括减缓和适应气候变化，以及更广泛的环境，如保护生物多样性、防止污染和循环经济。社会方面，主要包括性别平等、劳动者保护等属于人权的内容。治理方面，IMF、世界银行下属的国际金融公司（IFC）等多数机构强调公司治理，如保障股东权利、完善公司治理架构等；世界银行、惠誉评级等在考察主权债券信用时也关注政府治理，包括该国法治、廉洁、透明度等情况。联系前文可持续金融的定义，ESG 投资和可持续金融具有密切的联系，ESG 投资是可持续金融在投资领域的实践。

虽然 ESG 概念系统性地提出只是十几年前的事情，但 ESG 投资的做法最早可追溯到 18 世纪贵格会^① 限制会员从事贩奴贸易，是基于道德、信仰、价值观做出的"排除性投资"。后来随着第一次世界大战及 20 世纪 20 年代美国禁酒令的推行，烟酒、赌博、军火等对社会产生负面影响的行业也被少数投资者排除在外。

20 世纪六七十年代，随着西方国家人权运动、公众环保运动和反种族隔离运动的兴起，在资产管理行业催生了相应的投资理念，ESG 投资的雏形应运而生，即应投资者和社会公众的需求，与这些运动所代表的价值观相一致，在投资选择中开始强调劳工权益、种族及性别平等、商业道德、环境保护等问题。例如，美国的帕斯全球基金拒绝投资利用越南战争获利的公司，并强调劳

---

① 贵格会兴起于 17 世纪中期的英国及其美洲殖民地的基督教教派。

工权益问题；英国的梅林生态基金只投资注重环境保护的公司。

20 世纪 90 年代，投资者进一步由道德层面转向投资策略层面，在投资决策中综合考量公司的 ESG 绩效表现，衡量 ESG 投资策略对投资风险和投资收益的影响。联合国环境规划署金融倡议希望金融机构把 ESG 因素纳入决策过程，发挥投资的力量，促进可持续发展。

进入 21 世纪，2006 年的联合国《负责任投资原则》（PRI）首次系统性地定义了 ESG 投资，极大地推动了 ESG 投资理念的发展，将其推向全球。PRI 由联合国前秘书长安南牵头发起，旨在帮助投资者理解 ESG 因素对投资价值的影响，鼓励成员机构将 ESG 因素纳入公司经营中，以降低风险、提高投资价值并创造长期收益，最终实现全社会的可持续发展。自 PRI 发布以来，签署机构数量从最初的 60 余家增长至 2020 年末的 3 000 多家，总资产规模从 6.5 万亿美元升至 103 万亿美元（见图 5-4）。我国也已有近 50 家金融机构签署了 PRI，涵盖银行、证券、保险、基金等各类金融机构。

虽然各方一致认为环境、社会和治理因素是 ESG 投资的三大支柱，但是对于其中具体的内涵存在不同的理解。如前文所述，有的机构认为治理只涉及公司治理，而有的机构认为还应涉及国家治理。在环境方面，UNEP 认为涉及自然环境和自然系统的质量及功能，覆盖范围较广，包括生物多样性丧失、温室气体排放、可再生能源、能源效率、自然资源消耗或污染、废物管理、臭氧消耗、土地利用变化、海洋酸化与氮磷污染。IMF 则主要从气候变化、自然资源、污染与废弃物、机遇与政策四个方面考虑，主要关注碳足迹、能源利用效率、废水管理、有毒物质管理、可再生能源等关键议题（见表5-6）。

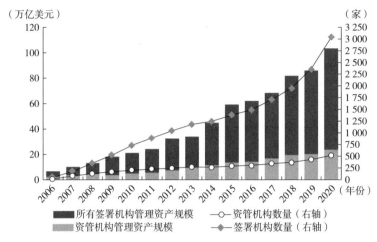

图5-4　PRI参与者数量和资产规模

资料来源：PRI。

表5-6　部分机构对ESG因素的分类

因素	世界银行	IMF	惠誉评级
环境（E）	气候变化	碳足迹	温室气体排放
	碳排放	能源利用效率	能源管理
	污染	废水管理	环境风险暴露
	资源利用效率	有毒物质管理	生物多样性
	生物多样性	可再生能源	水资源和废水管理
社会（S）	人权	发展机会	人权
	劳工标准	产品安全和质量	人力资本开发
	健康与安全	销售行为和标签	员工福利
	社区关系	社区关系	劳动关系
	人力资本开发	工作场所健康与安全	隐私和数据安全

因素		世界银行	IMF	惠誉评级
治理 （G）	公司 治理	政府治理	董事会结构与问责制度	法治
		腐败	会计和披露实践	管理策略
		法治	对腐败的管理	债权人权利
		制度优势	系统性风险管理	治理结构
		透明度	收益质量	财务透明度

资料来源：世界银行，IMF，惠誉评级。

五、绿色金融

绿色金融（Green Finance）亦尚未有统一定义。2011 年国际开发性金融俱乐部（IDFC）将绿色金融定义为包括对一切与环境相关的产品、绿色产业和具有可持续发展前景的项目进行的投融资，以及倡导经济金融可持续发展的金融政策。2016 年中国担任 G20 轮值主席期间，牵头成立了绿色金融研究小组，将绿色金融首次写入《二十国集团领导人杭州峰会公报》。G20 绿色金融研究小组（2016）将绿色金融定义为能产生环境效益以支持可持续发展的投融资活动。这些环境效益包括减少空气、水和土壤污染，降低温室气体排放，提高资源使用效率，减缓和适应气候变化并体现其协同效应。因此，发展绿色金融要求将环境外部性内部化，并强化金融机构对环境风险的认知，以提升环境友好型的投资和抑制污染型的投资。

国内外学者和国际组织也从不同角度对绿色金融进行了界定（见表 5-7）。萨拉查（Salazar，1998）指出，绿色金融旨在依靠金融创新来实现环境保护目的。高建良等（1998）国内学者认为，绿色金融是指金融部门在贷款政策、对象、条件、种类与方式等层面上采取措施扶持绿色产业发展，以此促进环境保护与经济协调发展。朔尔滕斯（Scholtens，2006）则重点分析了金融与可持续发展之间的传导机制，指出绿色金融可以通过金融工具的最优组合解决资源环境问题。

表5-7   国际组织关于绿色金融的定义

国际组织	定义
OECD	绿色金融是为"实现经济增长，同时减少污染和温室气体排放，最大限度地减少浪费，提高自然资源的使用效率"而提供的金融服务
世界银行	向可持续的全球经济过渡，需要扩大提供具有环境效益的投融资，即所谓"绿色金融"
亚洲开发银行	绿色金融是为地球可持续发展提供资金，涵盖了项目的金融服务、机构安排、国家倡议和政策以及产品（债权、股权、保险或担保）的各个方面，旨在促进资金流向可以实现环境改善、减缓和适应气候变化，并提高自然资源保护和资源利用效率的经济活动及项目

资料来源：作者整理。

中国人民银行等七部委在 2016 年发布《关于构建绿色金融体系的指导意见》，将绿色金融定义为支持环境改善、应对气候变化和资源节约高效利用的经济活动，即对环保、节能、清洁能源、绿色交通、绿色建筑等领域的项目投融资、项目运营、风险管理等所提供的金融服务。同时，该文件将绿色金融体系定义为通过绿色信贷、绿色债券、绿色股票指数和相关产品、绿色发展基金、绿色保险、碳金融等金融工具和相关政策，支持经济向绿色转型的制度安排。

绿色金融的实践最早从较早实现工业化的国家开始。联邦德国于 1974 年成立全球首家"道德银行"（GLS Bank），重点为生态、社会和文化项目融资。受 1978 年发生的重大环境风险事件——美国爱河事件的影响，美国国会于 1980 年通过《综合环境反应、赔偿和责任法》，该法案最具威慑力的一点是，认定环境责任具有可追溯性，这极大增加了商业企业的环境风险。金融机构如果贷款或投资此类企业，可能会血本无归，甚至可能因为承担连带责任而背负清偿污染的费用。1990 年，美国富利金融公司（Fleet Financial）因接受贷款客户抵押的治污设备，被法院认为"有削减客户环境保护能力从而导致环境污染的倾向"，最终被处以罚金。发达国家的金融机构正是从这一时期开始关注环境风险的。荷兰于 1995 年提出《绿色基金方案》，要求银行以低于商业贷款利率 1%~2% 的优惠利率向风能、太阳能和有机农业等特定绿色项目提供优惠贷款。

中国的绿色金融虽然起步较晚，但发展较快，目前中国绿色信贷规模和绿色债券规模分别位居全球第一和第二。总体来看，中国的绿色金融通过三大渠道推动实现碳中和目标。一是资源配置，即通过货币政策、信贷政策、监管政策、强制披露、绿色评价、行业自律、产品创新等，引导和撬动金融资源向低碳项目、绿色转型项目、碳捕集与封存等项目倾斜。二是风险管理，即通过气候风险压力测试、环境和气候风险分析、绿色和棕色资产风险权重调整等工具，增强金融体系管理气候变化风险的能力。三是市场定价，即推动建设 ETS 市场，发展碳期货等衍生品，通过交易为碳排放定价。

六、上述各概念的范围与应用比较

通过盘点气候金融、转型金融、可持续金融、ESG 投资和绿色金融概念的发展历程，不难发现，虽然上述概念受到业界学者的高度关注，也频频出现在各类政策文件中，但由于缺乏规范统一的学术界定，经常随研究目的和应用场景的不同而出现扩展甚至混用的情况。

首先，各国（地区）的习惯用法不同。美国习惯使用气候金融，欧盟习惯使用可持续金融，包括中国在内的亚洲地区则更多使用绿色金融。在许多场景特别是国际多边场合讨论中，三者并无本质区别，核心都是解决气候变化和环境保护等系列问题。各国为便于与国内接轨，更习惯使用本国官方称谓。相比之下，转型金融的概念较新，ESG 投资的概念更多偏向于具体的市场实践，因此，两者虽然区域偏好不明显，但行业、国情、市场差异较大，目前尚无一套普遍使用的国际标准。

其次，各个概念范畴和侧重点不同。气候金融从使用范畴看，主要为支持气候减缓和适应活动。从资金流动方向看，更多关注发达国家向发展中国家气候资金的转移。转型金融强调棕色产业为应对气候变化做出低碳转型。可持续金融在某些场景下还关注消除贫困、债务可持续、基础设施可持续等议题，但其主体仍然是环境因素。因此，不论是气候金融、转型金融还是可持续金融，其核心目的都是从不同的角度推进环境的改善，特别是气候变化应对。绿色金融在注重气候变化应对的同时，还强调生物多样性、污染防治、水资源保护等各方面的生态环境问题，因此涵盖气候金融、转型金融，是可持续金融在环境议题上的主体，

ESG 投资也是促进绿色金融发展的重要途径（见图 5-5）。

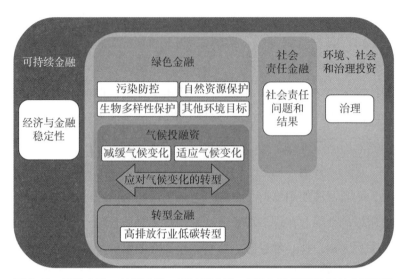

图 5-5　气候金融、转型金融、可持续金融、ESG 投资以及绿色金融范畴
资料来源：ICMA（2020）。

最后，不同国际合作平台的侧重点不同。联合国国家气候资金谈判机制主要关注气候金融，秉持"共同但有区别的责任"原则，敦促发达国家广泛动员资金，实现每年至少 1 000 亿美元资金支持的承诺。UNEP 金融倡议、G20、欧盟发起的 IPSF 聚焦于可持续金融，推动完善国际可持续金融标准，促进私人部门参与可持续金融。而在各类多边、双边合作机制中，绿色金融因其丰富的内涵和外延，有助于解决日益迫切的一系列气候和环境问题，而成为持续讨论的焦点。

作为全球绿色金融的引领者之一，我国已通过"自上而下"的政策推动和"自下而上"的商业实践创新的结合，形成了具有中国特色的绿色金融发展体系。在实践中，我国的绿色金融已经涉及气候金融、转型金融和可持续金融。为避免概念的混淆，并清晰地描绘绿色金融发展状况，本书使用的绿色金融概念涵盖了气候金融、转型金融、可持续金融、ESG 投资等。

中国绿色金融在未来的发展中，应在当前的良好基础上，以"30·60"双碳目标为导向，综合梳理吸收国际上的先进经验做法，并遵从如下原则。

首先，应遵循市场主导、政府引导的基本原则。金融支持双碳达标要注重市场驱动，充分发挥金融在资源配置、风险管理上的重要作用，激发市场微观主体的创造活力。同时，要注重政府引导和监督，引导金融资源支持高碳行业的绿色转型，促进生产生活方式的转型升级，并严控金融资源投向高能耗、高排放项目，通过市场无形之手和政府有形之手的结合互动形成合力，稳妥有序地推进绿色金融支持实现双碳达标。

其次，应夯实绿色标准、信息披露等基础性工作。绿色金融标准是识别绿色投资机遇、引导资金精准投向绿色项目的基础；企业和金融机构及时全面披露气候和环境信息，是提高绿色投融资效率、管理气候风险的前提。标准不统一、披露不全面不仅会增加市场主体的交易成本，还会导致市场分割和"洗绿"[①]风险，为此有必要统一绿色分类标准，推动强制气候信息披露，筑牢绿色金融的发展根基。

最后，央行和金融监管当局应发挥积极作用。气候变化相关的物理风险和转型风险会给各国宏观经济和金融稳定带来一定的

[①] "洗绿"指的是企业伪装成"环境之友"，试图掩盖对社会和环境的破坏，以此保全和扩大自己的市场或影响力。

影响，央行和金融监管部门需加强风险评估和管理，这在国际上已有广泛共识。央行和金融监管部门应在政策框架中全面纳入气候因素。在货币政策方面，可研究通过优惠利率、绿色专项再贷款等支持工具，为金融机构配置绿色资产提供政策激励；在金融稳定方面，可开展气候变化压力测试和情景分析；在外汇储备投资方面，可增加对绿色资产的配置，并将气候风险纳入投资风险管理框架。

第六章

绿色金融的
国际倡议与协调

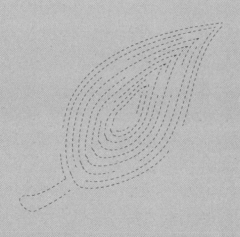

发展绿色金融、应对气候变化离不开国际协调合作。从 2016 年中国在担任 G20 主席国期间首次将绿色金融纳入 G20 议程以来，国际组织已经积极行动起来，与绿色金融相关的国际平台和合作机制不断涌现。IMF、OECD、金融稳定理事会（FSB）等国际组织和标准制定机构纷纷采取行动，提出了多项倡议。这些行动为各国解决绿色金融发展中的共性问题提供了框架和思路，也为各国合作推动绿色金融发展创造了积极条件。

一、绿色金融国际协调机制

2016 年中国担任 G20 主席国期间，中国人民银行提出成立 G20 绿色金融研究小组，邀请英格兰银行共同担任主席，由联合国环境规划署担任秘书处。绿色金融研究小组的主要任务是识别绿色金融发展所面临的体制和市场障碍，提升金融体系动员私人部门绿色投资的能力，后于 2018 年更名为"可持续金融研究小组"。

2016—2018 年，G20 可持续金融研究小组连续 3 年完成《G20

可持续金融综合报告》，有关政策建议纳入 G20 峰会成果，达成了发展绿色金融的国际共识。2016年《G20可持续金融综合报告》重点研究了银行体系、债券市场和机构投资者绿色化问题，以及风险分析和绿色活动度量，分析绿色金融发展的障碍并提出了应对措施。2017 年《G20 可持续金融综合报告》重点讨论了如何推进金融业环境风险分析，以及如何改善环境数据的可得性。2018 年《G20 可持续金融综合报告》围绕为资本市场创造可持续资产、发展可持续股权和风险投资、探索数字科技在可持续金融中的运用，梳理了存在的困难和挑战，并就动员私人部门资金发展绿色金融提出建议。虽然 2019 年 G20 在日本任主席国期间取消了研究小组，但在中国等各方面的积极推动下，2019—2020年 G20 峰会宣言仍肯定了可持续金融对全球经济增长和稳定的重要作用。

2021 年，国际环境已大为不同，国际社会越发重视气候变化问题，拜登政府重返《巴黎协定》。G20 主席国意大利顺势而为，于 2021 年初恢复了可持续金融研究小组，邀请中国人民银行和美国财政部担任联合主席，联合国开发计划署（UNDP）任秘书处。2021 年 4 月，G20 财长和央行行长会议同意研究小组升级为工作组，使可持续金融成为 G20 常设议题之一，从而提高了其政策影响力。可持续金融工作组提出了"1+3"工作计划，即制定《G20 可持续金融路线图》，使其成为中长期内指导可持续金融工作方向的战略性文件；同时在近期重点推进三项工作，即完善气候信息披露报送、统筹绿色分类标准等工具方法、鼓励多边开发机构等国际金融机构支持《巴黎协定》目标。

面对气候变化可能给金融体系带来的尾部风险以及应对气候

变化的巨量融资需求，央行与监管机构也在积极思考如何就应对气候变化和环境相关的金融风险开展合作，并动员资本进行绿色低碳投资。2017年底，在法国巴黎气候峰会召开期间，中国人民银行、法国央行、荷兰央行、德国央行、瑞典金融监管局、英格兰银行、墨西哥银行、新加坡金融管理局共8家机构共同成立了NGFS，致力于强化金融体系风险管理，促进环境友好、可持续发展，推动实现《巴黎协定》的长期目标，重点工作包括微观审慎监管、宏观金融稳定、发展绿色金融、数据缺口和研究等方面。自成立以来，NGFS的影响力不断扩大。2020年12月，美联储加入NGFS。截至2021年7月，NGFS共有89家成员和13家观察员，涵盖主要发达国家与发展中大国的央行和金融监管机构以及IMF、世界银行、OECD等国际机构。

中欧在开展绿色金融合作方面有很多相似立场，特别是两个经济体都较早着手构建包括分类标准在内的绿色金融政策框架。2019年10月，在IMF和世界银行年会期间，中国人民银行行长易纲与欧盟委员会执行副主席东布罗夫斯基斯、IMF总裁格奥尔基耶娃共同发起可持续金融国际平台，即IPSF，旨在深化国际合作，动员私人部门资金用于环境可持续投资。IPSF重点聚焦于绿色分类标准问题，主要目标是分析比较中欧标准的异同，形成一套绿色分类共同标准并推广运用。IPSF成员不断扩大，目前包括17家成员和9家观察员，代表全球55%的温室气体排放、55%的GDP和50%的人口。

在上述绿色金融国际合作平台前期工作的基础上，近年来，IMF、OECD、FSB等传统国际组织以及标准制定机构也积极行动，研究气候变化可能带来的经济金融风险。

IMF 已将应对气候变化纳入核心职能。多边监督方面，IMF已经在《世界经济展望报告》《全球金融稳定报告》和各区域经济展望报告等旗舰报告中对气候变化问题进行了分析。双边监督方面，IMF 把温室气体排放量在全球排名前 20 的经济体纳入未来 IMF 第四条款磋商报告，并且在每 5 年一次的金融部门评估规划（FSAP）中讨论气候变化问题。IMF 还将与世界银行合作，系统性地参与部分国家关于气候变化灾难后如何重建和恢复金融体系韧性的讨论。能力建设方面，IMF 将加大向成员国提供气候变化方面技术援助的力度。为提高应对气候变化问题的工作能力，IMF 还计划在每个职能部门都设立气候中心，并进一步补充人力资源，以深化分析气候变化对宏观经济的影响。

OECD 在碳定价和碳市场方面做了大量研究工作。OECD 认为碳定价是应对气候变化最重要的政策工具，碳税与 ETS 是碳定价的主要方式。近年来，OECD 对碳定价不同机制的优缺点、对各国竞争力的影响以及如何加强碳定价的国际协调等进行了较为深入的研究。OECD 与 IMF 共同建议将碳定价机制扩展至尽可能多的行业，同时出台取消化石燃料补贴等配套措施，共享碳足迹测量指标，并就碳边境调节机制等问题进行讨论。OECD 还加强了对低碳经济转型问题的研究，旨在形成后疫情时代应对气候变化的 OECD 观点。该项目主要包含四个模块：一是定义后疫情时代气候和经济韧性，二是加速向零排放经济转型，三是建立系统性气候韧性，四是监测各国应对气候变化的行动。其中在第四个模块下，OECD 还发起了国际气候行动计划（International Programme for Action on Climate，IPAC），对各国气候相关行动进行监测和评估，促进经验分享。

FSB 作为协调金融标准制定的中枢机构，先是重点推动建立国际可比的气候信息披露标准，未来将推动完善对气候相关金融风险的监测和监管框架。2015 年，在时任 FSB 主席马克·卡尼的倡议下，FSB 支持创立了由私人部门组成的气候相关财务信息披露工作组（TCFD），由美国彭博公司创始人迈克尔·布隆伯格担任主席。目前，TCFD 已成为全球最具影响力的气候信息披露标准框架，全球共有 1 500 多家企业和金融机构对此表示支持。2019 年起，FSB 下设的脆弱性分析小组（AGV）开始对气候变化可能引发金融资产重新估值从而触发金融风险的脆弱性问题进行研究。2021 年初，FSB 成立了气候风险工作组（WGCR），负责研究气候风险的监管实践，并开发相应的监管工具。FSB 还协调巴塞尔银行监管委员会（BCBS）、国际证监会组织（IOSCO）和国际保险监督官协会（IAIS）等标准制定机构，共同应对气候变化带来的金融风险。

银行、证券和保险行业的国际标准制定机构也积极开展气候风险对本行业的影响评估，研究如何完善监管规则。作为国际银行业监管标准的主要制定机构，2019 年以来，BCBS 着手研究现有的巴塞尔银行监管框架协议是否涵盖气候风险以及是否需要适时调整。2019 年 10 月，BCBS 成立气候变化风险高级别工作组（TFCR），梳理了气候变化可能引发的金融风险及传导途径、风险敞口的量化评估方法。根据巴塞尔银行监管框架三支柱，TFCR 新设三个报告起草小组，其中监管框架小组主要负责识别未充分纳入现有巴塞尔银行监管框架的气候相关金融风险，监督审查小组梳理对气候相关金融风险监督的实践及指引，披露要求小组负责跟进国际财务报告准则（IFRS）基金会和 TCFD 的相关工作，考虑针对银行业开发气候变化相关金融风险的定性定量指标。

IOSCO 气候变化工作目前侧重于完善信息披露。2020 年 4 月，IOSCO 成立了可持续金融特别工作组（STF），下设三个小组，分别负责上市公司的可持续信息披露、资产管理机构的可持续信息披露以及 ESG 数据提供商和评级公司可发挥的作用等。IOSCO 目前已对上市公司和资产管理机构可持续信息披露的做法进行了梳理，下一步，短期内将深度参与 IFRS 基金会关于可持续信息披露国际标准的制定工作，中长期将完善相应的证券业监管框架和监督审查实践。

IAIS 气候风险的相关工作也有所提速。2020 年，IAIS 与联合国可持续保险论坛（SIF）合作，评估审查了保险行业对气候变化的实践。IAIS 将就如何评估气候变化风险制定指引，并完善保险业监管做法。

IFRS 基金会在信息披露方面拥有专长，将牵头制定可持续信息披露标准的国际基准标准。IFRS 以原则为基础且通用性强，因此成为世界上最广泛使用的财务报告准则之一，目前约 144 个国家强制要求本国全部上市公司和金融机构采用 IFRS。2020 年 9 月，IFRS 基金会提出愿牵头制定国际通用的可持续信息披露标准，成立国际可持续发展准则理事会（ISSB），计划于 2022 年完成相关工作。鉴于 IFRS 基金会具备针对不同类型、不同规模的企业制定披露细则的经验，FSB、IOSCO 等国际组织和主要经济体均对 IFRS 基金会牵头制定可持续信息披露国际标准表示支持。

二、绿色金融国际合作的主要倡议

在 G20 的协调下，上述绿色金融合作平台和国际组织就如何应对气候变化风险和发展绿色金融提出了多项倡议，总体而言，大体分为以下几类。

（一）《G20 可持续金融路线图》和 FSB《应对气候相关金融风险路线图》

G20 作为当前国际经济治理的重要平台，其牵头制定可持续金融路线图，有利于协调和动员各国际组织的研究力量，并凝聚政治共识。2021 年 4 月，G20 可持续金融工作组开始制定《G20可持续金融路线图》，并于 10 月提交《G20 可持续金融路线图》，指导中长期内 G20 可持续金融的工作。

《G20 可持续金融路线图》的定位是明确中期内 G20 可持续金融工作的重点，列出了 5 项重点领域、19 项行动计划。重点领域一是统筹绿色分类标准等方法和工具，引导可持续投资。主要提出各国在制定可持续标准时可自愿遵循的原则，包括对气候或可持续目标有积极贡献、动态调整、保持透明度等；鼓励各国使用统一的行业分类方法制定绿色分类标准，加强可比性和兼容性；加强区域、国际协调，推动标准趋同；将气候转型纳入可持续分类标准等。重点领域二是加强气候等可持续相关信息的披露和报送。主要提出支持 IFRS 基金会制定国际统一的可持续相关财务信息披露标准，供不同地区和市场主体自愿采用；加强中小企业和新兴市场信息披露能力建设；鼓励 ESG 评级机构等提高数据治理等。重点领域三是评估和管理气候相关的金融风险，主要提出分析气候风险对金融稳定的影响，加强央行、监管机构等在管理气候风险上的协调。重点领域四是发挥公共资金和政策激励的作用，提出多边开发机构应对照应对气候变化的要求推进业务转型，支持发展中国家应对气候变化，并撬动市场资金支持发展中国家低碳转型；研究碳排放权交易、碳税等碳定价政策的效果等。重点领域五是其他事项，主要包括研究促进可持续投资的数字化解决方案，以及研究发展转型金融的方案。

2021 年 7 月，FSB 向 G20 提交了《应对气候相关金融风险路线图》，旨在利用其成员覆盖范围广、在金融稳定领域有专长的优势，制订中短期（2021—2023 年）内应对气候相关金融风险的行动计划，并明确长期工作方向和战略目标。FSB《应对气候相关金融风险路线图》主要包括信息披露、数据缺口、脆弱性分析和监管要求四个重点领域。FSB《应对气候相关金融风险路线图》获得了 G20 的支持，可作为《G20 可持续金融路线图》的重要组成部分。

由此可见，《G20 可持续金融路线图》范围更广，除应对气候相关的金融风险外，还涉及绿色分类标准、动员公共和私人部门资金等方面。FSB 在金融风险监测、金融监管规则制定方面有专长，将每年定期向 G20 汇报《应对气候相关金融风险路线图》的执行情况，协助 G20 推进气候风险的监管实践和标准制定。同时，两个路线图中的各项重点工作均相互联系、补充和促进。例如，解决数据缺口问题是监测和衡量与气候相关风险敞口的先决条件，而全球可比的分类方法和信息披露标准是弥合数据缺口的基础；分类标准又要注意区分发达经济体和新兴经济体的差别，注意与发展转型金融相衔接。

（二）推动绿色分类标准的国际趋同

绿色分类标准是绿色金融发展的前提，可以界定哪些经济活动属于"绿色"，提高市场透明度，防止"漂绿"，促进各国绿色金融市场互联互通。因此，开展绿色分类标准国际对比和趋同工作意义重大。目前市场上有两大类标准。一大类是市场主导、国际组织制定的绿色债券的标准，如 ICMA 发布的《绿色债券原则》（GBP）、CBI 发布的《气候债券分类方案》等；另一大类是由政府主导的标准，主要是中国和欧盟的标准，第八章将对此进行详细阐述。

绿色分类标准的国际趋同工作主要在 IPSF 进行。如前所述，IPSF 创设后的重点任务之一就是分析对比中欧标准的异同，计划在 2021 年底前出台一套共同标准，推动中欧绿色金融市场协同发展，并为形成国际通行的绿色分类标准打下基础。初步来看，中欧约 70% 的绿色经济活动范围是基本相同的。有一些经济体已表示将待中欧的标准趋同后直接使用，说明中欧在这方面走到了前列。

随着中欧标准趋同工作完成，G20 渠道逐步发挥更为重要的作用。中欧较早提出较为完整的绿色分类标准，而其他国家的分类标准仍在制定当中。还有不少经济体不打算由政府主导制定国别绿色分类标准，而更多依靠市场主导的"自下而上"的方式。中国人民银行正在联合欧方成员，就该问题开展针对性工作，已得到 G20 各方的支持。中欧绿色分类标准趋同后，G20 将鼓励其他经济体自愿使用该共同标准，并推动各分类标准尽可能保持一致。

（三）确保气候信息披露框架的一致性和可比性

气候信息披露是指企业和金融机构通过一定的方式，将气候变化对其影响、自身采取的应对措施等信息披露出来。气候信息披露能够帮助投资者更准确地评估企业价值，为央行及金融监管部门分析和化解与气候相关的金融风险提供基础，因此具有重要意义，第九章将详细讨论这一话题。

FSB 气候相关财务信息披露工作组于 2017 年发布的《TCFD气候财务信息披露建议》是目前全球范围内最具影响力的气候信息披露框架。欧盟[①]以及德国、法国、英国等许多经济体已制定或计划制定的气候信息披露要求普遍参考了 TCFD 标准。但TCFD 披露框架存在强制力不足和可执行性较差等问题。TCFD框架由企业自愿采纳，以原则性表述为主，定性披露较多，量化指标较少且难以计算。据统计，在全球 1 万家上市大型企业中，约有 40% 的企业按照 TCFD 框架披露了自身的温室气体排放和

---

① 欧盟的披露标准更高。TCFD 基于"单一重要性"标准，即仅要求企业披露气候事件对其自身的影响。2014 年，欧盟委员会要求境内雇员超过 500 人的企业自 2018 年起按照"双重重要性"原则披露可持续性相关信息，即除了公布气候事件对企业的影响外，还需要公布企业经营活动对社区、社会和环境的影响；2021 年 4 月，欧盟委员会发布关于《企业可持续性相关信息披露指令》的立法提案，将强制信息披露主体的范围扩大至所有上市公司和雇员超过 250 人的大公司。

从外部购买用电、用暖等对应的温室气体排放数据，以及仅有20%的企业披露部分全产业链排放数据。

同时，其他市场化的披露不断涌现，可能带来标准分割。可持续会计标准委员会（SASB）、气候披露标准委员会（CDSB）、全球披露倡议（GRI）、环境信息披露行动（CDP）、国际联合披露理事会（IIRC）五家非政府机构推出了各自的披露标准，正按照 TCFD 框架进行整合。

如前所述，国际社会广泛支持 IFRS 基金会牵头制定国际通用的可持续信息披露的具体标准，提高可执行性和规范性。IFRS标准将以 TCFD 框架为基础，遵循"单一重要性"原则，初期仅关注气候领域，日后再扩展至其他可持续信息披露。在 IFRS标准出台之前，为提高披露信息的一致性和可靠性，FSB 将与NGFS 等合作，推动金融机构和非金融企业继续将 TCFD 框架作为气候相关财务信息披露的基础。

IOSCO、BCBS 和 IAIS 等也纷纷对本行业的信息披露做法进行了审查，并将根据 IFRS 标准适时修订相关披露要求。IOSCO建议企业更多披露可持续性领域的定量信息，并将定性信息披露标准化；支持披露短期内对企业财务状况有影响的可持续性信息（即"单一重要性"），但与"双重重要性"方法相协调。IOSCO是 IFRS 基金会决策机构监督委员会的成员之一，将深度参与IFRS 基金会标准的制定过程，并在标准正式推出后决定是否鼓励229 个成员机构在制定上市公司可持续相关披露要求时参考这一标准。BCBS 气候变化风险高级别工作组的披露要求小组将围绕巴塞尔银行监管第三支柱，在 IFRS 标准的基础上为银行业制定气候信息披露的定性和定量指标。国际大型银行呼吁将 BCBS 披露标准作为最低要求，各地区标准可高于 BCBS 标准，但为避免重复披露和披露成本过高，建议仅要求银行在并表层面上满足最低披露标准。IAIS 和 SIF 联合发布了关于 TCFD 建议实施情况的报告，建议保险业监管机构在 IFRS 标准出台之前使用现有工具加强披露，未来将继续推动保险行业完善气候信息披露。

（四）弥补气候风险相关数据缺口

可靠和可比的气候相关数据对于金融机构评估风险和支持低碳转型至关重要。NGFS 最先对气候相关的数据缺口进行了系统性梳理，并侧重于分析金融业低碳转型过程中的数据缺口，相关工作由 IMF 牵头。FSB 紧随其后，分析了在评估金融稳定的气候相关风险时面临的数据缺口。下一步，各方都将重点工作放在弥补数据缺口上，IMF 将发挥主要作用。IMF 已推出气候变化指标模板（CID），未来将牵头新的 G20 数据缺口倡议，对 G20 成员提出数据报送要求，从而满足宏观经济金融研究中对气候数据的要求。

NGFS、IMF 和 FSB 均认为，气候变化相关数据的可得性、精确度、前瞻性和可比性方面还面临较大缺口。一是缺乏不同资产类型、行业、地理位置和时间段的数据；二是关于机构和资产所处地理位置的数据不足；三是缺乏转型目标和排放路径的前瞻性数据，难以反映尾部风险；四是不同分类标准和披露框架下的数据设计和重点存在差异，可比性需要提高。此外，当前气候数据的时效、频率、覆盖范围和精确度等方面也需要提高。

非金融实体气候风险数据有待完善，一是缺乏引发物理风险相关因素的全球性精细数据，影响了不同国家间非金融实体物理风险敞口的比较；二是经济向低碳转型时，政府气候变化政策、消费者偏好变化以及科技变革等因素会影响公司和家庭的资产负债表及其生产或生活成本，但受专业知识和资源限制，极少有公司能够独自进行转型风险评估；三是衡量物理风险敞口时，缺乏公司的资产和活动所在地信息以及风险在不同行业间传导的数据，有关实体为保护自身及资产免受物理风险影响采取了适应性措施，但相关数据有限；四是虽然越来越多的公司开始根据TCFD框架建议披露温室气体排放量信息，但规模、行业、地区和经营范围不同的公司对温室气体排放数据的披露差异明显；五是理论上第三方评级公司的数据可为判断公司转型风险提供一些有用的信息，但不同评级公司的指标构建方法和依据的分类标准存在较大差异。

金融机构气候风险数据方面，一是监管部门缺乏辖区内金融机构贷款或保险层面的精细数据和跨境气候风险敞口数据，限制了监管部门对辖区内气候风险及其跨境传播进行监测的能力；二是金融机构可以通过购买保险等金融工具对风险进行转移和缓释，然而相关数据较为缺乏，并且有关保险条款差异较大；三是将气候风险转化为违约概率等金融风险指标时，存在主观判断成分大、缺乏历史数据等问题。

用于评估金融系统整体韧性的数据方面，一是不同行业面临的气候风险并未相应地反映在其金融资产的市场价格上，金融机构也缺少与其供应链（如贷款企业等）相关的气候风险信息；二是要评估金融系统的气候变化风险需要借助情景分析和压力测试，但全球尚未就共同的情景达成共识，而且缺乏用于情景分析的气候相关风险方面的精细数据。

针对上述情况，FSB 和 NGFS 有如下建议。一是提高气候相关风险潜在驱动因素方面的数据可得性和一致性。二是支持 IFRS 基金会制定全球层面的气候变化信息披露标准。三是提高金融机构及非金融机构气候相关风险敞口数据的质量和一致性。四是开发衡量气候相关风险对金融稳定影响的前瞻性指标，完善和统一气候相关风险跨行业转移方面的数据。五是制定全球一致的分类标准，开发气候相关数据的衡量标准和认证标签。六是识别情景分析中的数据缺口，继续完善并开发情景，保持情景分析数据和方法的一致性。七是提高评估气候相关风险通过影响宏观经济而对金融行业造成影响方面的数据可得性。

IMF 将在弥补数据缺口、协调各经济体数据报送方面发挥核心作用。为满足宏观经济和金融政策分析对气候相关数据日益增长的需求，IMF 与 NGFS、FSB 等合作，于 2021 年 4 月 7 日发布气候变化指标模板，数据来自公开数据和 IMF 工作人员的估算。气候变化指标模板涵盖 4 个大类的 11 个指标，覆盖了生产、消费、融资和政府政策 4 个维度，旨在跟踪气候风险对经济的影响（见表 6-1）。但 IMF 发现，这些数据在经济体覆盖面、精细度、准确度、一致性和频率等方面均存在缺陷。考虑到 G20 数据缺口倡议于 2021 年底到期，国际社会有必要继续加强合作，以弥补新的数据缺口。2021 年 7 月，IMF 向 G20 财长和央行行长提交了包括关于弥合气候相关数据缺口在内的一揽子新倡议。下一步，IMF 将制定气候相关数据模板，拟要求 G20 成员按此定期收集、编制和发布气候数据。

表 6-1　IMF 气候变化指标模板

类别	用途	具体指标
经济活动和气候指标	衡量经济活动引发的气候变化	温室气体排放指标
		单位产出碳排放量
		气候指标
跨境指标	衡量进出口等跨境活动对气候变化的影响	贸易相关指标
		直接投资相关指标
金融风险、物理风险和转型风险指标	衡量金融对低碳排放的支持	碳足迹调整后的银行绿色贷款比例
		绿色债券
		气候变化的物理风险
		气候变化的转型风险
政策指标	衡量政府应对气候变化的措施	政府环境税收入
		政府环保支出

资料来源：IMF。

（五）加强对气候相关金融风险的评估和分析

气候变化风险可通过微观和宏观传导途径引发金融风险。微观层面，气候变化风险可能影响金融机构交易对手财务状况或持有的金融资产估值，并会给其带来信用、市场、经营和流动性风险。宏观层面，气候变化对金融体系将产生整体性影响，可能导致更多资产的风险溢价上升，并可能冲击一国主权信用评级而引发系统性金融风险。现行的金融风险管理框架无法较好地评估气候变化风险，需要借助压力测试。第十章将对此进行详细分析。

NGFS 最先研究气候风险的传导渠道以及风险评估和分析方法（见图 6-1）。微观层面，NGFS 研发并推广运用针对单个金融机构的环境风险分析方法。该方法主要包括识别风险、估测敞口、评估损失和缓释风险四步，为银行、资管和保险公司开展环境风险分析提供了方法、工具和应用案例。NGFS 呼吁金融机构对相关风险充分定价，提前做好防范；监管机构发挥引导作用，开发相关模型和配套数据库，支持开展示范项目。宏观层面，NGFS 于 2020 年 6 月推出第一版情景分析框架，包括有序、无序和温室三个核心情景。目前全球已经或计划开展气候压力测试的央行中，绝大部分都使用这一情景分析框架。2021 年 6 月，NGFS 发布新的情景框架，根据各国最新承诺予以更新，共包括三大类、六项细分情景，较原框架适用性更强。目前全球已有 21 家央行承诺开展气候相关压力测试，其中 3/4 在评估中使用 NGFS 情景分析框架。

FSB、BCBS、IOSCO、IAIS 等标准制定机构在 NGFS 的工作基础上，对气候相关风险如何转化为信用风险、市场风险、流动性风险和操作风险等进行了分析，积极研究如何在现有金融风险分析框架中纳入气候风险。

FSB 正着手开发定量气候风险监测框架，分析不同金融部门间的风险如何相互加强或缓解、是否产生系统性金融影响，并将从 2022 年底起每年发布全球层面的气候相关金融脆弱性分析。

BCBS 已盘点各监管机构的做法，发现绝大多数监管机构均从财务重要性的角度考虑气候变化风险对银行机构的影响，仅有少数监管机构发布了气候变化风险指引。BCBS 正在起草高级别监管原则，拟从公司治理、内控框架、风险管理、风险监测及报告、资本及流动性要求、情景分析等方面对银行提出监管期望。

IAIS 围绕"IAIS 保险核心原则"（ICPs），从监管机构的作

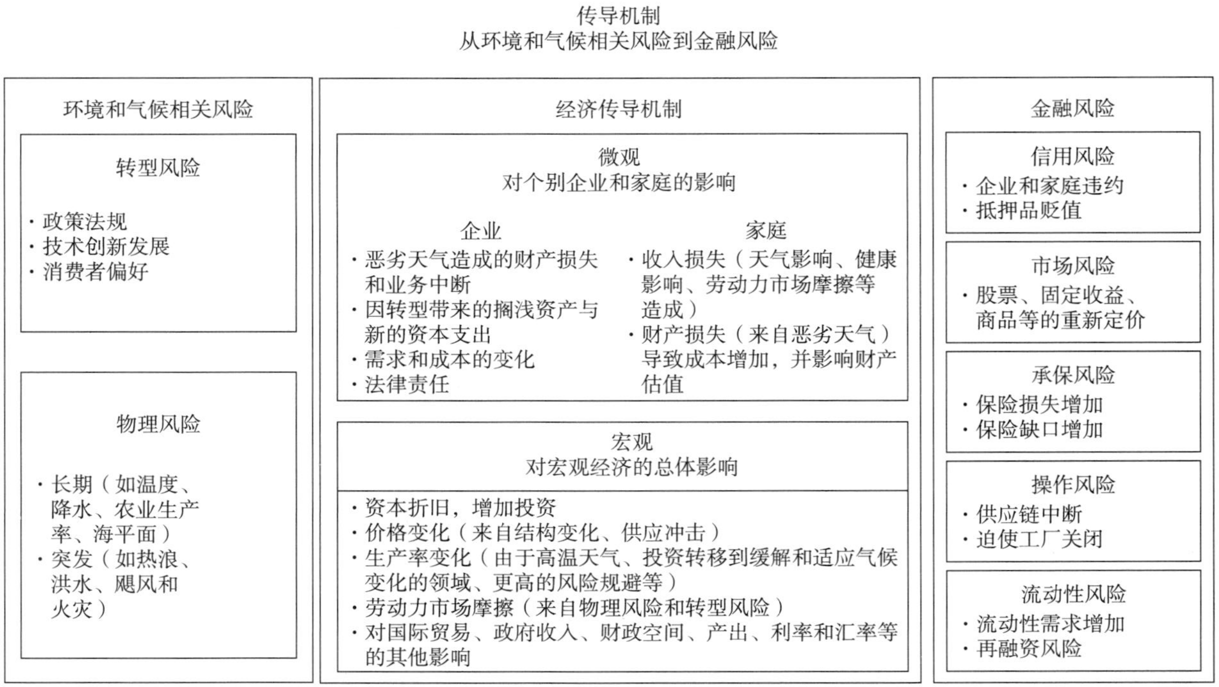

传导机制
从环境和气候相关风险到金融风险

图 6-1　气候风险到金融风险的传导机制

资料来源：NGFS。

用、公司治理、风险管理、情景分析和压力测试、投资策略和信息披露等方面提供最佳实践，以进一步加强保险业对气候相关风险的评估和应对。IAIS 将从 2022 年 11 月起每年发布纳入气候风险的全球保险业监测报告。

IOSCO 将为资产管理行业评估气候相关风险提供指引，并评估开展气候风险监测所需的数据和技术。

（六）完善针对气候变化风险的监管要求和工具

针对气候风险对金融体系的潜在冲击，有必要制定有效和一致的监管规则和工具，标准制定机构和各国当局已开始探讨如何将气候风险纳入现有监管框架。

FSB 将发挥协调作用，提高不同金融部门监管的一致性，并于 2024 年研究是否引入宏观审慎政策工具来应对气候风险。BCBS 将识别未充分纳入现有巴塞尔银行监管框架的气候相关金融风险，弥补监管空白。初步分析表明，杠杆率指标与气候变化相关金融风险关系不大，但信用风险、市场风险、操作风险中的声誉风险和战略风险、大额敞口风险、流动性覆盖率（LCR）、净稳定资金比率（NSFR）等均未充分考虑气候变化风险因素，存在理论或实践方面的监管缺口。IAIS 围绕保险核心原则，为保险监管者提供如何将气候变化风险纳入监管的指导意见。IOSCO 将梳理资产管理行业的监管实践和披露做法，提出监管建议。NGFS 将进一步研究绿色资产和其他资产的金融风险差异，总结金融监管纳入气候风险的进展和最佳实践。

加强对金融体系气候风险的监测也对各经济体的监管机构

提出了更高的要求，因此，开展相关培训和能力建设被提上日程。在联合国气候行动和融资特使卡尼的协调下，国际清算银行（BIS）、IAIS、NGFS 和 SIF 等于 2021 年 7 月宣布将联合搭建气候培训联盟，旨在通过在线门户为各央行及金融监管当局提供气候风险培训资源。如前所述，IMF 也将加大向成员国提供气候变化方面技术援助的力度。

（七）私人部门的绿色金融倡议

除上述公共部门提出的各项倡议外，近年来，私人部门也就绿色金融积极开展合作。这一方面是为了有效应对自身面临的气候风险敞口；另一方面是为了响应投资者和社会各界对绿色转型的诉求，践行企业社会责任。

银行、保险、资产管理公司、养老基金等各类金融机构纷纷制定了碳中和目标，并成立了多个致力于实现碳中和目标的金融联盟，以促进相关做法的交流实践。2021 年 4 月，在联合国气候行动和融资特使、英格兰银行前行长卡尼的倡议下，各个金融联盟汇聚成为格拉斯哥净零金融联盟（GFANZ），目前包含 160 家机构，资产规模逾 70 万亿美元，致力于在 2050 年前实现碳中和。子联盟方面，一是净零资产管理者倡议（Net-Zero Asset Managers Initiative），由美国前副总统戈尔发起，于 2020 年 12 月成立。成立半年后，该倡议获得了 87 家资管机构的参与，总资产管理规模达 37 万亿美元。二是净零资产所有者联盟（Net-Zero Asset Owner Alliance）。该联盟成立于 2019 年 9 月，拥有 42 个成员，包括养老金公司、保险公司等，资产管理规模约 6.6 万亿美元。

三是净零银行业联盟（Net-Zero Banking Alliance），与 GFANZ 同时成立，致力于提供国际统一的框架和指导，以推动去碳化战略的实施，目前已有来自 24 个国家的 46 个成员，总资产规模超过 29 万亿美元。四是净零保险联盟（Net-Zero Insurance Alliance），由法国安盛保险、德国安联保险、英国英杰华保险、意大利忠利保险、德国慕尼黑再保险、法国再保险、瑞士再保险和苏黎世保险 8 家全球知名的保险公司发起设立。

总之，国际社会围绕绿色金融提出了多项国际倡议，并开展了卓有成效的协调与合作。目前来看，多项倡议已取得积极进展，对各方绿色金融的实践进行了经验总结，梳理了数据、监管和资金等方面的缺口。下一步，G20 需继续发挥协调作用，动员国际社会弥补相关缺口，并加快标准的制定和推广。

第七章

中央银行及监管当局的
作用与争论

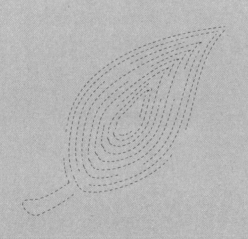

气候变化会给宏观经济和金融体系带来深刻影响，央行及金融监管当局的履职面临挑战。一些央行及金融监管当局已经走在理论与实践的前沿，在应对气候变化风险方面进行了积极探索。但货币政策是否应主动作为、积极承担绿色转型的职责，仍存在争论。审慎监管政策支持绿色发展仍在研究探索过程中。我国是发展绿色金融的先行者，可充分发挥先发优势，引领该领域的研究和探索。

一、货币政策应对气候变化风险的争论和探索

（一）气候变化将对货币政策产生深刻影响

作为宏观调控的重要组成部分，货币政策由金融体系传导作用于实体经济，气候变化带来的金融体系结构性变化会改变货币政策调控的传导和效果。气候变化风险对就业、经济增长、通胀等货币政策目标的影响在第一章已有充分的讨论，此处聚焦货币政策的操作和传导。

一是利率调控的空间收窄。传统货币政策调控主要采用利率工具，货币政策的松紧由政策利率与自然利率的相对关系决定。其中，自然利率是总需求与总供给达到平衡的利率水平，利率处在这一水平时既无通胀，亦无通缩。当政策利率低于自然利率时，货币政策扩张，反之则货币政策紧缩。因此，货币政策利率调控的空间取决于自然利率的高低：自然利率越高，则调控空间越大；自然利率降低，则调控空间减少。

NGFS（2020）指出，气候变化可能从三个方面降低自然利率、减少货币政策的利率调控空间。第一，降低劳动力供给。气候变化可能改变人口的预期寿命，频繁的极端天气将促使人口外迁，降低一国的劳动力供给。第二，延缓技术进步。气候变化引发的自然灾害需要广泛动员社会资源加以应对，一国用于科技创新方面的资源被挤压，影响技术进步。第三，改变储蓄行为。气候变化的不确定性将增加家庭部门的预防性储蓄，以应对未来的突发状况，储蓄上升增加了资金供给，会给自然利率带来下行压力。

由于自然利率下降，央行在试图采取宽松货币政策时，会频繁面临零利率下限的约束，正常货币政策空间耗尽，被迫采用非常规货币政策。从近年来发达经济体的实践看，非常规货币政策已经出现常态化趋势，气候变化可能加剧这一趋势。

二是央行资产负债表面临风险。由于市场中高碳债券相对较多，央行通过货币政策操作购买企业债券、接受银行抵押品后，资产负债表对气候变化的风险敞口也随之增加。一旦气候变化风险暴露，甚至出现气候明斯基时刻，央行资产负债表将因对相关风险的定价不足而变得极为脆弱。而央行资产负债表的不健康，将增加货币政策执行的难度，降低政策效果。

三是货币政策传导效果减弱。气候变化风险对货币政策三大传导渠道均有明显的影响。从银行信贷渠道看，企业和家庭面临气候冲击，贷款违约风险上升，特别是高碳企业在低碳转型的过程中还面临资产价值缩水、偿债能力下降的风险。这会导致银行的不良资产增加、提供信贷的能力减弱，货币政策扩张的效果将大打折扣。从资产价格渠道看，极端天气将对房地产和股票价格产生负面影响，高碳企业资产价值更大幅度下调，气候变化风险对资产定价影响更大，会降低政策利率对资产价格的传导效果。从利率传导渠道看，如前所述，气候变化会降低自然利率水平，利率调控空间受限，降息空间不足，弱化利率渠道的传导效果。

（二）各国央行货币政策应对气候变化的三种方式

第一种方式是将应对气候变化风险纳入央行职能。这是目前央行最积极的应对方式，不仅取决于央行自身的态度，在很大程度上还取决于各国央行制度的设计。

目前，将应对气候变化风险纳入央行职能的多数为新兴经济体。在央行制度设计上，新兴经济体比较强调央行在促进经济发展时扮演更重要的角色，这为央行承担应对气候变化风险的职能创造了条件。伦敦政治经济学院教授西蒙·迪考（Simon Dikau）和乌尔里克·沃尔兹（Ulrich Volz）梳理了133家央行的职责后发现，将应对气候变化风险纳入央行职责有两种方式。一是直接在央行职责中明确可持续发展目标，如俄罗斯、南非、捷克、匈牙利、马来西亚等16国的央行，占比约为12%，基本上均为新兴经济体央行，这些央行的职责中往往包括支持经济发展，可自然兼容可持续发展目标。二是由于央行职责中包括支持政府的政策优先事项，而该国政府已推出可持续发展战略，从而将可持续发展目标纳入央行职责范围，大约29%的央行属于此类情形，其中大部分也均为新兴经济体央行。

英格兰银行是少数将应对气候变化风险纳入职责的发达经济体央行。2021年3月，英格兰银行将支持可持续发展和低碳转型纳入其职责。发达经济体央行比较多地专注于价格稳定或金融稳定，职责范围相对较窄，将应对气候变化风险纳入职责面临困难。英格兰银行是一个特例，其特殊性在于，英格兰银行的职责中包括支持政府经济发展战略的内容，属于西蒙·迪考和乌尔里克·沃尔兹讨论的第二种情形，随着英国政府明确可持续发展战略，英格兰银行就可相应更新职责。

第二种方式是不新增央行职能，将应对气候变化风险纳入现行政策框架。这种方式可避免央行职能调整的分歧和阻力，着眼于气候变化风险对现行货币政策框架和央行履职的影响，强调货币政策应有适应性调整，从而更好地履行宏观调控职能。欧洲央行、日本央行是采取这一方式的代表。

但这种方式也面临争议，在传统调控框架未进行大调整的背景下，以货币政策应对气候变化风险与传统调控理念存在一定的冲突，突出表现为货币政策是否应坚持"市场中性"原则的争论。"市场中性"原则是指，货币政策操作要最小化对金融市场造成的扭曲，避免破坏市场的定价机制（Senni and Monnin，2020）。"市场中性"原则源于传统货币政策理念和框架。从宏观调控的分工看，货币政策作为总量调控政策，结构调整并非长项，因此，绿色转型应以财政政策为主，货币政策不必积极承担责任。从货币政策目标看，货币政策以维护物价稳定为主要目标，承担绿色转型的责任可能导致目标冲突。从货币政策工具看，利率、再贷款、资产购买等政策工具都应贯彻总量调控的理念，避免改变现有的市场结构而造成扭曲，因此也无法引导或支持经济的绿色转型。

近年来，主张货币政策支持低碳转型的观点对"市场中性"原则提出了质疑和反思。一是"市场中性"作为理念，实践中本就难以实现。有研究认为，货币政策操作本身就体现了政府对经济活动的干预，不可能完全"市场中性"（Senni and Monnin，2020）。一国货币政策操作若主要依靠调节市场利率和购买金融资产，会对大企业产生更大的影响，对中小企业影响较小；如果主要依靠再融资操作，则对中小企业影响相对较大。原因在于，中小企业的主要融资渠道是银行信贷。货币政策操作对不同企业会产生差异化效果，本身就很难做到"市场中性"。从近年货币政策的演进来看，国际金融危机后，各国央行为金融市场提供了多种定向流动性支持工具；新冠肺炎疫情暴发后，各国央行又出台了针对受困人群、中小企业的定向支持工具。这些措施本身也并不符合"市场中性"的要求，而是体现了货币政策的结构调整功能。

二是金融市场存在低估气候变化风险的"市场失灵"，维持现有的市场结构不是真正的"市场中性"。越来越多的研究指出，当前金融市场存在碳价偏差，并且存在市场失灵。如果货币政策按照当前的市场结构开展操作，将维持甚至放大这种碳价偏差，加剧市场失灵。这主要有两个方面的原因。一方面，碳定价的范围和力度不够。OECD 测算认为，OECD 成员国的绝大部分碳排放均未被定价，定价部分中近 90% 均不足 30 欧元。另一方面，气候相关风险的信息披露不充分。这些因素导致气候变化风险没有充分、准确地反映在金融市场的资产价格中。荷兰央行执行委员奥拉夫·斯莱彭、英格兰银行行长安德鲁·贝利据此认为，金融市场上的气候风险被系统性低估，维持现有市场结构已不再是一种真正的"市场中性"，需要重新思考这一原则。欧洲央行执行委员会委员伊莎贝尔·施纳贝尔则进一步强调，在存在市场失灵的情况下，坚持"市场中性"原则可能会强化先前存在的低效率，导致资源的次优配置，应以"市场效率"原则取代"市场中性"原则。

操作层面，有关"市场中性"原则的激辩集中体现在对绿色量化宽松的讨论上。国际金融危机后，主要发达经济体的央行纷纷开展非常规的量化宽松货币政策，大量购买政府债券与公司债。但金融市场上，碳密集型企业往往具有较高的信用评级，并且很多低碳企业规模太小不足以发行公司债，因此，以"市场中性"为指导的量化宽松实际上利好那些评级高、行业份额占比大的大型碳密集型企业。从主要央行持有债券的构成来看，欧洲央行公司债购买的 62.1%、英格兰银行公司债购买的 49.2% 都集中于制造业、电力行业和天然气生产部门，这些部门的温室气体排放量分别占欧元区和英国的一半以上（Matikainen et al., 2017）。因此，主张货币政策积极应对气候变化风险的观点认为，应通过绿色量化宽松来纠正市场失灵，在资产购买计划中增持绿色债券、减持高碳债券，引导市场资金更多投资绿色债券，缩小气候变化融资缺口，以达到推动经济低碳转型的目的。

也有一些观点反对绿色量化宽松。一是量化宽松政策是临时性的货币政策工具，目的是在零利率（负利率）的环境下提振经济，若以此促进经济低碳转型，可能会加重央行负担，影响央行实现价格与产出目标的能力。欧洲央行执行委员会委员伊夫·默施、BIS副行长路易斯·达席尔瓦均持类似观点。二是现阶段低碳相关资产不确定性较高、风险大，往往评级较低，达不到央行资产购买计划的"投资级"要求。购买风险较高的绿色债券，可能降低央行资产组合质量，滋生道德风险，甚至引发债券市场的"劣币驱逐良币"。

欧洲央行经历了从意见有分歧到意见相对统一的过程。欧洲央行行长克里斯蒂娜·拉加德、法国央行行长维勒鲁瓦·德加洛、西班牙央行行长巴勃罗·埃尔南德斯·德科斯等明确支持将应对气候变化纳入货币政策框架。但德国央行行长延斯·魏德曼曾对此表示反对，他认为以货币政策应对气候变化，可能危及物价稳定目标，央行开展绿色量化宽松违背"市场中性"，将给央行的合法性和独立性带来挑战。但在2021年6月的一次讲话中，魏德曼的态度逆转。他表示，与私人金融机构投资组合一样，央行所持有的资产也受气候相关的金融风险影响，维持物价稳定的能力可能会被削弱。因此，央行应该充分将气候相关金融风险纳入其风险管理框架中，包括在购买公司债时考虑气候因素。

2021年7月，欧洲央行完成2020—2021年货币政策战略评估，明确将气候变化考虑纳入其货币政策框架，并提出相关行动计划和路线图。具体措施包括：增强欧洲央行在气候变化的宏观经济建模、统计和货币政策方面的分析能力，为合格抵押品及资产购买引入环境可持续性披露要求，同时在风险评估、抵押品框架与资产购买等领域，纳入气候风险的要求。欧洲央行行长拉加德指出，此举主要原因有三：第一，气候变化影响经济结构，对价格稳定和金融稳定构成威胁；第二，气候变化会推升央行资产负债表中持有资产的风险；第三，尽管政府和议会负责牵头应对气候变化的工作，但央行同样也可以发挥积极作用。

日本央行也经历了立场转变的过程。日本央行在2021年6月的议息会议后表示，拟推出气候变化应对支持计划，支持私人部门应对气候变化。2021年7月的议息会议上，日本央行出台了气候变化的全面战略，决定新设气候变化应对资金供应制度，并公布了制度的初步纲要。日本央行此前对气候变化问题的态度也较为慎重，但随着气候变化问题的国际关注度日益提升，日本央行的态度逐渐转变。

第三种方式是保持关注，但暂不采取行动，以美联储为代表。美联储主席鲍威尔多次强调，应对气候问题的整体政策应由政府制定，美联储没有支持政府经济政策的职责。美联储不会直接制定气候变化政策，也尚未将气候变化问题纳入货币政策考量，而是将其纳入银行监管和金融稳定框架。在一些态度相对保守的央行中，美联储的观点具有一定的代表性，其并不否认气候变化对货币政策和金融体系的影响，但认为货币政策在应对气候变化中不应承担主要责任，央行不能大包大揽，对相关政策探索处于观望状态。

中国人民银行是以货币政策应对气候变化风险的先行者。2016年，中国人民银行等七部委联合出台了《关于构建绿色金融体系的指导意见》，率先建立系统性的绿色金融政策框架。经过近年来的探索，确立了"三大功能""五大支柱"的绿色金融发展思路，"三大功能"即充分发挥金融支持绿色低碳发展的资源配置、风险管理和市场定价，绿色金融体系"五大支柱"即绿色金融标准体系、金融机构监管和信息披露要求、激励约束机制、绿色金融产品和市场体系、绿色金融国际合作。

在绿色金融发展的基础性工作方面，中国人民银行会同国家发展改革委、证监会联合发布《绿色债券支持项目目录（2021年版）》，统一了绿色债券标准，不再将煤炭等化石能源项目纳入支持范围。同时，中国人民银行计划分步推动建立强制披露制度，统一披露标准，推动金融机构和企业实现信息共享。中国人民银行也在探索开展气候变化风险压力测试，用金融的力量推动营造实现双碳目标的良好氛围。

在加大资金支持力度方面，中国人民银行在银行间市场推出碳中和债务融资工具和碳中和金融债，重点支持符合绿色债券目录标准且碳减排效果显著的绿色低碳项目。截至 2021 年第一季度末，银行间市场"碳中和债"累计发行 656.2 亿元。为进一步动员资金支持绿色发展，中国人民银行发布了《银行业金融机构绿色金融评价方案》，对金融机构绿色贷款、绿色债券业务开展综合评价，评价结果纳入央行金融机构评级。截至 2021 年第一季度末，全国本外币绿色贷款余额 13 万亿元，同比增长 24.6%，高于同期各项贷款增速 12.3 个百分点。

在深化绿色金融国际合作方面，2021 年，中国人民银行与美国财政部共同担任 G20 可持续金融工作组联合主席，加强协调 G20 各成员国，讨论制定《G20 可持续金融路线图》，共同推动信息披露、绿色标准等重点事项。同时，中国人民银行正在与欧盟有关部门紧密合作，共同推动绿色债券、贷款等分类标准的趋同。

（三）一些央行已开展货币政策应对气候变化的积极探索

鉴于现有央行业务框架的多样性，国际上尚未就央行应对气候变化的最佳实践达成共识。央行与监管机构绿色金融网络（2021）的研究认为，央行可考虑从三个方面调整货币政策操作框架，以更好地应对气候变化风险（见表7-1）。一是信贷政策，可依据金融机构绿色信贷发放情况，调整对其提供再贷款的利率，同时还可调整金融机构申请央行再贷款的资质要求。二是抵押品政策，可依据金融机构推进气候战略的情况调整抵押品的折价率，或依据证券发行人面临的气候变化风险决定其发行的证券是否满足抵押品资质要求。三是资产购买计划（绿色量化宽松），可依据证券发行机构应对气候变化的情况在购买资产时向特定的资产倾斜。

表 7-1　央行应对气候变化的政策工具选择

信贷政策	依据金融机构绿色信贷发放情况，调整对其提供再贷款的利率
	调整金融机构的资质要求，如要求金融机构披露气候相关信息或其低碳/高碳投资的相关信息
抵押品政策	依据金融机构推进气候战略的情况调整抵押品的折价率
	依据证券发行人面临的气候变化风险将部分证券剔除出合格抵押品的范围，或仅允许气候变化应对符合特定条件的证券发行人的证券作为抵押品
资产购买计划	根据发行人或资产层面的气候变化风险和/或标准倾斜资产购买
	如果某些资产或证券发行机构未能达到气候相关标准，则将其排除在购买范围之外

资料来源：NGFS。

从各央行的具体实践来看，英格兰银行已于2021年6月提出通过企业债券购买计划（CBPS）推动碳中和的原则和方法的设想，并向社会各界征求意见，初步计划在 2021 年第四季度实施，从而有望成为首个通过企业债券购买应对气候变化的央行。企业债券购买计划于 2016 年 8 月推出，总体资产规模由货币政策委员会设定，当前规模为 200 亿英镑，约占英国债券市场的 6.5%。英格兰银行拟通过调整投资结构进一步助力实现英国气候目标，主要包括以下途径。一是设置并及时披露企业债券购买计划投资组合的阶段性气候目标。二是根据企业是否制定和披露碳中和转型计划，或经营活动和计划是否与实现碳中和目标兼容等标准，来判断是否购买其债券。三是在投资时优先选择在应对气候变化方面表现优异的企业，包括以更高价格购买该类企业的债券，或扩大对该类企业债券的购买规模。四是不断提高对资格的要求和惩罚措施，要求未进行碳中和转型的企业必须采取行动，否则可能失去参与企业债券购买计划的机会。

欧洲央行 2021 年 7 月公布的气候变化行动路线图提出，多措并举推动应对气候变化。除增强气候变化的宏观经济建模、完善统计和货币政策分析能力外，还涉及货币政策具体操作。一是在货币政策合格抵押品中接受可持续发展债券，并继续监测可持续发展金融产品的进展，随时准备在授权范围内支持可持续金融领域的创新。二是在针对企业部门的资产购买中纳入气候变化标准（绿色量化宽松），调整现有的企业债券购买分配方案。欧洲央行计划在 2023 年第一季度开始披露企业部门购买计划（CSPP）的气候相关信息。三是针对货币政策合格抵押品和资产购买标的引入气候信息披露要求，以区别对待不同资产，将在 2022 年公布详细计划。同时，欧洲央行还计划在 2022 年之前对货币政策操作的"市场中性"原则进行评估，评估当前金融市场因低估气候变化风险而导致的偏差和低效，并提出新的原则。

日本央行于 2021 年 7 月新设气候变化应对资金供应制度。该项制度相当于优惠再贷款，适用对象为绿色贷款、绿色债券、可持续挂钩贷款和债券、转型金融等金融机构自主实施的有助于应对气候变化的投融资，并要求金融机构须加强信息披露。该制度下金融机构从日本央行获取零息贷款，期限 1 年，可无限展期。该项措施与 2021 年 3 月推出的"贷款促进计息制度"挂钩，金融机构可按借入资金两倍的额度减记适用负利率的存款准备金。该项制度计划于 2021 年启动，实施期限至 2030 财年。日本央行将与金融机构进一步沟通和协商，对制度进行具体细化，有望在 2021 年秋天敲定实施细则。

孟加拉国央行通过再贷款和信贷政策推动绿色金融发展。2009 年，孟加拉国央行推出绿色循环再融资计划，初期规模为 2 500 万美元，覆盖太阳能、沼气和废物处理等 47 个项目。2014 年 9 月，孟加拉国央行将享受优先再融资条件的项目扩大至 50 个。2015 年 2 月，绿色再融资计划规模扩大到 2 亿美元。2014 年开始，孟加拉国央行要求金融机构设定年度目标，将所有贷款和投资总额的 5% 用于绿色金融领域，并要求银行提交绿色融资年度报告。2017 年，孟加拉国央行详细列出了 52 个绿色金融产品范畴，为金融机构投资绿色产品提供了指引。

印度储备银行通过优先部门贷款计划（PSL）引导金融机构增加绿色投融资。PSL 的初衷是引导信贷投向社会的弱势群体，传统上侧重农业、基础设施、教育和中小微企业。该计划为特定行业设定信贷额度，并通过差异化的监管和指引，确保 40% 的商业银行贷款流向优先行业。2012 年，印度储备银行将可再生能源（包括太阳能和其他清洁能源）解决方案的贷款纳入 PSL，支持经济的可持续发展。2015 年，印度储备银行对 PSL 进行了修订，修订后的计划保持了 PSL 的原始结构，40% 的银行信贷必须在 PSL 下分配，其中 18% 用于农业部门，10% 专用于薄弱部门，7.5% 用于微型企业。更新后的 PSL 包括农业、中小微企业、出口信贷、教育、住房、基础设施、可再生能源等类别。在可再生能源方面，规定每个借款主体可申请不超过 1.5 亿卢比的银行贷款，用于资助太阳能发电、生物质能发电、风力发电、微型水电站和非常规能源公共设施，如街道照明系统和偏远村庄电气化。

中国人民银行近年来不断完善相关政策工具。一是构建激励机制，将部分绿色债券和绿色贷款纳入货币政策的合格抵押品范围。为了加强对绿色金融的政策支持，中国人民银行已经将主体信用评级不低于 AA 级的绿色债券纳入货币政策工具的合格抵质押品范围，并把符合条件的绿色贷款也纳入了合格抵质押品范围，这将有助于激励金融机构扩大绿色贷款。二是正在抓紧研究设立直达碳减排领域的碳减排支持工具，通过向符合条件的金融机构提供低成本资金，支持金融机构为具有显著碳减排效应的项目提供优惠利率融资。

二、审慎监管应对气候变化的探索

（一）气候变化对金融稳定的影响的理论与实证分析

近年来，气候变化对金融稳定的影响引发了学术界的关注。

从理论模型看，气候变化引致的金融风险可分为微观和宏观两个层面。

微观层面，个体金融机构风险上升。一是信用风险。更高的排放标准和环保要求会影响企业的现金流和资产负债，导致企业利润、偿债能力下降，增加金融机构的信用风险。二是市场风险。高碳企业资产价值缩水，股票价格下跌，可能导致碳密集型资产大量抛售，引发金融市场大幅波动和连锁反应。三是金融机构的经营风险。气候变化可能导致金融机构的贷款和投资出现损失或金融机构营业中断，保险机构由于无法较准确地预测未来灾害发生的频率及严重程度，风险敞口和损失扩大。四是流动性风险。受气候变化风险影响较大的资产价格大幅调整，流动性下降，还会波及持有此类资产的金融机构，导致其资产质量下降、融资能力受限，形成市场流动性匮乏与金融机构流动性不足的相互促进和恶性循环。

宏观层面，系统性金融风险隐患加大。气候变化导致金融体系出现了一些系统性变化，气候变化风险已经成为金融体系共同的风险敞口，是系统性金融风险的潜在来源之一。一是放大市场波动的顺周期性。由于气候变化风险对金融体系影响广泛，大量金融资产价格对气候变化风险敏感，相关风险将推动资产价格同升同降，放大市场的顺周期波动。二是金融服务紧缩的自我强化。气候变化风险引发银行、保险等金融机构资产价格大幅调整，直接降低其提供金融服务的能力和意愿，通过金融机构之间的同业往来、市场流动性的收紧，进一步放大紧缩效应。三是主权风险上升。对气候变化的应对不足，可能对一国财政收入等产生显著影响，导致主权信用评级降低，影响国家举债成本与举债能力。

主权风险还会向金融风险转化，作为金融市场定价基准的国债收益率上升，会引发市场利率的整体上行，提升融资成本。与发达国家相比，气候变化对发展中国家公共财政的冲击更明显。

此外，气候变化风险还可能通过跨境渠道影响金融稳定。气候变化对不同地区、市场影响不均，非洲、亚洲、拉丁美洲的发展中国家易遭受洪水、飓风和干旱的影响，由于减灾基金不足、财政不富裕、缺少完备的保险市场，更难从灾难中恢复。气候变化风险在这些国家引发的金融动荡和资本外流，可能进一步引发全球金融市场的大幅波动。

从实证分析看，一个普遍的现象是气候变化将导致金融体系面临较大损失。根据联合国政府间气候变化专门委员会、FSB等的估算，全球升温2℃，可导致全球金融资产价值减少0.7%~4.2%（1万亿~6万亿美元）；若全球平均升温4℃，全球金融资产价值可能减少2.9%~9.7%（4万亿~14万亿美元）。英国英杰华保险开展了更极端的情景分析，发现若全球气温上升5℃，全球资产损失达7万亿美元；若上升6℃，全球资产损失达43万亿美元，相当于全球30%的资产总量。一些央行也就不同的行业和资产类别进行了具体分析，主要有以下发现。

一是金融机构对气候变化风险敏感领域的敞口较大，并且呈现增加趋势。一旦转型风险加大、资产遭到抛售，金融机构将面临连锁性市场风险、经营风险和流动性风险。欧洲央行研究显示，欧元区内，各类投资基金对化石能源等气候变化风险敏感领域的敞口最大，并且呈上升趋势，2018年约4 000亿欧元，其次是保险公司、银行和养老金。法国央行对该国金融机构的转型风险敞口进行了分析，发现2017年碳密集度最高的行业占银行信贷风险敞口的 12.2%，并且法国保险公司的投资中约有 10% 流入对转型风险敏感的行业。

二是不同类型的金融机构风险敞口的形式有差异。荷兰央行的气候变化风险研究分析了占全国金融资产总量 75% 的 15 家金融机构对化石能源生产、重工等敏感行业的风险敞口，发现银行业在转型敏感行业的资产以信贷形式为主，这些资产会因为气候变化而面临不断增加的信用风险；养老基金和保险公司因为持有股票、债券和大宗商品类投资而面临气候变化导致的市场风险。

其中，保险业面临的气候变化风险压力值得关注。IMF 对 1980—2018 年全球自然灾害总损失及保险损失变化趋势进行了分析，发现自 1980 年起自然灾害损失引起的保险索赔已增长两倍，这一趋势表明保险成本逐渐提高，保险公司未来将面临更大的损失索赔压力。英格兰银行的研究认为，英国保险业受到的转型风险影响相较投资业更大，2030 年损失将达到 6%。因此，应对气候变化的相关政策应更重视对保险业风险的防范，避免因为这一行业的损失过大而引发更大范围的金融风险。

三是金融机构对绿色转型准备不足，若绿色转型较快，银行资本充足率和信贷投放可能很快下降。欧洲系统性风险委员会（ESRB）2020 年 6 月开展的压力测试显示（见图 7-1），在欧元区，若政府突然颁布政策、加速落实《巴黎协定》的碳减排要求，金融机构和企业无充足时间应对，可能导致金融机构资本充足率每年降低 0.3%~0.8%，对企业的贷款每年减少 1.6%~5.0%。这表明，金融机构目前对绿色转型的准备存在不足，相关工作亟须尽快推进。

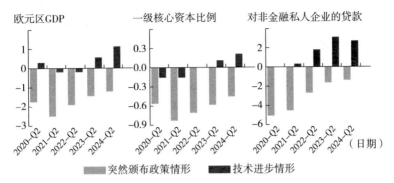

图 7-1　气候风险对欧元区银行资产及信贷投放的影响预估（%）

注：Q 表示季度。

资料来源：ESRB。

（二）审慎监管应对气候变化的总体框架

鉴于气候变化对金融稳定的深刻影响，审慎监管一方面需要将相关风险纳入现有的政策框架，更好地维护金融稳定；另一方面需要探索以监管政策工具引导金融体系积极应对气候变化风险。一些国家的金融监管当局已开展积极行动。根据费里敦和京格尔（Feridun and Gungor，2020）的梳理，有代表性的监管措施如表 7-2 所示。总体看分为四大类。

一是公布相关的原则和指引，引导金融机构将气候变化风险纳入自身风险管理框架。欧洲央行要求银行进行气候变化相关风险自评估并据此制订行动计划。澳大利亚审慎监管局鼓励经济实体开展气候变化相关风险评估、管理和披露，并计划推出气候风险审慎实践指南。新加坡金融管理局发布环境风险管理建议原则，指出银行应在客户和投资组合两方面评估、缓解重大环境风险，银行应开发有关监测和评估环境风险敞口的工具及指标。2020 年 7 月，法国审慎监管局宣布启动第一批"自下而上"的气候变化相关风险试点评估。

表7-2　监管当局的主要做法

	监管当局	主要做法
澳大利亚	审慎监管局	鼓励银行将气候变化风险纳入风险管理框架。2019 年就金融机构应对气候变化风险的最佳实践展开调查
孟加拉国	央行	2017 年发布更新的环境风险管理指引，在银行评级、新设分支机构时考虑银行的绿色金融实践
巴西	央行	2014 年发布金融机构社会和环境责任解决方案，要求金融机构考虑社会和环境损害的风险，要求银行就此开展压力测试，根据环境和社会风险敞口评估资本充足率情况。2021 年宣布，计划于 2022 年开始要求银行在压力测试中加入干旱、洪水和森林火灾等气候变化相关的潜在损失
加拿大	央行	2020 年开展气候变化情景分析研究
欧盟	欧盟委员会、欧洲央行、欧洲银行管理局	2021 年 3 月起要求金融机构和产品必须披露可持续相关信息。正在考虑绿色支持因子、逆周期资本缓冲等政策工具
印度尼西亚	金融服务局	2014 年公布可持续融资路线图，对绿色贷款降低贷款价值比和首付比要求
荷兰	央行	将气候变化风险纳入压力测试，2018 年已开展首次气候变化风险相关的压力测试
新西兰	央行	2018 年发布气候变化战略，缓解低碳转型对金融稳定的影响。要求资产超过 10 亿新西兰元的金融机构从 2023 年起按照 TCFD 的标准披露气候相关金融信息
尼日利亚	央行	2012 年发布尼日利亚银行可持续发展原则
秘鲁	银行保险基金监管局	2015 年发布社会与环境风险管理监管要求
新加坡	金融管理局	要求银行将可持续发展的风险纳入其风险管理框架，金融管理局计划于 2021 年开展气候变化风险压力测试
英国	审慎监管局（英格兰银行内设）	2019 年将气候变化风险纳入审慎监管框架，计划于 2021 年将气候变化风险纳入压力测试。要求几乎所有公司在 2025 年按 TCFD 要求披露环境相关信息

在相关政策的引导下，一些金融机构积极行动。法国外贸银行于 2019 年 9 月推出"绿色权重因子"，成为全球第一家调整绿色资产风险权重的银行。该行开发了一套七级绿色评级体系，根据评估结果降低绿色资产风险权重、提高棕色资产风险权重，强化对绿色资产的配置、减少对棕色项目的资金支持。通过调整绿色资产风险权重，2020 年末法国外贸银行的风险加权资产中，棕色资产占比由调整前的 38% 提升至 51%，绿色资产占比则从 43% 大幅下降至 23%。法国外贸银行认为，通过这样的风险权重调整，能够更加准确地反映金融机构面临的真实气候风险。

二是强化金融机构气候风险的信息披露。信息披露是绿色金融发展的重要基础，只有在信息完备的基础上，才能识别潜在金融风险，降低气候风险对金融系统和实体经济的冲击。这也是央行及监管当局制定相关政策的前提。目前，FSB 已建立 TCFD，英国、新西兰等已经明确要求本国金融机构按照 TCFD 的标准披露气候相关信息。

三是评估气候变化风险对金融稳定的影响。开展气候压力测试，全面评估气候风险对经济金融体系可能造成的影响，有利于央行及监管当局提前做好准备、运用政策工具积极应对气候变化。由于现有的金融风险分析框架未能充分反映气候风险，为适应绿色转型的需要，就必须开发新工具并完善现有工具，以充分评估相关的金融脆弱性以及气候风险跨行业与跨境传播的渠道和影响。目前，英国、荷兰已经开展气候变化风险压力测试，法国、澳大利亚、新加坡都已经宣布气候风险压力测试计划。

四是以审慎政策工具支持绿色转型。在审慎监管工具中纳入气候变化因素，对绿色资产与棕色资产给予差异化监管要求，从而引导金融机构绿色转型，既降低其气候变化风险敞口、维护金融稳定，又助力实体经济的低碳转型。相当一部分央行及监管当局对审慎监管工具纳入气候变化因素进行了研究，但多数暂未开展相关实践。

气候风险披露和压力测试的相关内容将在后续章节专门讨论。本章聚焦审慎监管工具，关注近期的研究探索及相关争论。

（三）以审慎监管工具应对气候变化风险的探索与争论

目前各界研究和讨论较多的审慎监管工具有以下几种。

一是资本充足率。现行资本充足率监管框架下，由于绿色融资项目周期较长，相对于棕色资产往往被赋予更高的风险权重，金融机构配置绿色资产可能面临更紧的资本约束，不利于绿色金融的发展。通过调整资本充足率计算公式，对绿色资产和棕色资产赋予差异化权重，可引导金融机构更多地向绿色部门放贷，从而促进绿色投资。

操作层面有两种思路。一种是引入"绿色支持因子"，即降低绿色资产的风险权重，使金融机构配置绿色资产时，资本充足率监管约束得以放松，以激励金融机构增持绿色资产。另一种是引入"棕色惩罚因子"，即提高棕色资产的风险权重，使金融机构配置棕色资产时，其资本充足率约束更紧，从而促使金融机构减持棕色资产。欧盟委员会、欧洲央行、欧洲银行管理局在2017年就表达了对"绿色支持因子"的支持，但目前尚未付诸实施。

二是逆周期资本缓冲。这一监管指标旨在缓解金融体系的顺周期性，减少上行周期的风险积累，并为下行周期的信贷紧缩提供缓冲。正是由于这一属性，莫南（Monnin，2021）认为，逆周期资本缓冲天然适合应对气候变化，针对银行对高碳行业的信贷扩张，施加更高的资本缓冲，有利于经济在低碳转型过程中维护金融稳定，同时也可抑制高碳行业的信贷增长，加快低碳转型。

实施层面，主要有两种主张。一是莫南（2021）提出的，对每一家银行测算气候风险敞口，并据此增加逆周期资本缓冲。二是多拉齐奥和波波扬（D'Orazio and Popoyan，2018）提出的，在测算银行资产绿色程度的基础上，设定一个绿色标准，如果银行的资产绿色程度超过该标准，则可降低其资本缓冲要求，体现逆周期资本缓冲的"绿色补偿"。

三是流动性监管要求。现行《巴塞尔协议Ⅲ》框架下流动性监管指标包括流动性覆盖率和净稳定资金比率。前者对银行抵御短期流动性冲击提出要求，后者则要求银行为其持有的长期（期限长于1年）资产提供稳定的资金来源，避免资产和资金来源间的严重期限错配。但流动性监管指标强调银行需要有高质量的流动性资产（现金、国债、央行票据、高评级公司债券等），同时也引导银行减少配置长期资产，这不利于银行配置期限较长的绿色资产。

因此，欧洲银行业联合会（2018）建议，为鼓励银行增持绿色资产，应在流动性覆盖率和净稳定资金比率计算中，降低对覆盖银行绿色资产的流动性资金的要求，以鼓励银行配置绿色资产。以净稳定资金比率（银行可用稳定资金/银行所需稳定资金）为例，具体操作方式是，在计算银行所需稳定资金（分母）

时，区分绿色和棕色业务，并给予绿色资产一定的折扣，从而使持有绿色资产的银行更容易满足流动性监管要求。

四是差别存款准备金率。多拉齐奥和波波扬（2018）认为，差别存款准备金率在用于调节市场流动性时，可视为货币政策工具，用于对冲经济周期时，可视为宏观审慎工具。而通过对绿色贷款降低存款准备金率的要求，可鼓励银行投放绿色信贷。在实际操作中，由于存款本身并无绿色和棕色之分，代表性做法是根据银行的绿色信贷和投资情况，适度降低存款准备金要求，从而鼓励银行增加绿色融资。

2010年起，黎巴嫩央行为支持绿色信贷，将存款准备金与绿色信贷挂钩，开展绿色信贷的银行可享受相当于绿色贷款价值1~1.5倍的存款准备金减免。黎巴嫩央行也是少数在审慎监管工具中纳入气候变化因素的央行之一。

五是部门杠杆率和信贷限额。这两个工具有一定的相似性，均旨在限制对高碳行业的融资。部门杠杆率是指对银行向高碳行业的信贷施加额外的资本金约束，比如要求一级资本/对高碳行业信贷高于一定的水平，从而约束银行向高碳行业授信。信贷限额是指对银行向高碳行业的信贷规模设定上限，从而控制对该行业的信贷投放。对于普遍设置信贷限额的经济体，还可对银行绿色信贷放松信贷的限额，起到鼓励绿色信贷投放的作用。2020年，巴西央行表示正在研究对绿色农村信贷提高信贷限额，最高幅度为20%。

但以审慎监管工具应对气候变化仍有争议，导致实践中进展相对缓慢。综合来看，存在以下几个方面的质疑和挑战。

一是资产分类标准尚不完善。以上审慎监管工具有效实施的一个前提是相关信息得到准确的统计和报告。而在实践中，绿色资产和棕色资产尚未形成统一的标准，一些资产既有绿色成分也有棕色成分，准确识别难度较高，审慎监管工具的设计和执行面临明显的挑战。

二是能否实现预期的激励效果存疑。以"绿色支持因子"为例，其在设计上借鉴了欧洲央行 2014 年推出的"中小企业支持因子"。但一些实证研究发现"中小企业支持因子"未能显著增加银行对中小企业的信贷投放。一个重要原因在于，资本充足率并不构成银行投放中小企业信贷的约束，对中小企业信贷放松资本充足率的激励效果不足。因此，"绿色支持因子"对绿色信贷的激励效果也存在较大不确定性。其他工具也面临同样的问题。

三是存在潜在的副作用，可能导致与维护金融稳定的目标相冲突。现有审慎监管工具如果对绿色资产放松监管约束，可能导致绿色资产供不应求，甚至出现定价过高的情况，而绿色资产的风险是否真的低于棕色资产仍有待检验，这可能对风险防控产生负面影响。而如果对棕色资产收紧监管约束，又可能抑制金融机构的信贷投放，降低金融对实体经济的支持力度。

此外，金融机构对以审慎工具支持绿色金融发展也有不同的声音。一些措施短期内必然会推升金融机构的经营成本，适应新的监管规则也需要付出调整成本。因此，很多金融机构希望相关措施能渐进缓慢地出台，减少短期压力。

近年来，我国审慎监管政策在支持绿色金融发展上进行了积极的探索。中国人民银行不断完善绿色信贷业绩评价，为推动绿色贷款发展建立了良好的激励约束机制。2018 年 7 月，中国人民银行印发《关于开展银行业存款类金融机构绿色信贷业绩评价的通知》，率先对 24 家主要银行开展绿色信贷业绩评价，并于 2019 年第一季度将业绩评价工作推广至全国。

在此基础上，中国人民银行推出了《银行业金融机构绿色金融评价方案》，并于 2021 年 7 月 1 日起正式施行。纳入考核范围的绿色金融业务包括绿色贷款和绿色债券。在评估指标及方法上，绿色金融业绩评价指标包括定量和定性两类。其中，定量指标占比 80%，包括绿色金融业务总额占比、绿色金融业务总额份额占比、绿色金融业务总额同比增速、绿色金融业务风险总额占比四个指标，既考虑余额，也考虑增速，既考核业务数量，也考核资产质量。定性指标占比 20%，由监管机构进行外部评价，考核内容包括参评机构执行国家和地方绿色金融政策情况、机构自身绿色金融发展战略实施情况、金融支持绿色产业发展情况三大项。绿色金融业绩评价结果纳入央行金融机构评级。

在货币政策和审慎监管政策的推动下，我国绿色信贷和绿色债券快速发展。截至 2021 年第一季度末，我国全行业绿色信贷规模突破 13 万亿元，位居世界第一。新冠肺炎疫情暴发以来，绿色信贷业务继续快速发展，2021 年第一季度同比增长近 25%，高出各项贷款增速 12 个百分点。我国绿色债券也实现了跨越式发展。2016 年以来，绿色债券发行规模逐年上升，每年发行量均超过 2 000 亿元，目前累计发行规模超过 1.2 万亿元，跻身世界前列。

三、央行储备管理绿色化的探索

管理储备资产是央行的一项重要职能，央行可通过调整资产配置、增加绿色投资，促进绿色金融的发展，助力绿色转型。近年来，越来越多的央行在储备管理中关注可持续发展目标，通过调整储备资产配置撬动绿色金融的发展。

制度层面，一些央行将推动可持续发展纳入储备管理的制度框架。主要有两类做法。

一类是新增可持续发展的目标和相关原则。传统的储备管理坚持安全性、流动性、收益性"三原则"，服务于维护经济金融稳定、维护国际收支平衡的目标。随着越来越多的国家提出绿色发展的目标，对央行将储备管理纳入可持续发展目标、将促进可持续发展作为第四大原则的呼声越来越高。法国央行、荷兰央行是推动建立相关规则安排的先行者。以荷兰央行为例，2019年荷兰央行宣布将ESG投资原则纳入其自有资产与外汇储备投资流程，出台了《责任投资章程》，阐述其绿色资产配置目标与原则，并据此制定了具体行动清单，第一项任务就是替换原资产组合中的非绿色资产。

另一类是在现有框架下将促进可持续发展目标兼容于传统"三原则"。一些央行，比如欧洲央行，在审议其货币政策框架时，已经加入了绿色发展的议题，但制度层面的调整需要时间。这些央行目前的主要做法是，将气候变化议题置于传统管理框架下，突出可持续发展与"三原则"的兼容性，使央行推动储备资产绿色化"师出有名"。比如，强调储备管理的安全性要求管控风险，包括气候变化的风险，而增配绿色资产可降低相关风险。

实践层面，多个央行推动储备资产绿色化。我国的外汇储备在投资风险管理框架中纳入气候风险因素，持续增加对绿色债券的配置，控制投资高碳资产。法国、荷兰等国的央行已经按照更新后的投资原则，推动储备管理绿色化。意大利、芬兰等国的央行已经在储备管理中积极配置绿色资产。新加坡金融管理局也于2021年3月宣布将约18亿美元的资产委托给5个资产管理公司，用于推动绿色金融的发展。新加坡金融管理局表示，此举不仅有利于利用外汇储备应对气候变化风险，还能为新加坡吸引绿色投融资的专业金融机构，为本地区的可持续发展提供融资支持。

将绿色债券纳入央行储备也面临一些挑战。芬兰央行认为，一是绿色债券目前尚未形成公认的统一标准。二是目前绿色债券的发行主体都相对单一，主要是政府及关联机构，储备资产如欲更多地配置企业债，可选标的相对有限。三是绿色债券中，欧元占比超过一半，美元占比略高于1/4，这与传统央行储备资产的币种分布存在差异。四是绿色债券的期限普遍较长，与央行储备的需求未必匹配。比如，芬兰央行的储备资产的平均期限低于2年，购买期限动辄超过10年的绿色债券并不合适。

总体看，近年来，越来越多的央行与监管当局积极探索货币政策和审慎监管政策在支持绿色转型中的作用。我国是发展绿色金融的先行者，应充分发挥先发优势，引领该领域的研究和探索。货币政策方面，可尽快推出直达实体经济的结构性货币政策工具，通过专项再贷款方式，向符合条件的金融机构提供低成本资金，为碳减排提供支持。同时，进一步完善绿色信贷抵押品政策，尝试扩大以碳排放权、排污权等环境权益及其未来收益作为抵押品的创新模式。审慎监管政策方面，可依托绿色金融评价机制，逐步将气候变化风险纳入宏观审慎框架，引导金融机构支持绿色发展。

第八章

**绿色金融三大基础之一：
绿色金融标准的实践与发展**

绿色分类标准明确绿色经济活动的边界和范畴，是绿色金融市场发展的基础。近年来，部分国际组织以及中国、欧盟等国家和地区均制定了各自的绿色分类标准，支持了绿色债券等绿色金融产品蓬勃发展。为顺应国际绿色资金跨境流通的需求，不同标准间加强协调变得日益迫切；同时，进一步完善我国绿色分类标准，实现"国内统一、国际接轨"也势在必行。本章重点梳理和比较了国际、国内的各类绿色分类标准，对下一步促进国际绿色分类标准趋同、推动国内标准进一步统一提出了建议。

一、绿色分类标准的作用和发展

　　发展绿色金融，首先需要界定哪些经济活动或项目属于"绿色"，这一工作就是绿色分类标准的内容。只有明确了绿色经济活动或投资项目的范围，支持这些经济活动或项目的资金，才可界定为绿色信贷、绿色债券、绿色基金等（马骏，2020）。从这一意义上看，绿色分类标准是政府部门、市场主体对绿色经济活动或投资项目界定范围的共识，有利于有效传导政策，促进金融机构识别绿色投资机遇、管理气候环境风险，还有助于规范市场主体绿色投融资行为，提高市场透明度。

目前，国际上已有多套绿色分类标准供市场主体使用。尽管各绿色分类标准的初衷均是支持应对气候变化等可持续发展目标，但在对绿色经济活动的界定上仍存在差异，不同市场开展绿色投融资活动需遵循不同的绿色分类标准。因此，为促进国际绿色金融市场协同发展，有必要提高各绿色分类标准的一致性、兼容性和可比性，促进绿色分类标准的"国际趋同"。同时，我国也应加强协调，在化石能源清洁利用、核能等经济活动的分类上统一意见，做好绿色标准的"国内统一"，为"国际趋同"工作的顺利开展打下基础。

在绿色分类标准的类别上，有研究按标准的发布主体、适用的金融产品进行了梳理（IPSF，2021）[①]。总体看，国际上的主流绿色分类标准可归为三类。

第一类是由市场主导、国际组织制定的国际绿色分类标准，如 ICMA 发布的《绿色债券原则》、CBI 发布的《气候债券分类方案》等。这类标准在国际和区域层面上认可度较高，被相关市场主体广泛采用，成为一些国家制定绿色分类标准的重要参考依据。

第二类是由官方部门主导、"自上而下"制定的国别绿色分类标准，如中国的《绿色债券支持项目目录（2021 年版）》以及《欧盟可持续金融分类法案》等。2021 年 11 月 4 日，由中欧等经济体共同发起的 IPSF 在 UNFCCC 第 26 次缔约方大会期间召开

[①] 资料来源：IPSF input paper to G20 SFWG, "Improving Compatibility of Approaches to Identify, Verify and Align Investments to Sustainability Goals", 2021。

IPSF 年会，发布了《可持续金融共同分类目录报告——减缓气候变化》，部分国家和地区表示计划直接采用这一共同分类标准。

此外，还有部分国家正在探讨第三类绿色分类标准，即由市场主体主导，在通用做法或共识的基础上"自下而上"地形成本国的绿色分类标准。

二、由市场主导、国际组织制定的国际绿色分类标准

这类标准大部分集中在债券市场，主要体现为一些国际组织制定的高层次绿色债券标准。它们发挥了绿色分类标准的功能，成为一些国家制定本国绿色分类标准的参考。目前，市场上认可度高、广泛采用的国际绿色分类标准主要有三套。

第一套是由 ICMA 发布的《绿色债券原则》。ICMA 于 2014 年发布《绿色债券原则》，并于 2018 年 6 月进行了更新。《绿色债券原则》列出了有助于减缓和适应气候变化、保护自然资源、保护生物多样性等目标的十大绿色债券支持的项目类别，包括可再生能源、能效提升、污染防治、生物资源和土地资源的环境可持续管理、陆地与水域生态多样性保护、清洁交通、可持续水资源与废水管理、气候变化适应、支持生态保护和循环经济的产品技术、绿色建筑，以支持各类市场主体增加向这些绿色项目的资金配置，提高绿色债券市场透明度。

作为自愿性绿色债券指引文件，《绿色债券原则》未详细规定各大类绿色项目的具体子项目和技术标准，而是建议绿色债券发行人根据当地绿色金融分类标准进行判断，或咨询专门的认证评估机构。《绿色债券原则》还对绿色债券发行人提出了一系列

建议，包括在投资项目评估流程上，应阐明绿色项目如何支持环境可持续目标、是否通过了外部审核对项目绿色属性的评估；在募集资金管理上，应进行专项管理，确保完全用于绿色项目投资，并定期追踪和视情调整配置；在信息披露上，应每年披露募集资金的使用情况，包括项目清单、简要说明和预期的环境效益，如温室气体减排量、水资源节约量等。日本环境省以《绿色债券原则》为基础发布了《绿色债券指引》，要求绿色债券需符合《绿色债券原则》的规定，并可享受一定的政府补贴。

第二套是由 CBI 发布的《气候债券分类方案》。CBI 于 2013 年发布《气候债券分类方案》，并于 2018 年 7 月更新。该方案以支持实现《巴黎协定》设定的 2℃ 全球控温目标为评价原则，界定了实现低碳和气候适应性经济所需的八大类项目，包括能源、交通、水资源、低碳建筑、信息通信技术、废弃物和污染控制、土地使用和海洋资源、工业及能源密集型产业（见表 8-1）。

该方案详细列述了八大类项目的子项目，对部分项目制定了筛选指标和认证标准，对绿色债券发行人和投资者而言，可操作性更强。方案采用红绿灯系统，判断子项目是否符合 2℃ 转型目标。其中，绿色代表完全符合，黄色代表满足一定具体标准才符合，红色表示不符合。例如，对于使用生物质能供暖 / 制冷的，要求其碳排放比化石燃料低 80% 等。此外，CBI 基于方案制定了《气候债券标准 3.0 版》，要求募集资金专款专用，投向资产应满足技术筛选指标，定期披露产生的气候环境效益。2015年，法国环境部规定，若某投资基金将超过 50% 的募集资金用于投资符合 CBI 标准的项目，该基金将被视为绿色投资，被授予 "GreenFin" 绿色标签。

表8-1　CBI《气候债券分类方案》

能源	交通	水资源	低碳建筑	信息通信技术	废弃物和污染控制	自然资产	工业及能源密集型产业
太阳能	铁路	人造基础设施	居民建筑	电力管理	回收设备和装置	农业用地	制造业
风能	车辆	自然或混合基础设施	商业建筑	宽带	废转能	林业	高效能工序
地热能	轨道交通		建筑升级	资源效率	甲烷管理	湿地	高效能产品
水电	快速公交系统		改善建筑碳排放性能的产品	远程会议	碳捕集	退化的土地	零售和批发
生物质能	水运					其他土地利用	数据中心
波浪和潮汐能	替代燃料基础设施					渔业和水产业	捕集工艺流程中的排放
能源分布与管理						沿海基础设施	能源高效设备
专用电网							热电联产

资料来源：CBI。

　　第三套是由多边开发机构和IDFC共同制定的《减缓气候变化融资共同原则》。2015年6月，世界银行、非洲开发银行（AfDB）、亚洲开发银行（ADB）、欧洲复兴开发银行等7家多边开发机构联合IDFC，汇总多边开发机构、各国开发性金融机构的经验做法，对什么是有助于减缓气候变化的经济活动达成共识，以目录形式呈现。《减缓气候变化融资共同原则》的使用者是开发性金融机构，多边开发机构和各国开发性金融机构可参照《减缓气候变化融资共同原则》，识别、评估和披露减缓气候变化相关的融资情况。

《减缓气候变化融资共同原则》共列出 10 大类、28 项有助于减缓气候变化的经济活动，未制定筛选指标和认证标准。其中，行业大类包括可持续能源（风能、太阳能、潮汐能发电等），低碳和高效能源生产（电网性能提升、火电厂改造等），提高能源利用效率，可持续农业、林业和土地高效利用，非能源温室气体排放活动（碳捕集和碳储存等），废弃物和污水治理，绿色交通和低碳技术等。

《减缓气候变化融资共同原则》结合多边开发机构业务特点，一是纳入技术援助和政策咨询，包括帮助发展中国家制定碳减排等政策规划，支持发展中国家在能源政策中充分考虑碳减排等气候因素，提供清洁能源、绿色交通等相关能力建设和培训项目，开展减缓气候变化主题研究等。二是纳入碳市场相关融资工具，包括清洁发展机制[①]、自愿碳市场配额交易等各类与碳资产、碳机制挂钩的融资工具。此外，《减缓气候变化融资共同原则》支持化石能源向可持续能源转型，考虑到在交通运输、能源生产和使用领域，需要长期的结构性转型并减少化石燃料的使用，因此，《减缓气候变化融资共同原则》支持为化石能源相关项目或生产模式转型提供融资。

---

① 清洁发展机制是由《联合国气候变化框架公约》和《京都议定书》催生出的国际碳交易市场机制之一。清洁发展机制指发达国家通过提供资金和技术的方式，与发展中国家开展项目合作，通过合作项目实现的、经核证的减排量，用于支持发达国家履行帮助发展中国家应对气候变化的承诺。

三、以欧盟为代表的国别绿色分类标准

欧盟是推动国际绿色金融发展实践的主要经济体之一，在绿色分类标准方面起步较早。2018年6月，欧盟委员会正式成立可持续金融技术专家小组，负责研究制定可持续分类标准。2021年4月，欧盟正式发布《欧盟可持续金融分类方案授权法案》，界定符合欧盟气候变化适应及减缓两大目标的经济活动。法案包括能源、林业、制造业、交通和建筑等部门，涵盖欧盟约40%的上市公司经济活动，涉及的温室气体排放量占全欧排放量的近80%。根据该法案，欧盟所有投资者和大型企业均需要依据《欧盟可持续金融分类法案》，每年报告其投资组合和活动中的可持续部分。

《欧盟可持续金融分类法案》以欧洲行业标准分类系统（NACE）为框架，识别出服务于实现减缓气候变化、适应气候变化等目标的七大类经济行业、67项经济活动（见表8-2）。每个经济活动具有配套的技术性筛选标准，可划分为低碳、转型、赋能低碳转型和适应气候变化四部分。有关支持实现循环经济、污染预防、保护生物多样性和保护水资源等目标的分类方案和配套标准仍在起草中。

《欧盟可持续金融分类法案》的技术标准由三部分组成。一是筛选原则，即必须对至少一个目标有"实质性贡献"，并且对其他目标"无重大损害"（DNSH），同时满足最低社会保障标准。二是技术性指标，即将相关经济活动认定为环境可持续时，必须满足的定性或定量技术性筛选标准。三是合理性，即将相关经济活动列为环境可持续的背后考虑和详细说明。《欧盟可持续金融

分类法案》对太阳能光伏发电的规定见表8-3。

表8-2 《欧盟可持续金融分类法案》

农林渔业	制造	水、污水、废物的处理	电力、燃气、蒸汽和空调设备的供应
1. 多年生作物的生长 2. 非多年生作物的生长 3. 畜牧业生产 4. 植树造林 5. 复原、修复 6. 再造林 7. 现有森林经营	1. 低碳技术 2. 水泥 3. 铝 4. 钢铁 5. 制氢 6. 其他无机碱性化学品 7. 其他有机基本化学品 8. 肥料和氮化合物 9. 初级塑料	1. 水的收集、处理和供应 2. 废水集中处理系统 3. 污泥的厌氧消化 4. 以源头分离的方式单独收集和运输无害废物 5. 生物废弃物的厌氧消化 6. 生物垃圾堆肥 7. 废料回收 8. 填埋气捕集与能源利用 9. 直接捕集二氧化碳 10. 人为排放的捕获 11. 二氧化碳的输送 12. 捕获二氧化碳的永久封存	1. 太阳能光伏发电 2. 集中太阳能发电 3. 风力发电 4. 利用海洋能源发电 5. 水电发电 6. 地热发电 7. 煤气燃烧发电 8. 生物能源发电 9. 输配电 10. 能量储存 11. 生物量、沼气或生物燃料的制造 12. 输配气管网改造 13. 区域供冷/供热 14. 电热泵的安装与运行 15. 热电联产和集中太阳能发电 16. 地热能热电冷联产 17. 燃气热电冷联产 18. 热电冷联产与生物质能发电 19. 利用集中太阳能制冷/热 20. 利用地热生产制冷/热 21. 燃气燃烧制冷/热 22. 利用生物能源制冷/热 23. 利用余热制冷/热

运输和储存	信息通信技术	建筑和房地产活动	
1. 铁路客运（城际） 2. 铁路货运 3. 公共交通 4. 低碳交通基础设施 5. 乘用车和商用车 6. 公路货运服务 7. 城市间定期交通运输 8. 内河水路客运 9. 内河水运 10. 水利工程建设	1. 数据处理、托管和相关活动 2. 数据驱动的温室气体减排解决方案	1. 新建建筑物 2. 既有建筑改造 3. 个人装修措施、可再生能源现场安装及专业科技活动 4. 建筑物购置	

资料来源：欧盟官网。

表 8-3　举例说明《欧盟可持续金融分类法案》对太阳能光伏发电的规定

宏观行业分类	D- 电力、燃气、蒸汽和空调供应
NACE 分类代码	D.35.1.1
经济活动说明	太阳能光伏发电装备的制造和运行
度量标准和阈值	发电技术应符合 ISO 14067 标准，或根据《温室气体核算体系产品生命周期标准》（GHG Protocal Product Lifecycle Standard）进行碳足迹评估，证明发电装备使用期内，生产单位千瓦时电二氧化碳排放量低于 100 克（即 100g CO_2e/kWh）。该数值每 5 年下调一次，直到 2050 年达到 0g CO_2e/kWh，实现净零排放目标
"无重大损害"评估	光伏电池的安装和使用可能对其他环境目标造成的主要危害包括：如果建在指定的保护区或其他具有生态多样性价值的区域，将影响生态系统和生物多样性；光伏发电设备的材料采购 / 生产可能对环境产生影响

　　除欧盟外，其他部分国家和地区也在积极制定绿色分类标准。部分国家表示，将直接采纳中欧趋同后的共同分类标准，另有智利、南非等国拟以《欧盟可持续金融分类法案》为基础，与国内基本国情相结合，制定绿色分类标准；还有部分国家，如日本、加拿大、新加坡等重点关注支持转型经济，也就是正在向低碳方向转型的非绿项目，并出台转型经济分类标准。2021 年 5 月，日本发布了《气候转型金融基本指引》，参照 ICMA 标准并结合日本国内实践，规范了转型金融基本概念和具体要求。2019 年 6 月，加拿大可持续金融专家组发布《撬动资金促进可持续增长最终报告》，建议发展加拿大绿色和转型金融分类法，梳理有助于加拿大低碳转型、适应气候变化的经济活动，并邀请其他与加拿大资源禀赋类似的国家合作，共同制定以转型金融为核心的分类标准。各国绿色金融分类标准情况见表 8-4。

表8-4 各国绿色金融分类标准情况

国家	标准制定情况	内容	制定部门
日本	2021年5月发布《气候转型金融基本指引》	参照ICMA《气候转型金融手册》并结合国内实践，规范了转型金融基本概念和具体要求，以实现2050年碳中和目标	日本金融厅、经济产业省、环境省
南非	拟于2021年末发布公开征求意见稿	支持气候变化缓解、气候变化适应和可持续水资源利用三大目标，还将包括支持转型经济活动的分类标准	南非财政部、碳信托、IFC
新加坡	2021年1月发布《确立新加坡和东盟绿色分类标准》，公开征求社会意见	支持气候变化缓解、气候变化适应、生物多样性保护、资源供应韧性四大目标；实行"红绿灯系统"，即与上述四大目标一致的经济活动为"绿色"，支持转型的经济活动为"黄色"，不符合的为"红色"	新加坡金融管理局
印度	将于2021年完成对适应气候变化、增强气候变化风险应对韧性的分类标准初稿		印度财政部
加拿大	正在制定	重点关注支持低碳转型的经济活动	加拿大标准管理局技术委员会
澳大利亚、墨西哥、印度尼西亚、菲律宾、马来西亚	正在制定	暂无	

四、中国已构建较为完善的绿色分类标准

自2016年我国构建绿色金融政策体系以来，政府部门从激励绿色发展、引导社会资本投入等角度，出台了三套绿色分类标准。这三套标准在绿色经济活动的大类划分上总体一致，但也存

在技术细节区别，尚未完全实现绿色分类标准的"国内统一"。

第一套是国家发展改革委、生态环境部、中国人民银行等7部委联合印发的《绿色产业指导目录（2019年版）》。《绿色产业指导目录（2019年版）》将我国绿色经济活动范围划定为六大类产业，分别为节能环保（如高效节能装备制造、资源循环利用装备制造、新能源汽车和绿色船舶制造等）、清洁生产（如产业园区绿色升级、生产过程节水和废水处理处置等）、清洁能源（如新能源与清洁能源装备制造、传统能源清洁高效利用等）、生态环境（如生态农业、生态保护、生态修复等）、基础设施绿色升级（如建筑节能与绿色建筑、绿色交通、环境基础设施等）以及绿色服务（如为绿色产业提供咨询服务、项目运营管理等）。六大类产业下细分为30项二级分类和211项三级分类。国家发展改革委同时编制了《绿色产业指导目录（2019年版）》的解释说明，针对211项具体经济活动逐一说明产业形态、核心参数和技术认定标准，与《绿色产业指导目录（2019年版）》配套使用。

第二套是中国人民银行等部委以《绿色产业指导目录（2019年版）》为基础建立完善并发布的《绿色债券支持项目目录（2021年版）》。2015年12月，中国人民银行发布了《绿色债券支持项目目录（2015年版）》，为界定绿色债券支持项目范围、规范绿色债券市场发展发挥了重要作用。2021年4月，中国人民银行会同国家发展改革委、证监会制定并发布的《绿色债券支持项目目录（2021年版）》，为新时期绿色债券支持项目界定和遴选提供了专业性目录清单，为各类绿色债券的发行主体募集资金、投资主体进行绿色债券资产配置、管理部门加强绿色债券管理等提供了统一界定标准和重要依据。

《绿色债券支持项目目录（2021 年版）》实现了三大重点突破。一是绿色项目界定标准更加科学准确，删除了煤炭等化石能源清洁利用等高碳排放项目，增加了有关绿色农业、绿色建筑、可持续建筑、水资源节约和非常规水资源利用等新时期国家重点发展的绿色产业领域类别，并采纳国际通行的"无重大损害"原则，使减碳约束更加严格。二是统一了绿色债券相关管理部门对绿色项目的界定标准，有效降低了绿色债券发行、交易和管理成本，提升了绿色债券市场的定价效率。三是为绿色债券发展提供了可操作的稳定框架。《绿色债券支持项目目录（2021 年版）》的分类层级由前版的三级增加为四级，其中一级和四级目录与《绿色产业指导目录（2019 年版）》保持一致，二级和三级目录延续了前版的基本思路，并与国际主流绿色资产分类标准保持一致，有助于境内外市场主体更好地识别、查询和投资我国绿色债券。

此外，为便于操作和理解，《绿色债券支持项目目录（2021 年版）》增设"说明/条件"列，在《绿色产业指导目录（2019 年版）》解释说明的基础上，根据绿色债券支持项目的特征对每个四级分类所包含的项目范围进行解释，同时对各个项目需满足的标准进一步细化，并设置了技术筛选标准和详细说明（见表 8-5）。

第三套是银保监会 2020 年制定的《绿色融资统计制度》。在 2012 年发布《绿色信贷指引》后，银监会于 2013 年发布了《绿色信贷统计制度》，要求全国银行业金融机构根据统一口径，每半年报送 12 类节能环保及服务贷款，包括工业节能节水环保项目、资源循环利用项目、可再生能源及清洁能源项目、绿色交通运输项目、采用国际惯例或国际标准的境外项目等。除绿色贷款余额外，《绿色信贷统计制度》还统计了绿色贷款对应的节能减排总量。《绿色信贷统计制度》要求银行业金融机构在报送绿色贷款余额的同时，提供对应的标准煤、水资源的节约量，以及二氧化碳、二氧化硫、氮氧化物、氨氮等的减排量等 7 项环境效益指标，提高数据统计的完备性。2020 年，银保监会参照《绿色产业指导目录（2019 年版）》，修订并印发了《绿色融资统计制度》，将绿色信贷范围由表内资产扩大到表外资产，并对绿色融资支持的经济活动进行了细化，增加了技术性筛选要求等。

表 8-5　举例说明《绿色产业指导目录（2019 年版）》和《绿色债券支持项目目录（2021 年版）》对"太阳能发电装备制造"的规定

《绿色产业指导目录（2019 年版）》	绿色债券支持项目目录（2021 年版）
3. 清洁能源产业 3.1 新能源与清洁能源装备制造 3.1.2 太阳能发电装备制造	三、清洁能源产业 3.2 清洁能源 3.2.1 新能源与清洁能源装备制造 3.2.1.2 太阳能发电装备制造
解释说明：包括光伏发电设备和光热发电设备等的制造。光伏发电设备制造企业和项目需符合《光伏制造行业规范条件》要求，光伏电池生产需达到《光伏电池行业清洁生产评价指标体系》Ⅰ级水平（国际清洁生产领先水平）	光伏发电设备和光热发电设备制造及贸易活动。其中，光伏发电设备制造企业和项目需符合《光伏制造行业规范条件（2018 年本）》（中华人民共和国工业和信息化部公告〔2018〕第 2 号公布）要求，光伏电池生产需达到《光伏电池行业清洁生产评价指标体系》（国家发展和改革委员会　环境保护部　工业和信息化部公告〔2016〕第 21 号公布）Ⅰ级水平

综合来看，我国三套绿色分类标准在大类划分上基本一致，均覆盖节能环保、清洁生产、生态环境等行业，但在具体内容上还存在一些较为明显的差异。

首先，适用对象不同。《绿色产业指导目录（2019 年版）》适用于绿色产业的发展和政策制定。《绿色债券支持项目目录

（2021 年版）》适用于各类绿色债券支持的产业项目，绿色债券的发行主体包括但不限于金融机构、企业、公司等。《绿色融资统计制度》适用于银行业金融机构的绿色贷款统计。

其次，项目范围不同。国际上对化石能源的判定十分审慎，认为煤炭类项目是"非绿"，均未纳入绿色项目支持范围。为推动我国绿色债券标准更加规范、严格、与国际主流标准一致，《绿色债券支持项目目录（2021 年版）》《绿色融资统计制度》均删除了煤炭清洁利用。《绿色产业指导目录（2019 年版）》在结合我国能源消费结构和经济发展阶段的基础上，仍将煤炭清洁化、高效化利用列为绿色属性的产业项目。短期看，煤炭清洁化利用有利于改善环境质量，但可能产生锁定效应。此外，《绿色产业指导目录（2019 年版）》和《绿色债券支持项目目录（2021 年版）》保留了核电装备制造以及核电站建设运营，《绿色融资统计制度》予以删除。

最后，精细度不同。《绿色产业指导目录（2019 年版）》《绿色融资统计制度》《绿色债券支持项目目录（2021 年版）》将产业项目细化，并设置了详细项目说明和技术筛选指标，有助于"自上而下"推动政策顺利、准确落地。2013 年银监会发布的《绿色信贷统计制度》仅做了原则性规定，未明确细化分类目录和技术性指标。

当前，迫切需要推进的一项工作是构建"国内统一、国际趋同"的绿色分类标准。绿色分类标准作为绿色金融的通用语言，既需要适合本国国情，做好国内统一，促进国内绿色金融市场协调发展；又需要与国际标准相衔接，获得国际市场认可，促进境内外绿色金融市场互联互通。

《绿色债券支持项目目录（2021年版）》由中国人民银行、国家发展改革委和证监会联合发布，标志着国内绿色债券分类标准的统一。此前，绿色金融债券、绿色公司债券、绿色债务融资工具遵循2015年版目录，企业债则遵循国家发展改革委的《绿色债券发行指引》。统一标准后，任何一种债券只要符合2021年版目录，不论发行市场和债券类型，都可以被认定为绿色债券。

然而，目前《绿色债券支持项目目录（2021年版）》《绿色产业指导目录（2019年版）》《绿色融资统计制度》对于化石能源清洁利用、核电是否属于绿色仍存在不同判断，这意味着绿色债券与绿色信贷、绿色产业之间的边界划分存在差异。未来相关标准修订过程中可考虑针对上述问题进行相应调整。

五、绿色分类标准的比较研究

当前，国际层面、区域层面和国别层面存在多套绿色分类标准，这些标准在范畴界限、技术要求、执行标准的配套要求等方面，还存在不少差异，一定程度上影响了跨境绿色投资的效率。因此，推动绿色分类标准的国际趋同势在必行。这就需要识别国内与国外绿色分类标准之间的共同点和差异点，为促进标准趋同做好基础性工作。

（一）中国与国际组织绿色分类标准的比较

中国与国际组织绿色分类标准在项目分类和覆盖范围上大体一致，但在具体子项目上侧重点存在区别（见表8-6）。例如，在污染防治、资源节约等方面，CBI《气候债券分类方案》和ICMA《绿色债券原则》对污染治理过程的环保要求较高，更强调能源的循环利用，并且明确禁止在林业开发过程中砍伐树木。相比之下，中国《绿色债券支持项目目录（2021年版）》更关注污染治理、减排及其带来的积极环境效益，比如纳入了不包括在国际标准里的以提高资源利用率为目的的矿产资源尾矿再开发利用。在交通运输项目方面，国际组织标准将"非机动车"（如自行车）纳入绿色交通范畴，提倡混合动力车，还列入了有利于减少出行的视频会议软件开发等项目。《绿色债券支持项目目录（2021年版）》在公共交通基础设施建设和优化管理之外，更强调交通技术进步，如新能源汽车、燃油升级等。

表8-6　《绿色债券支持项目目录（2021年版）》与CBI《气候债券分类方案》、ICMA《绿色债券原则》行业范围比较

绿色项目类别	《绿色债券支持项目目录（2021年版）》	CBI《气候债券分类方案》	ICMA《绿色债券原则》
可再生能源	清洁能源	能源	可再生能源
能效提升	节能		节能输电配电系统
污染防治	污染防治	废弃物和污染控制	废弃物处理
生物资源和土地资源的环境可持续管理	生态保护和适应气候变化	自然资产	农业、林业和土地使用
陆地与水域生态多样性保护			造林、再造林和生物圈保护
清洁交通	清洁交通	交通运输	交通运输
可持续水资源与废水管理	资源节约与循环利用	水资源	废水处理
气候变化适应	生态保护和适应气候变化	无	无

绿色项目类别	《绿色债券支持项目目录（2021年版）》	CBI《气候债券分类方案》	ICMA《绿色债券原则》
生态效益和循环经济相关产品、生产技术	节能/资源节约与循环利用	工业和能源密集型产业转型	低碳技术和工业能效
绿色建筑		低碳建筑	提高建筑物能效

在标准执行程度上，国际组织标准为自愿性采用或遵守，中国标准为强制性必备条件。CBI《气候债券分类方案》和ICMA《绿色债券原则》均由市场主体自愿采用或遵守，绿色债券的标识主要通过第三方机构认证或者由投资者根据当地相关标准进行判断。《绿色债券支持项目目录（2021年版）》由中国人民银行、国家发展改革委和证监会联合发布，监管部门具有发行审核、资金投向等管理权限。

在募集资金用于绿色项目的比例上略有不同。CBI《气候债券分类方案》要求绿色债券募集资金投向绿色项目的比例不得低于95%。中国人民银行和证监会对监管范畴内的绿色债券品种的募集资金用途要求与国际标准一致，但国家发展改革委管理的绿色企业债，仅要求募集资金投向绿色项目的比例超过50%，其余部分可用于偿还银行贷款和补充运营资金。目前，各方正在积极推动绿色企业债与其他绿色债券统一。

在评估认证流程上，ICMA《绿色债券原则》要求绿色债券发行必须由外部专业机构评审并出具担保或证明，列出募集资金的使用、绿色债券收益的分配、环境影响等。CBI要求绿色债券发行应当由CBI认可的认证机构进行认证。我国尚未对绿色债券的第三方认证进行强制要求，主要是鼓励发行人在发行和存续期内请独立专业评估或认证机构出具评估或认证意见。从实践情况看，除绿色企业债以外，大部分中国绿色债券都进行了第三方认证，向市场证明债券绿色属性的可靠性。绿色企业债由国家发展改革委在申报阶段予以认定，不采取第三方认证形式。

（二）中欧绿色分类标准对比

中欧同为国际绿色金融发展的重要倡导者和引领者，均已出台系统的绿色分类标准。目前，中欧正在 IPSF 下对比双方绿色分类标准的异同，计划提出中欧的共同标准，推动中欧绿色金融市场协同发展，为形成国际通行的绿色分类标准打下基础。考虑到目前我国存在三套绿色分类标准，此处选择《绿色债券支持项目目录（2021 年版）》，与《欧盟可持续金融分类法案》进行对比。

由于中欧绿色分类标准在制定中分别采用了中欧各自的行业分类标准，行业分类缺乏直接的一一对应关系，因此直接对比存在难度。经研究，可将联合国国际标准产业分类体系（ISIC）作为通用语言，对中欧绿色分类标准中涉及的经济活动进行重组。重组后，中欧绿色分类标准中的经济活动将使用同一套产业分类体系，对应相同的行业划分标准，可以进行更直观的比较。

经初步对比，中欧绿色分类标准划定的绿色经济活动范围重合度较高，约为 70%，未来形成中欧绿色共同分类标准具备可行性。当然，二者也存在不同程度的区别，主要体现在顶层设计、绿色经济活动范围的划定、具体经济活动绿色属性的技术判定标准等方面。

中欧绿色分类标准的顶层目标总体一致，可形成对应关系（见表8-7）。中国《绿色债券支持项目目录（2021年版）》明确提出，绿色经济活动应显著支持三大目标，即环境改善、应对气候变化、资源节约高效利用。其中，中国提出的"环境改善"对应《欧盟可持续金融分类法案》中的"水资源与海洋资源可持续利用和保护""生物多样性与生态系统保护和恢复""污染防治"，中国的"应对气候变化"对应欧盟的"减缓气候变化"和"适应气候变化"，中国的"资源节约高效利用"对应欧盟的"向循环经济过渡"。

具体来看，中国标准侧重于污染防治，欧盟标准侧重于气候变化。中国前期将污染防治、提高能效、保护生态环境列为优先事项，近年来将应对气候变化上升为国家层面的生态文明建设目标。欧盟一开始就将减缓和适应气候变化作为优先事项，在六大目标中最先出台支持减缓和适应气候变化的经济活动清单，并推动相关技术筛选标准成为授权法案，其他四项目标（污染防治等）的经济活动清单后续会出台。

表8-7　中欧绿色分类标准顶层目标对应关系

中国《绿色债券支持项目目录（2021年版）》	《欧盟可持续金融分类法案》
环境改善	水资源与海洋资源可持续利用和保护
	生物多样性与生态系统保护和恢复
	污染防治
应对气候变化	减缓气候变化
	适应气候变化
资源节约高效利用	向循环经济过渡

在适用范围上，中国标准适用于各类绿色债券，欧盟标准适

用于各类可持续金融产品以及非金融机构的信息披露。中国《绿色债券支持项目目录（2021年版）》主要用于各类绿色债券的发行，包括但不限于绿色金融债券、绿色企业债券、绿色公司债券、绿色债务融资工具和绿色资产支持证券。对于银行间市场上发行的绿色债券，中国人民银行要求强制、按季度上报募集资金使用情况，并鼓励进行第三方认证。《欧盟可持续金融分类法案》要求，自2022年起，任何发行可持续金融产品的市场主体需按照该分类法案披露投资活动，非金融企业需公开披露经营活动与环境等可持续方面相关的财务指标，比如《欧盟可持续金融分类法案》覆盖的经济活动在企业营业收入、资本支出、运营成本中的占比。在此基础上，银行、资管公司等金融机构可披露其投资组合中符合《欧盟可持续金融分类法案》的资产比重。

在划定的绿色经济活动范围上，中欧标准大部分重合，粗略估测达七成。双方标准虽然在行业分类方式、具体经济活动名称以及具体覆盖产业形态方面存在差异，但通过交叉对比，实际覆盖范围重合度较高。比如，中国《绿色债券支持项目目录（2021年版）》清洁能源中的"太阳能利用设施建设和运营""风力发电设施建设和运营"分别对应《欧盟可持续金融分类法案》可再生能源中的"太阳能光伏发电""风力发电"等项目。

中欧绿色分类标准在能源、农业等领域存在区别。这主要反映了双方在经济发展阶段、产业结构上存在的客观差别，不构成双方标准趋同不可调和的障碍。

在能源领域，中欧绿色分类标准存在比较明显的差异。在煤炭方面，中欧标准均不包含煤炭清洁利用。在天然气方面，中国《绿色债券支持项目目录（2021年版）》不包括天然气开采活动，但纳入了天然气输送储运调峰设施建设和运营、城镇集中供热用天然气取代煤炭、伴生天然气利用、天然气动力船舶、氢气掺入天然气等经济活动，并在多能互补工程和分布式能源工程中，将天然气冷热电三联供作为能源补充形式。欧盟标准与中国《绿色债券支持项目目录（2021年版）》相同的是，明确纳入了天然气输送储运调峰设施建设和运营，但在冷热电三联供、交通运输等方面，没有明确纳入或排除天然气，而是提出根据"技术中性"原则，只要符合相应的温室气体排放门槛和技术标准，都可纳入可持续金融支持范围。在天然气的绿色属性问题上，目前欧盟内部仍存在争议，部分东南欧国家坚持将天然气明确列入绿色或转型列表中。

此外，在核能方面，中国《绿色债券支持项目目录（2021年版）》明确支持核能装备制造、核电站建设和运营。欧盟内部对核能是否属于"清洁能源"存在争议，法国坚持将核能纳入绿色投资范畴。目前，欧盟正在积极研究制定核能相关活动的"无重大损害"原则技术要求，相关结论推迟发布。在氢能方面,《欧盟可持续金融分类法案》强调氢能的绿色制造和使用，中国《绿色债券支持项目目录（2021年版）》只支持氢能利用，因为我国氢能还未实现规模化节能生产。

在农业领域，双方标准也存在一些区别。例如，中国《绿色债券支持项目目录（2021年版）》支持农业农村垃圾和污水处理设施建设和运营、农业废弃物污染防治等，但《欧盟可持续金融分类法案》并不涵盖，原因在于农业污染问题在欧盟已基本解决。

中欧在判定经济活动绿色属性的技术标准上存在一定差异，

主要原因是双方的产业标准体系设计与各自的产业发展程度挂钩。在经济活动采用的技术、呈现的性能设定标准上，中国《绿色债券支持项目目录（2021 年版）》主要参照《绿色产业指导目录（2019 年版）》，与国家标准或行业规定相关联。例如，对于太阳能光伏发电，目录要求多晶硅电池组件和单晶硅电池组件的最低光电转换效率分别不低于 16.0% 和 16.5%。

《欧盟可持续金融分类法案》根据经济活动的碳排放量设计相关的标准、度量指标或技术阈值。欧盟遵循"技术中性"原则，即只要满足减排目标的技术就可使用，既鼓励现有绿色技术的使用，也为未来技术创新提供减排新方案预留了空间。例如，对于太阳能光伏发电，《欧盟可持续金融分类法案》要求"发电技术应符合 ISO 14067 标准"，"发电装备使用期内，生产单位千瓦时电二氧化碳排放量低于 100 克（即 100g CO_2 e/kWh）。该数值每 5 年下调一次，直到 2050 年达到 0g CO_2 e/kWh"。

目前，中欧绿色分类标准趋同工作正在有序推进，计划在 2021 年 11 月《联合国气候变化框架公约》第 26 次缔约方大会上发布首份《共同分类标准》，明确中欧相同、相近的绿色经济活动的映射关系和转换机制。预计《共同分类标准》出台后，金融机构可在实践中自愿使用。例如，中资金融机构可依据《共同分类标准》到欧洲金融市场发行绿色债券，欧洲金融机构也可来华发行绿色熊猫债。对于在《共同分类标准》以外、短期内难以趋同的经济活动，预计将因为双方产业结构的差异而长期存在，未来将结合市场发展持续更新，最终达成相互适应、和而不同的结果。

我国在绿色分类标准领域先发优势明显。中国人民银行担任 G20 可持续金融工作组联合主席，也进一步推动了绿色分类标准的国际协调。未来，按照"国内统一、国际趋同"的原则进一步完善绿色分类标准建设，将便利更多境外绿色资金进入我国金融市场，为我国实现碳达峰、碳中和目标提供多元的绿色资金支持。

第九章

绿色金融三大基础之二：
气候信息披露的作用与实践

企业和金融机构全面、一致地披露气候变化对其业务与风险敞口的影响，以及自身减排措施等信息，是市场主体识别绿色投融资机遇、管理气候变化相关风险的必要条件，有利于引导市场在信息充分的基础上向绿色低碳领域有效配置资源。目前，已有多个国际组织制定了气候信息披露标准，欧盟、中国等主要经济体也在加快推进气候信息披露工作。本章重点梳理国际上主要的气候信息披露标准和各国实践情况，并就我国构建气候信息披露框架提出建议。

一、气候信息披露的重要作用

　　全面的、高质量的气候信息披露对发展绿色金融具有重要意义。目前发展绿色金融面临的一大挑战就是数据匮乏。为促进绿色金融市场发展，推动资金有效配置与风险合理定价，投资者必须获得清晰的、全面的和高质量的信息，以了解企业和金融机构业务的气候风险敞口。这就对企业和金融机构披露气候信息，特别是强制披露气候信息提出了要求。为了确保企业与金融机构合理披露气候信息，完善的气候信息披露标准不可或缺（Ferreira et al., 2021）。

气候信息披露对投资者、企业和金融机构自身、央行及相关金融监管部门而言都非常必要。一是对于投资者来说，气候信息披露能够帮助其更准确地评估企业价值，发现投资机会，规避投资风险。随着全球气候变化形势越发严峻，其对企业生产经营与金融机构风险管理的影响也日渐显著。气候相关风险可能显著改变企业的成本收益结构，若得不到准确披露，会使投资者做出错误的贷款、承保、投资等决策。同时，经济低碳转型中也蕴含了巨大的投资机会，披露相关信息能帮助投资者更好地识别机会，促进资源有效配置，还能为企业主动促进低碳减排提供正向激励。为此，各国需要建立气候信息披露框架（格奥尔基耶娃，2021）。

二是对于企业和金融机构自身来说，开展气候信息披露的过程能够帮助企业与金融机构更好地识别、评估与管理气候相关的风险和机遇，并以此为基础规划未来发展路径。同时，披露气候信息还能帮助企业与金融机构向市场和投资者展示其面对气候变化风险时的韧性，并帮助应对和适应气候变化风险的企业与金融机构更好地获得绿色融资。在此背景下，越来越多的企业与金融机构已经开始主动公布温室气体排放和环境影响等气候信息。

三是对于央行及金融监管部门来说，披露气候信息能为分析、防范与气候相关的金融风险提供基础。如果企业和金融机构普遍不披露或不准确披露气候信息，那么市场在对企业与金融机构进行估值时就无法考虑气候因素，一旦气候风险爆发，可能会造成相关企业的估值与股价集中暴跌，引发市场大幅震荡，增加金融机构的信用风险、市场风险和流动性风险，影响金融稳定（易纲，2021）。因此，央行和金融监管部门需要未雨绸缪，对气候变化风险对货币政策传导渠道与金融体系的影响进行评估和应对。此外，相关披露还能帮助央行获取更多与气候相关的数据，为制定货币政策和调整货币政策工具提供基础数据支撑。

我国迫切需要构建气候信息披露框架体系。中国 2021 年《政府工作报告》指出，2021 年的一项重要任务是，"扎实做好碳达峰、碳中和各项工作。制定 2030 年前碳排放达峰行动方案"。在此过程中，一方面，只有企业和金融机构等市场主体及时、全面地披露气候变化信息，国家、地方、金融机构、投资机构以及企业等各个层面才能准确开展对气候变化风险和机遇的评估，并制定战略目标与行动方案。另一方面，只有准确地纳入市场主体的气候变化信息，资产定价才是真实有效的价格信号，从而确保绿色金融体系有效运行，并切实引导市场资金投向低碳减排领域。

在关于气候信息披露是否应具有强制性方面，自愿气候信息披露具备企业负担较低、披露要求相对灵活等特点，在推进气候信息披露工作初期发挥了积极作用。许多观点认为，气候信息是重要的全球公共品，自愿气候信息披露已无法有效促进实现减排目标，迫切需要开展强制披露。由于缺少具有约束性的披露标准，许多市场主体，特别是中小企业仍未披露气候信息，或者披露不全。例如，德国央行行长魏德曼在 2021 年 BIS、NGFS等联合举办的"绿天鹅 2021 全球线上会议"上表示，自愿气候信息披露可能无法确保气候信息的数量和质量。德国央行统计，2019 年全球所有上市公司中仅有 15% 披露了温室气体排放数据，信息披露远远不够。因此，许多观点建议，建立强制性的温室气体排放信息披露机制，并在全球层面开展披露标准协调，提高市场主体气候信息的一致性、可比性和可靠性，从而切实促进减排。

二、气候信息披露的主要国际标准

为引导和规范企业和金融机构披露气候相关信息，满足市场和监管部门对气候相关信息和数据的需求，近年来，多个国际组织已经制定或正在制定气候信息披露标准。其中，影响力最大、获得支持最广泛的是 FSB 牵头的《TCFD 气候财务信息披露建议》，提出了 11 项披露项目的原则性建议，已得到 G20 成员原则支持。截至 2021 年 10 月，国际上已有超过 2 600 家[①]大型企业和金融机构对《TCFD 气候财务信息披露建议》表示支持，部分已开始按其建议进行披露。在《TCFD 气候财务信息披露建议》的基础上，IFRS 基金会将从财务会计的角度对其进行细化，形成国际通用的可持续信息披露准则，计划 2022 年中期出台。此外，可持续会计标准委员会、气候披露标准委员会等国际组织也提出了自愿性披露框架。本节将重点梳理目前国际上的主要信息披露标准。

一是 FSB 牵头的 TCFD 标准。这也是目前全球影响力最大、获得支持最广泛的气候信息披露标准。受 G20 财长和央行

---

① 资料来源：TCFD, Task Force on Climate-related Financial Disclosures，参见 https://www.fsb-tcfd.org。

行长的委托，FSB 于 2015 年牵头成立了 TCFD。其成员均来自私人部门，以金融机构及大型高能耗企业为主，中国工商银行是 TCFD 的成员单位。TCFD 于 2017 年发布了自愿性的《TCFD 气候财务信息披露建议》，从企业治理、企业经营战略、企业风险管理、制定相关指标与目标 4 个维度出发，列出了 11 项建议披露项目（见表 9-1）。

　　TCFD 披露条目有两大特点。第一，定性披露较多，量化指标相对较少。在 4 个披露维度中，仅第四个维度（制定相关指标与目标）要求企业通过量化指标，反映气候变化对企业财务经营等的影响。前 3 个维度（企业治理、企业经营战略、企业风险管理）则要求企业通过定性描述的方式，披露董事会及管理层在气候变化应对上承担的职责、气候变化给企业带来的风险与机遇，以及企业识别、评估、管理气候变化风险的过程与方式。第二，各披露项目及其披露说明以原则性表述为主，企业可以此为基础进行细化、扩展，自主补充更为具体的披露要素与指标。

表 9-1　《TCFD 气候财务信息披露建议》的主要内容

披露维度	披露项目	披露要求
企业治理：披露董事会与管理层在企业气候变化应对方面所扮演的角色、开展的工作等	1. 董事会对企业气候变化应对相关事项的监督情况 2. 管理层为评估与管理气候变化相关风险和机遇所做的工作	定性描述
企业经营战略：披露气候变化给企业带来的风险和机遇，以及相应的应对措施	3. 气候变化在短期、中期、长期给企业带来的风险及机遇 4. 企业如何调整经营策略、财务规划以应对这些风险及机遇 5. 企业的经营策略如何适应不同的气候变化情景	定性描述

披露维度	披露项目	披露要求
企业风险管理：披露企业如何识别、评估、管理气候变化相关风险	6. 企业如何识别、评估气候变化相关风险 7. 企业管理气候变化相关风险的流程 8. 企业如何将识别、评估、管理气候变化风险纳入企业总体风险管理	定性描述
制定相关指标与目标：自行选择量化指标，披露气候变化对企业财务的影响以及温室气体排放情况等	9. 气候变化对企业生产经营的影响（如对企业的成本、收益、现金流、资产、负债等财务指标的影响，以及企业的碳排放成本等） 10. 企业温室气体排放数据 11. 企业的碳中和目标及目标完成度	定量披露

　　《TCFD气候财务信息披露建议》发布后，受到了官方与私人部门的广泛支持与认可。截至2021年5月，全球超过110个监管机构及政府部门、1 700多家企业和金融机构对此表示支持，包括中国工商银行、中国银行、中国建设银行、平安保险、华夏基金等20家中资金融机构与企业。部分市场主体已开始按照《TCFD气候财务信息披露建议》开展气候信息披露。与此同时，还有管理着155万亿美元资产的投资者、银行、保险公司和养老基金要求其投资企业按照TCFD的建议披露相关气候信息（卡尼，2021）。

　　值得注意的是，TCFD在气候信息披露方面主要秉承"单一重要性"原则，即关注披露气候相关事件对企业或金融机构的影响，侧重披露对投资者较为重要的信息。在"单一重要性"原则的基础上，还有一种更为严格的披露原则，即"双重重要性"原则。后者除要求披露气候相关事件对企业或金融机构的影响之外，还要求披露企业或金融机构自身对社会、环境和气候的影响。联合国环境规划署金融倡议负责人在2021年2月表示，为有效应对气候变化风险，仅遵照"单一重要性"原则是不够的，还需要根据"双重重要性"原则开展气候信息披露，从而确保投资者与监管机构获取及时的、全面的气候信息。

从 TCFD 对量化披露温室气体排放的具体要求看，主要是建议企业按 3 个范围测算并披露排放情况（见表 9-2），包括自身直接排放（Scope 1）、间接用能排放（Scope 2）和全产业链排放（Scope 3）。TCFD 建议市场主体应披露 Scope 1、Scope 2 的温室气体排放量，如果条件允许，可披露 Scope 3 的排放量。

表 9-2　TCFD 测算企业和金融机构温室气体排放的 3 个范围

测算范围	涵盖范围
Scope 1： 自身直接排放	自有设施直接排放（如锅炉）、企业自有车辆等交通工具排放等
Scope 2： 间接用能排放	营业、办公所需要的用电、用暖、制冷等对应的用能排放
Scope 3： 全产业链排放	上游排放：市场主体购入的原材料、资本品的生产和运输，员工通勤、商务出行，生产垃圾处置等对应的排放 下游排放：市场主体所出售产品的分销、使用、再加工、处置，以及企业对外租赁、投资、特许加盟等对应的排放

具体而言，Scope 1 测算自身直接排放，即企业自身的资产或设施产生的温室气体排放，如自有锅炉及汽车的排放等。Scope 2 测算间接用能排放，即企业从外部购买用电、用暖等对应的温室气体排放。虽然这部分排放由发电厂、供热厂直接产生，但电能或热能最终由企业消耗。Scope 3 测算全产业链排放，即市场主体所在产业链的上下游企业及相关活动的排放，其中上游排放包括生产和运输企业购入的原材料、资本品的排放，以及员工通勤、商务出行产生的排放等；下游排放包括产品的分销、

使用、再加工、处置的排放，以及企业对外租赁、投资、特许加盟等对应的排放。对金融机构而言，Scope 3 主要包括员工通勤、商务出行和购买办公用品产生的温室气体排放，以及该金融机构发放贷款或投资的非金融企业所产生的排放（德意志银行，2021）。

从规模来看，由于 Scope 3 涉及的范围更广，其排放规模可能是 Scope 1 和 Scope 2 之和的 10 倍多。从各行业 Scope 3 排放在其全部排放中的占比来看，房地产、汽车、制药和冶金等行业的 Scope 3 占比最高，约占全部层次排放的 90% 以上；计算机软件、传媒、电信、航空和金融机构的 Scope 3 排放占比最低，巴克莱银行的 Scope 3 占比约为 25%，英国法通保险的 Scope 3 占比约为 17%（德意志银行，2021）。

但根据 TCFD 披露建议披露温室气体排放也面临若干困难与挑战。首先，TCFD 披露建议是框架而非标准，以原则性表述为主，不够细致。而且 TCFD 披露建议是自愿而非强制的，执行力和落实情况前景不明。其次，计算与核实 Scope 3 排放较为困难，数据的可比性也较差。Scope 3 数据需要供应链上下游的供货商及分销商等提供才能估算。如果供货商及分销商不配合，企业只能间接估算 Scope 3 的上下游排放，很难获得完整数据。同时，如果企业故意隐藏 Scope 3 排放，外界也难以准确核实。更重要的是，不同市场主体选取的测算范围和数据估算方法不一定相同，因此 Scope 3 排放在各市场主体间的可比性较差。最后，存在重复计算问题。如制造企业的 Scope 2 排放与当地发电厂的 Scope 1 排放会存在部分重合，同一产业链上不同企业的 Scope 3 排放也可能存在重合。从理论上说，如果某地区的所有企业都只报告 Scope 1 排放，加总起来即为该地区的总排放，但这样却无法准确反映单个企业对温室气体排放的影响。

二是 IFRS 基金会正在推进制定的可持续信息报告的全球标准。气候信息披露与财务会计披露有较强的关联性。国际权威会计准则制定机构、IFRS 基金会（总部设在伦敦，与多个国际机构和国家存在密切联系）在制定财务报告准则时积累了较为丰富的经验，拥有必要的人力和财力资源，具有制定细碎披露条目的能力，其财务标准适用于金融机构和企业，披露主体覆盖面广，影响力较大。因此，市场呼吁 IFRS 基金会涉足气候信息披露，推动标准制定、统一和推广。

2020 年 9 月，IFRS 基金会提出，愿意牵头制定国际通用的可持续信息披露标准，具体工作由 IFRS 基金会正在筹建的 ISSB 推进。IFRS 基金会表示，ISSB 未来的工作首先是"气候优先"的工作方法，即首先着眼于气候相关的信息披露，尤其是聚焦与气候变化及温室气体排放相关的财务风险，之后再逐步拓展工作范围。其次是采用"单一重要性"原则，将重点工作放在披露气候变化相关事件对公司主体的影响上，仅侧重披露对投资者重要的气候信息，从而使投资者了解气候变化可能对公司经营和业绩产生的影响，帮助投资者应对气候变化转型风险。IFRS 基金会计划在 2021 年 11 月英国格拉斯哥召开的 UNFCCC 第 26 次缔约方大会上宣布正式成立 ISSB，并有望在 2022 年中期前发布可持续信息披露标准。

由于 IFRS 基金会在全球具有广泛影响力，其制定气候信息披露标准的提议得到了 FSB 等国际机构及企业界的积极回应。FSB 于 2020 年 12 月对此公开表示支持，同时强烈建议 IFRS 气候信息披露标准以《TCFD 气候财务信息披露建议》为基础制定。IOSCO 除公开表示支持外，还成立了技术专家工作组，深度参与 IFRS 基金会制定可持续报告准则的工作。

三是其他五大主要国际气候信息披露标准。除 TCFD 与 IFRS 基金会提议制定的标准外，国际上还有五大主要气候信息披露标准，包括《可持续会计标准委员会披露标准》《气候披露标准委员会披露框架》《全球披露倡议披露标准》《环境信息披露行动披露问卷》《国际联合披露理事会披露框架》。

这些标准主要是在《TCFD 气候财务信息披露建议》基础上进行细化、扩展的，并采取自愿披露的原则（见表 9-3）。由于《TCFD 气候财务信息披露建议》的 11 条披露项目及其对应的披露说明以原则性表述为主，企业和金融机构可以自主从上述 5 项辅助性的披露标准中选择量化、具体的披露要素与指标作为补充。

表 9-3　主要气候信息披露标准基本情况

制定机构名称	规则名称	发起主体	涵盖范围	发布时间
可持续会计标准委员会	《可持续会计标准委员会披露标准》	私人投资部门	ESG 披露	2018 年
气候披露标准委员会	《气候披露标准委员会披露框架》	世界经济论坛等	气候信息披露为主	2015 年
全球披露倡议	《全球披露倡议披露标准》	联合国环境项目、环境研究机构等	环境信息披露为主	2000 年
环境信息披露行动	《环境信息披露行动披露问卷》	私人投资部门	环境信息披露	2000 年
国际联合披露理事会	《国际联合披露理事会披露框架》	监管机构、投资机构、企业等	ESG 披露	2013 年

具体而言，针对 TCFD 量化指标不够丰富的问题，企业可参

考《可持续会计标准委员会披露标准》分 77 个行业列出的量化披露指标。如在商业银行领域，《可持续会计标准委员会披露标准》提供的量化指标包括：商业银行按照"赤道原则"（Equator Principles）提供融资的项目数，绿色贷款与棕色贷款的余额及占比，商业银行向油气、原材料加工、工业、基建等行业的贷款余额，气候变化导致不良贷款、资本支出、抵押物价值等指标的变化等。

针对 TCFD 披露条目不够细致的问题，《气候披露标准委员会披露框架》与《TCFD 气候财务信息披露建议》的披露条目重合度较高，并且内容较 TCFD 披露建议更为丰富，企业可一并参考。SASB、CDSB 也在积极推进其披露标准与《TCFD 气候财务信息披露建议》的联合使用，并于 2019 年专门制定了《借助〈可持续会计标准委员会披露标准〉和〈气候披露标准委员会披露框架〉执行〈TCFD 气候财务信息披露建议〉手册》，指导企业与金融机构细化气候信息披露。

IFRS 基金会的可持续信息披露标准将参考上述五大披露标准。上述五个标准的发起机构于 2018 年发起了"加强协同项目"，探索将五个标准进行整合的可能性，并于 2020 年 12 月联合发布了《气候相关财务信息披露示范性准则》（讨论稿）。该准则以《TCFD 气候财务信息披露建议》的四大维度为总体框架，将 SASB、CDSB、CDP、GRI 与 IIRC 的披露要素、披露指标按照 TCFD 的框架进行整合，形成了一个较为全面的气候信息披露模板。2020 年 12 月，上述五个标准的发起机构联合表示，其共同制定的《气候相关财务信息披露示范性准则》可为 IFRS 基金会提供参考。

三、各国开展气候信息披露的实践

近年来，随着主要经济体加大力度推进气候信息披露，要求企业和金融机构，特别是上市公司强制披露气候信息的呼声越来越高。许多经济体已制定或计划制定气候信息披露要求，企业和金融机构层面也在积极开展气候信息披露方面的实践。

第一，许多主要经济体已经或计划以 TCFD 建议为基础，制定气候信息披露要求和指引。2021 年 7 月，FSB 发布了《促进气候相关信息披露》报告，分析了包括我国（含香港地区）在内的 25 个主要经济体的问卷调查结果。问卷显示，欧盟、德国、法国、英国、日本等 14 个经济体已制定了覆盖金融机构和非金融企业的披露要求及指引，另有美国、中国、瑞士、巴西等 9 个经济体计划制定，沙特阿拉伯和南非还未进行相关规划。披露框架的选取方面，18 个经济体已采用或计划采用与 TCFD 披露建议一致的披露框架，美国、印度、南非、阿根廷、印度尼西亚和土耳其表示未采用 TCFD 披露建议。

各经济体在信息披露的具体形式上存在区别。部分经济体要求强制披露信息，具体形式包括强制披露仅对企业估值有重大影响的气候信息，或强制披露所有气候信息（无论是否会对企业估值产生重大影响），如果不披露则需解释。多数情况下，强制披露信息的要求对象是上市公司。部分经济体采用自愿披露信息的形式，还有经济体将强制披露与自愿披露结合。例如，欧盟将自愿披露作为强制性披露框架的补充，上市公司和大型公司需按照规定强制披露气候信息，非上市中小企业可自愿选择是否披露。

从各经济体的具体实践来看，英国是首个强制规定公司披露碳排放数据的国家，从 2013 年开始就要求所有在英国上市的企业必须全面披露温室气体排放数据，并从 2019 年开始，将强制披露范围进一步拓展至英国大型非上市公司。具体而言，强制披露的气候信息包括企业每年在英国本土的 Scope 1 和 Scope 2 的温室气体排放情况。为便于企业披露气候信息，英国政府还发布了模板，其中的关键绩效指标可以量化，统计方法具有一致性，并可在不同企业之间比较，覆盖企业商务旅行、交通运输、生产运营等方面的各类能耗和排放数据。对于企业的 Scope 3 排放数据与英国境外排放情况，企业亦可自愿公布。目前，英国政府还计划以 TCFD 披露建议为基础，到 2023 年实现大部分企业的强制披露，到 2025 年实现所有企业的气候信息强制披露。

欧盟的披露要求更全面，并且已强制部分大型企业披露气候和环境信息。2014 年，欧盟委员会发布《欧盟非财务信息披露指令》（NFRD），要求欧盟境内雇员超过 500 人的企业，自 2018 年起，按照"双重重要性"原则披露可持续性相关信息，即除包括气候和环境因素对企业的影响外，还要包括企业业务对气候和环境的影响。据统计，被纳入披露的企业包括大型上市公司和金融机构等，总数约 1.1 万家。此后，欧盟还将《TCFD 气候财务信息披露建议》纳入了 NFRD，欧洲央行也鼓励金融机构披露气候和环境相关风险，并根据 NFRD 和 TCFD 披露建议将信息披露纳入监管框架。

针对信息披露面临的信息不充分、可比性差、准确性存疑以及与财务信息披露标准不一致等问题，欧盟委员会于 2021 年 4 月通过了关于制定《企业可持续性相关信息披露指令》的立法提案。具体内容如下。一是分别制定大企业和中小企业披露标准，大企业和上市中小企业需遵守各自的标准，非上市中小企业可自愿选择是否遵守。二是扩大信息披露主体的范围，从 1.1 万家扩展到 5 万家，包括所有上市公司和雇员超过 250 人的大型非上市公司。三是提高披露信息的准确性和可读性，例如，要求对披露的可持续性相关信息的质量进行评估或审计，要求企业根据数字化分类方法"标记"披露信息，以提高机器可读性。四是《企业可持续性相关信息披露指令》应与欧盟其他有关可持续金融的倡议保持一致。总体看来，欧盟的披露标准要比 IFRS 基金会所建议的标准更高。2021 年 7 月，欧盟已表示支持 IFRS 基金会制定气候信息披露标准，但认为未来 IFRS 标准可与欧盟标准趋同。

日本已将可持续金融战略纳入政策战略的优先事项，并对公司治理准则进行了修订，要求上市公司依据"遵循或解释"的原则、按照 TCFD 披露建议框架披露相关信息，这一范围几乎涵盖了所有主要日本公司。同时，日本交易所集团和东京证券交易所于 2020 年 3 月 31 日联合出版了《ESG 信息披露实用手册》，为上市公司披露信息提供案例参考，指导上市公司披露有助于投资决策的关键信息，起到了较好的示范作用。

新兴经济体在推进气候信息披露方面则面临较多挑战。首先，气候、环境和社会风险之间相互作用，可能加剧社会中的不平等问题。而新兴经济体面临贫困、失业、住房、电力和清洁水等社会问题，对低碳转型提出了更高要求。其次，在疫情复苏过程中同时推进可持续发展，工作难度加大。最后，新兴经济体缺乏资金和高质量气候数据，对气候变化影响的理解和建模能力有待提升。

第二，企业与金融机构已经在气候信息披露方面开展了一些实践。除了需强制性披露气候信息的英国与欧盟部分企业及金融机构外，许多其他国家和地区的企业及金融机构也公布了自身实现碳中和目标的路线图，并主动按照 TCFD 的建议开展气候信息披露。FSB 公布的 2020 年《TCFD 进展报告》显示，2019 年全球共有 1 701 家大型企业支持 TCFD 的披露框架，其中约 440 家企业披露了温室气体排放数据（涵盖 Scope 1、Scope 2 和 Scope 3），占比约为 26%。从按照 TCFD 标准开展信息披露的总体情况看，市值在百亿美元以上的大型企业披露情况更全面；披露质量较高的多为欧洲企业，其次为亚太企业和北美企业；以能源行业为代表的实体企业披露程度相较于金融机构更高，而在金融行业中保险机构的披露程度略高于银行。

对金融机构而言，已有一些金融机构主动按照 TCFD 排放标准中规定的 Scope 1、Scope 2 和 Scope 3 三个范围披露了气候信息。例如，2020 年 9 月，汇丰银行提出将在 2030 年实现 Scope 1、Scope 2 和 Scope 3 的净零排放，从 2020 年开始对外披露 Scope 1、Scope 2 和 Scope 3 的排放情况，并承诺将持续提高披露信息质量。

金融机构在披露气候信息时，面临的特别挑战是核算提供投融资服务的客户或项目产生的碳排放。金融机构对环境的影响多体现在投融资活动中，如银行提供贷款的企业、保险承保的工程、资管投资的项目产生的碳排放，均属于金融机构的间接排放。毕马威的调研结果显示，25 家已公布 2050 年净零排放目标的美欧银行中，尽管有的银行已根据 TCFD 标准披露部分气候数据，但多家银行未公布其投融资活动的碳排放。因此，为完善气候风险定价、引导资本做出更优配置，有必要评估和披露金融机构投融资活动产生的碳排放。

目前已有一些金融机构根据碳会计金融伙伴关系（PCAF）倡议标准，公布投融资活动中的碳排放。2015年，荷兰银行发起成立PCAF倡议，为测算金融机构投融资活动中的碳排放提供指导。PCAF倡议借鉴了TCFD标准，目前已经就上市公司股份和债券、商业贷款和非上市公司股份、项目融资、商业地产、住房抵押贷款、汽车贷款六大类资产的碳排放量构建了测算标准（见表9-4）。截至2021年7月，已有143家金融机构按照PCAF倡议标准公布排放数据，涵盖商业银行、资管公司、保险公司、开发性银行等。

表9-4 PCAF金融机构投融资碳排放计算

资产类别	计算公式
上市公司股份和债券	企业碳排放量 × 金融机构持有资产价值 ÷ 企业总价值
商业贷款和非上市公司股份	企业碳排放量 × 金融机构持有资产价值 ÷ 企业总价值
项目融资	项目碳排放量 × 融资金额 ÷ 项目投资总金额
商业地产	建筑碳排放量 × 融资余额 ÷ 物业原值
住房抵押贷款	建筑碳排放量 × 100%
汽车贷款	汽车碳排放量 × 贷款余额 ÷ 汽车原值

资料来源：PCAF。

国外金融机构气候信息披露还有一些问题亟待解决。毕马威会计师事务所2021年5月对25家英国、欧盟、加拿大和美国银行开展的一项研究显示，尽管样本中25家银行都已公布了2050年净零排放目标，并已根据TCFD标准披露近年温室气体排放数据，但这些银行并未对外公布排放数据的计算方法，可比性存在问题。此外，许多银行尚未公布 Scope 3 的排放情况，披露范围仍有扩大空间。

四、我国气候信息披露情况

自 2016 年《关于构建绿色金融体系的指导意见》出台以来，我国环境和气候信息披露工作稳步推进，在金融机构、上市公司、其他非金融企业等方面分类施策，取得了积极进展。目前，金融机构相关信息披露要求相对比较充分，需定期披露绿色信贷、绿色金融债券募集资金用途等信息；上市公司中大部分已通过 ESG 报告、社会责任报告等形式原则性披露气候信息；其他非金融企业，主要是重点污染企业和绿色公司债发行企业需定期披露相关气候信息。

第一，我国金融机构气候信息披露工作已经取得一定进展，环境和气候信息披露范围不断扩大。目前，中国金融机构需披露投资银行间市场绿色金融债券情况、报告绿色信贷的资金使用情况和投向，未来还将分步建立强制的信息披露制度，覆盖各类金融机构和融资主体，统一披露标准（易纲，2021）。根据中诚信绿金统计，2019 年，在我国境内上市的全部 51 家商业银行均披露了 ESG 报告等相关报告，整体信息披露水平在国内所有上市公司中处于较高水平。中国证券投资基金业协会 2020 年也指出，金融类上市公司的环境信息披露质量较高，证券公司、大型银行及保险公司普遍重视环境信息披露。

金融机构信息披露工作取得进展，主要得益于金融主管部门的政策引导和金融机构自身的探索试验。在政策方面，中国人民银行等部门持续推动金融机构与证券发行人提升环境信息披露的强制性和规范性。2018 年 3 月，中国人民银行对发行绿色金融债券的信息披露做出规范要求。绿色金融债券发行人在债券存续期内，应披露绿色金融债券募集资金使用情况季度报告与年度报告，以及披露绿色金融债券支持企业或项目发生的重大污染责任事故，或者其他环境违法事件。

2020 年 1 月，中国银保监会发布《关于推动银行业和保险业高质量发展的指导意见》，提出银行业金融机构要建立健全环境与社会风险管理体系，将环境、社会、治理要求纳入授信全流程。

2021 年 7 月，中国人民银行正式发布《金融机构环境信息披露指南》，对金融机构环境信息披露形式、频次、应披露的定性及定量信息等方面提出要求，并根据各金融机构实际运营特点，对商业银行、资产管理、保险等不同金融机构的定量信息测算及依据提出指导意见。金融机构可根据自身的实际情况，选取不同的披露形式对外披露，具体包括编制发布专门的环境信息报告、在社会责任报告中对外披露或在年度报告中对外披露。此外，在浙江、江西、广东、贵州、甘肃和新疆六省（区）九地的绿色金融改革创新试验区先行试用。未来还计划从披露范围、披露内容、披露精细度等方面着手，进一步推动金融机构开展环境信息披露。中国人民银行还在长三角地区推出了绿色金融信息管理系统，实现了监管部门与金融机构信息的直联，缓解资金供求双方的气候和环境信息不对称（刘桂平，2021）。

同时，金融机构发挥主观能动性，积极探索气候信息披露的最佳实践。2017 年以来，已有 16 家中方金融机构参与中英绿色金融工作组，按照 TCFD 框架开展试点气候与环境信息披露，并取得了显著成效。这 16 家中方试点机构覆盖银行、基金、保险等行业，资产总额超过 50 万亿元，包括中国工商银行、兴业银行、江苏银行、湖州银行、华夏基金、易方达基金、人保财险、平安保险和中航信托等。多数试点机构已确定未来将每年开展环境信息披露。

根据《中英金融机构气候与环境信息披露试点 2019 年度进展报告》，目前大部分参与试点的中资金融机构已经以独立报告形式，对气候与环境信息进行了披露，如中国工商银行、平安保险、湖州银行等，还有部分银行在社会责任报告中对相关信息进行了披露。资管、保险等金融机构也正在结合自身业务特点，逐步探索推动合适的环境信息披露方式。同时，中方试点机构参考 TCFD 的建议，制定了适合中国金融机构的披露框架和具体内容，并提出商业银行气候与环境信息披露试点机构行动计划（见表 9-5），设置了定性指标和定量指标。在定性指标中，除了 TCFD 框架中的治理、战略、风险管理三部分之外，还加入了政策制度、环境风险分析等指标。在定量指标中，纳入的披露内容较为全面，既包含定性内容，如机构的战略与目标、信贷政策、风险管控、绿色产品与研究等，又包含定量信息，如绿色信贷余额与占比、机构经营活动对环境的影响、投融资活动所产生的环境绩效等数据，并与 TCFD 框架的披露标准进行对照与衔接。例如，中国工商银行就在其发布的气候与环境报告中，将其中与 TCFD 框架相关的内容进行了索引。总体而言，与 TCFD 框架相比，中资试点金融机构更多侧重于披露在绿色融资和减排方面的积极进展，对棕色活动和煤电转型等信息披露较为有限。

第二，我国对上市公司的环境信息披露要求普遍高于其他企业。上海证券交易所 2008 年规定，上市公司应及时披露与环境保护相关的重大事件，可以根据自身需要在公司年度社会责任报告中披露或单独披露相关环境信息，同时增加了被列入名单的重污染企业需要披露的信息内容。环境保护部 2010 年 9 月对我国上市公司环境信息披露提出了较为全面的规范，要求火电、钢铁、水泥、电解铝等 16 类重污染行业的上市公司发布年度环境报告和临时环境报告。2015 年，我国推出了《生态文明体制改革总体方案》，提出要"建立上市公司环保信息强制性披露机制"，对全部上市公司的环保信息披露提出要求。

表 9-5　中国商业银行气候与环境信息披露试点机构行动计划

时间	目标	定性指标	定量指标
第一阶段（2018—2019 年）	试点银行结合自身情况，披露 2018 年度绿色信贷（银保监会口径）对环境的影响。在银保监会测算方法的基础上，梳理基础数据，对符合披露要求的逐步披露	1. 治理：描述商业银行董事会及管理层在绿色金融发展方面所起到的作用 2. 战略：描述商业银行在发展战略规划中对于绿色信贷的发展战略，显著提升商业银行的绿色发展水平 3. 政策制度：描述商业银行完善绿色信贷政策、推动信贷结构绿色调整方面的措施 4. 风险管理：描述商业银行加强环境风险管理流程和措施 5. 绿色金融创新 6. 实践案例 7. 研究成果 8. 年度成效	1. 绿色信贷余额 2. 绿色信贷占比 3. 折合减排标准煤 4. 减排二氧化碳当量 5. 减排化学需氧量 6. 减排氨氮 7. 减排二氧化硫 8. 减排氮氧化物 9. 节水 10. 绿色运营指标：包括绿色办公、车辆能源消耗 11. 绿色信贷培训小时数、人次 12. 碳排放：直接温室气体排放、间接温室气体排放、废弃物统计等（注：各家试点银行可视情况进行差异化披露）

时间	目标	定性指标	定量指标
第二阶段（2020年）	试点银行结合自身情况选择电力、水泥、电解铝等行业进行环境影响和环境风险分析、评估，并进行相应披露	同上。进一步完善上述定性披露的内容。对环境影响和环境风险进行分析、评估，探索开展电力等高排放行业环境影响、环境风险情景分析和压力测试，并结合自身情况进行相应披露。可以包括：（1）可能对银行经营带来环境风险的内外部因素；（2）环境风险分析、评估的思路、方法、工具；（3）银行对环境因素的承受能力，银行采取的环境风险管理措施	同上。增加特定行业环境影响、环境风险情景分析和压力测试相关信息。可以包括：（1）电力等重点排放行业的结构调整目标；（2）环境因素对电力等行业信用风险影响的压力测试方法、模型和结论等相关信息；（3）电力等行业信贷结构调整的环境效益测算信息
第三阶段（2021年）	鼓励试点银行根据自身业务特点，扩大环境影响、环境风险的情景分析和压力测试，并进行相应披露；进一步完善分析方法。争取扩大参与环境信息披露工作的金融机构数量	同上。进一步完善定性指标披露内容	同上。进一步扩大环境影响、环境风险情景分析和压力测试的行业范围，并进行相应披露

近几年，金融主管部门和监管机构逐渐将公司环境信息列入上市公司财务报告的披露内容，有助于金融机构进行绿色投资决策。中国人民银行等七部委在2016年发布的《关于构建绿色金融体系的指导意见》这一绿色金融的纲领性文件明确指出，将"逐步建立和完善上市公司和发债企业强制性环境信息披露制度"。2018年9月，证监会修订了《上市公司治理准则》，明确

规定上市公司应当披露环境信息等社会责任情况，强化了上市公司在环保和社会责任方面的引领作用。

实践中，我国上市公司气候信息披露差异化较大，披露质量还有待加强。深圳证券交易所综合研究所统计，2019年以来，A股仅26%的公司披露独立的社会责任/ESG报告或可持续发展报告。头部公司表现较好，沪深300指数公司披露率达到85%，对A股ESG信息披露起到引领和示范作用（见图9-1）。但在环境相关信息方面，具体环境数据披露率不到30%，这主要是因为环保数据获取成本大，仅有强制披露要求的公司，如重污染行业，才会主动披露。

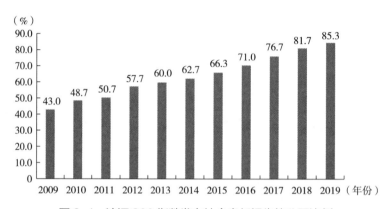

图9-1　沪深300指数发布社会责任报告的公司比例

资料来源：商道融绿，深圳证券交易所综合研究所。

第三，对我国其他非金融企业而言，目前主要是重点污染企业和发行绿色债券的企业需要披露气候与环境信息。早在2003年，国家环境保护总局就启动了企业环境信息公开工作，但范围仅限于被列入名单的重污染企业。随后，2007年国家环境保护总局发布《环境信息公开办法（试行）》，文件中设立了"企业环境信息公开"专章，在强制要求重污染企业公布污染物排放的同时，鼓励企业自愿公开环境信息。

同时，企业在发行绿色债券时需披露的内容包括绿色项目的基本情况、相关的技术标准以及预计节能减排规模等。2017 年 3 月，中国银行间市场交易商协会发布了《非金融企业绿色债务融资工具业务指引》，对非金融企业发行的绿色债务融资工具指定信息披露表；同年，证监会公布《中国证监会关于支持绿色债券发展的指导意见》，为绿色公司债发行人应履行的信息披露义务进行说明，但披露规则有待完善。2021 年 3 月，中国银行间市场交易商协会又推出了"碳中和债券"相关管理规定，该债券初期发行人以电力企业为主，并明确要求披露碳排放等信息。我国环境与气候信息披露相关政策如表 9-6 所示。

表 9-6　我国环境与气候信息披露相关政策

发布机构	发布时间	文件名称
国家环境保护总局	2003 年 9 月	《关于企业环境信息公开的公告》
	2006 年 3 月	《环境影响评价公众参与暂行办法》
	2007 年 2 月	《环境信息公开办法（试行）》
上海证券交易所	2008 年 5 月	《上海证券交易所上市公司环境信息披露指引》
环境保护部	2010 年 9 月	《上市公司环境信息披露指南》
	2014 年 12 月	《企业事业单位环境信息公开办法》
全国人民代表大会常务委员会通过	2014 年 4 月	《中华人民共和国环境保护法》
中共中央、国务院	2015 年 9 月	《生态文明体制改革总体方案》

发布机构	发布时间	文件名称
中国人民银行、财政部、国家发展改革委、环境保护部、银监会、证监会、保监会	2016 年 8 月	《关于构建绿色金融体系的指导意见》
中国人民银行	2018 年 3 月	《中国人民银行关于加强绿色金融债券存续期监督管理有关事宜的通知》
证监会	2017 年 12 月	《公开发行证券的公司信息披露内容与格式准则》系列文件
	2018 年 9 月	《上市公司治理准则》
银保监会	2020 年 1 月	《关于推动银行业和保险业高质量发展的指导意见》
中国人民银行	2021 年 7 月	《金融机构环境信息披露指南》

五、对我国开展强制气候信息披露的思考与建议

当前我国在气候信息披露方面已取得一定进展，但仍存在一些问题。

第一个问题是气候信息披露的强制性不够，亟待加强。强制性气候信息披露有助于投资者和贷款方了解企业与金融机构面临的气候变化风险及应对情况，从而有效促进市场资金向低碳减排领域倾斜。目前，我国气候信息披露工作中存在企业披露内容较为简单、气候和环境信息披露率较低等问题。例如，在上海青悦智库获取的 8 565 份中国上市公司 2019 年发布的报告中，仅有 1 248 份报告提及了气候变化情况，而其中仅有 46 份报告与国际接轨，采用了 TCFD 的气候变化披露框架（见图 9-2）。同时，

绿色债券发行企业的气候与环境信息披露方面也存在提升空间。以江西省绿色债券发行企业的气候与环境信息披露情况为例，许多发行了绿色债券的企业尚未披露在绿色债券持续期间的环境信息，绿色项目各细分类别的具体投资额也不明确，导致投资者难以对绿色债券和绿色债务工具相关信息进行持续性追踪（桂荷发和郭苑，2018）。

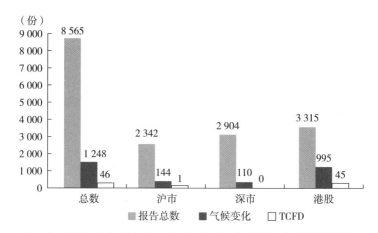

图 9-2　2019 年中国上市公司报告中关于气候变化信息的披露情况
资料来源：上海青悦智库（2020）。

　　第二个问题是披露标准不统一，加大了企业与金融机构披露和报告的成本，不同市场主体之间的气候信息也难以比较。以我国上市公司为例，其气候和环境信息披露质量较差，直接原因是缺乏统一的披露标准。金融机构与企业主要通过年度报告、社会责任报告以及可持续发展报告等不同方式进行气候和环境信息披露，这既增加了金融机构与企业披露和报告的成本，也造成披露指标不统一、不同主体间可比性较差等问题。碎片式的气候信息披露使投资者无法依据披露信息开展投资决策，也不利于监管机构准确判断金融体系面对气候风险的脆弱性程度（刘瑞霞，2021）。制定国际统一的气候信息披露框架，不仅有利于市场主体降低披露和报告成本，而且有利于投资者比较不同市场主体的气候信息与风险，促进绿色金融市场健康发展。

针对这些问题，我国可结合国际上的相关较好做法，进一步完善气候信息披露框架体系，推进气候信息强制披露。

第一，提升市场主体开展气候信息披露的主动意识。监管部门应进一步加强相关政策宣传，使企业与金融机构充分认识到气候信息披露的重要意义，及其对企业持续发展与获得融资的促进作用，消除企业对披露气候与环境信息的担忧和疑虑。市场主体应通过参与国内和国际的绿色金融信息披露相关标准，提升气候信息披露认识水平。例如，鼓励更多中资金融机构加入中英金融机构气候与环境信息披露试点项目，鼓励并督促国内主要商业银行和上市公司按照标准化的国际气候报告框架披露相关信息。鉴于商业银行在引导资金投资低碳减排领域中发挥的重要中介作用，其有助于促进非金融企业增强对气候信息披露的认识，并提升信息披露质量。

第二，对标国际标准并结合我国实际情况，建立统一的国内气候信息披露体系，并推进强制信息披露。中国人民银行行长易纲2021年4月在博鳌亚洲论坛"金融支持碳中和圆桌"上表示，中国将分步建立强制信息披露制度，覆盖各类金融机构和融资主体，统一披露标准。对此，建议针对不同的信息披露主体分类施策。在披露主体方面，应区分不同的披露主体，并分类施策。第一类披露主体是金融机构和绿色债券发行人，需要制定明确的绿色信贷、绿色债券信息披露规范，特别要加强对于资金流向、减排效益和气候风险的披露标准。第二类披露主体是上市公司及非上市国企，这类企业需要定期披露企业环境信息。这就需要建立一套标准化的企业气候信息披露指标，可参考国际上较成熟的披露框架进行制定。可按照"非上市公司—上市公司—重点碳排放上市公司"的顺序制定数量递增、要求趋严的披露标准。对属于重点碳排放单位的上市公司，除需要定期披露环境和碳排放信息外，还应通过发布年度环境报告进行详细披露。其他企业可归为第三类披露主体，可最后逐步实现气候信息披露。

在披露范围方面，应增加强制披露的内容。我国参照 TCFD 建议开展气候信息披露的金融机构和企业数量正在不断增加。在披露框架实施初期，可在国内 TCFD 试点的基础上，要求市场主体对 Scope 1 与 Scope 2 相关信息进行披露。随着气候信息披露框架持续深入实施，可逐步提升强制披露要求，如监管部门可设置披露信息的重要性水平，即影响程度超出某一水平的气候信息必须进行披露。同时，应注意国内披露框架与全球主要的披露规则及框架的趋同和协调，确保不同市场主体气候信息具有一致性和可比性，便于国内外投资者决策与投资。

第三，利用大数据、人工智能、互联网等信息化手段，建立气候信息披露的公共平台与共享机制。目前，我国投资者在进行气候与环境风险分析时面临气候数据的可得性问题。若每家研究机构和主管部门都自建数据库，将耗费巨大的社会成本，结论也缺乏可比性。若能在国家层面建立统一的气候信息平台，将在极大程度上方便投资者、贷款人和保险公司获取企业与金融机构的气候数据。同时，这也能促进环保部门和金融监管机构之间的信息共享与有效沟通，降低管理部门收集与使用数据的成本。

第四，构建科学、全面的气候信息披露评估体系。首先，建立健全气候信息披露质量的评估体系。这将有助于监督企业的信息披露制度建设，确保披露信息的及时性、可靠性和一致性。在此过程中，应制定科学的评估方式和指标体系，对信息质量进行评估，评估结果将直接影响企业融资成本，从而激励企业和金融机构主动完善气候信息披露。其次，引入第三方机构和审计部门。鼓励第三方机构参与气候信息披露评估，与金融机构合作开发基于信息披露的绿色信用评级、风险管理、项目估值的模型和产品。同时，通过外部审计部门确保披露信息的准确性。再次，允许市场主体对评估结果提出申诉，并鼓励投资机构对评估质量进行反馈，不断优化评估体系。最后，加强对气候信息披露违规行为的监督。监管部门应指导金融机构和企业规范气候信息披露程序。对于虚假披露等违规行为，可依据相关法规，通过警示、谈话、限期改正、罚款与市场禁入等方式加以约束，保护投资者的合法权益，并确保企业和金融机构气候信息及时有效披露。

第十章

绿色金融三大基础之三：
气候压力测试的作用与实践

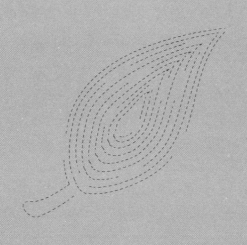

气候风险是金融风险的重要来源之一已成为各界共识，各方均认同需及早对此采取应对措施。但受制于气候变化风险持续时间较长、历史数据参考价值有限、数据缺乏可比性等因素，现行的金融风险管理框架无法较好地评估气候变化风险，需要借助压力测试。

一、压力测试是衡量气候风险对金融稳定影响的重要工具

气候变化将给经济金融带来系统性影响，需纳入银行及监管机构的风险管理框架。但传统的风险管理框架在评估气候变化风险时面临以下问题：一是气候变化风险持续时间较长，超出了传统风险监管框架的评估时间跨度；二是传统风险管理方法通常基于历史数据进行模拟，但气候变化风险历史数据的参考价值有限，同时存在大量非标准化的数据，提高了量化评估的难度；三是气候风险在社会经济和金融体系中相互关联，通常具有连锁效应和系统效应，需要从多维角度来评估。传统风险管理方法通常无法评估复杂的动态和连锁反应。压力测试是用于评估一个特定

事件或一组财务变量的变动对企业造成何种潜在影响的风险管理工具。作为一种前瞻性的尾部风险分析工具，压力测试可以量化评估极端情况或重大突发事件下的影响，是传统风险计量方法的必要补充。

可基于气候风险向金融风险的传导机制，构建气候风险传导与评估模型（见图 10-1）。具体来看，气候压力测试模型一般首先评估气候风险对宏观经济及金融机构客户的影响，得到经气候风险因素调整后的公司财务指标。之后，再将前述财务指标输入金融风险模型，得到风险度量指标。具体的度量指标将依不同金融机构、风险暴露资产及金融风险类型而有所不同。

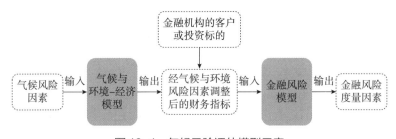

图 10-1　气候风险评估模型示意

评估银行业风险时，主要评估气候风险对其贷款业务信用风险的影响，因此，金融风险模型通常选择传统的贷款相关的信用风险模型，常用的度量指标包括资产损失、违约率、违约损失率、信用评级等。

评估养老金等资产管理机构的风险时，主要是评估气候风险对其投资组合中股票、债券、房地产和基础设施等资产估值的影响。首先评估企业财务指标的变化对未来股息或现金流现值的影响，之后通过传统估值模型得出资产管理机构资产或投资组合估值的变化，或输出风险价值度量指标（VaR）[①]。

保险机构的业务分为承保业务和投资业务两大类。评估保险业承保业务的风险时，主要是评估由于物理风险而增加的负债风险，大部分保险机构，特别是财产险、意外险和再保险公司通常使用巨灾模型来估计潜在的损失和溢价。针对投资业务，保险机构的模型与前述资产管理机构一致。

各央行已就气候压力测试进行了初步尝试。目前 BCBS、FSB 等国际机构基于《巴塞尔协议 III》支柱，建议各国在第二支柱"外部监管"下开展气候风险压力测试，以全面评估气候风险对经济金融体系可能造成的影响。各央行也已陆续采取行动。荷兰央行早在 2018 年就开始开展气候压力测试，是首个开展气候压力测试的央行。英格兰银行也于 2019 年 7 月宣布进行气候压力测试，但之后因新冠肺炎疫情推迟。此后，法国央行、丹麦央行及欧洲央行也陆续着手气候压力测试，并已发布初步测试结果。意大利银行、西班牙央行、德国央行、加拿大央行也正开展压力测试，预计 2021—2022 年会发布测试结果。此外，巴西、奥地利、匈牙利、新西兰的央行以及澳大利亚审慎监管局、波兰金融监管局、新加坡金融管理局等也均计划开展气候压力测试。目前，全球累计约有 20 家央行或监管机构已开展或计划开展气候压力测试。

---

① VaR 即在险价值（Value at Risk），指一定概率水平（置信度）下，某一金融资产或证券组合价值在未来特定时期内的最大可能损失。

二、各央行均基于 NGFS 情景分析框架开展压力测试，但在实施上分为"自上而下"和"自下而上"两种方式

　　各央行基本均基于 NGFS 情景分析框架设置压力测试的情景。NGFS 于 2020 年 6 月推出第一版情景分析框架，包括有序、无序和温室三个核心情景。该情景框架一经推出就受到各央行的广泛欢迎，目前，在全球已经或计划开展气候压力测试的央行中，绝大部分都使用这一情景分析框架。但由于 NGFS 部分情景是 10 多年前设计的，对目前及未来全球碳排放规模预测过高，可能导致决策失灵等问题。鉴于此，NGFS 对其做了进一步完善，并于 2021 年 6 月发布了更新后的情景框架，新框架主要根据各国最新承诺予以更新，共包括三大类、六项细分情景，较原框架适用性更强（见表 10-1），新框架具体如下。

表 10-1　NGFS 新旧情景分析框架对比

	原框架情景	新框架情景	更新内容
有序情景	有序转型（1.5℃温升，有碳移除）	净零 2050	更新了各区域的转型路径
	有序转型（2℃温升，有/无碳移除技术）	低于 2℃	假设碳移除有限
无序情景	无序转型（1.5℃温升，有碳移除）	净零政策分化情景	反映了各行业和区域分化的转型政策
	无序转型（2℃温升，有/无碳移除技术）	转型延迟（即到 2030 年才开始转型）	假设碳移除有限，考虑了不同区域碳价差异
温室情景	各国现有减排承诺	各国现有减排承诺	考虑到各国现有承诺，碳排放及温度假设被调降
	各国延续现有政策，不采取进一步转型措施	各国延续现有政策，不采取进一步转型措施	整体碳排放量和气温升幅被调降

资料来源：NGFS。

第一类为有序情景，具体包括：净零 2050 情景（Net Zero 2050），即假设通过严格的气候变化政策和技术创新，可将全球温升控制在 1.5℃内，在 2050 年实现碳中和；低于 2℃情景（Below 2℃），即假设气候政策逐步加码，有 67% 的可能性将全球温升控制在 2℃内。

第二类为无序情景，具体包括：净零政策分化情景（Divergent Net Zero Policies），即假设在 2050 年实现碳中和，但由于不同部门的气候政策分化，导致应对气候变化的成本更高；转型延迟情景（Delayed Transition），即假设碳排放到 2030 年都不会下降，采取强有力的政策措施以将全球温升控制在 2℃内，同时碳移除有限。

第三类为温室情景，具体包括：各国现有减排承诺情景（NDC），即假设各国按照其减排承诺应对气候变化；现有政策情景（Current Policies），即假设各国延续现有政策，而不采取进一步转型措施，进而导致较高的物理风险。

但各央行在气候压力测试的技术细节方面存在不同。目前各央行发布的报告中对于压力测试的技术细节，包括气候与环境–经济模型和金融风险模型的具体变量选择、参数设定等披露较少。依据可得信息，各央行在技术细节方面主要存在以下差异。

一是即使在相同的假设情景下，各央行对碳价变化的具体假设也有所不同（见表 10-2）。比如，同样是有序转型，法国央行假设 2030 年和 2050 年的碳价分别是 75 美元 / 吨和 180 美元 / 吨，但欧洲央行假设 2030 年和 2050 年则分别是 114 美元 / 吨和 360 美元 / 吨，基本上欧洲央行是法国央行假设值的近两倍，这也有助于测试在更加极端的情形下金融体系受到的影响。

表 10-2　部分央行不同情景下的碳价路径

	碳价（美元/吨）			
	2020 年	2025 年	2030 年	2050 年
法国央行				
有序转型	0	50	75	180
无序转型	0	0	0	700
温室情景	0	0	170	900
欧洲央行				
有序转型	7	60	114	360
无序转型	7	54	68	845
温室情景	7	14	14	16
加拿大央行				
全球气温升高 2℃ （气候变化政策按计划落实）	0	80	190	600
全球气温升高 2℃ （政策落实较计划有延迟）	0	0	0	800
各国依设定的减排目标行动	0	20	70	190

资料来源：根据公开资料整理。

　　二是压力测试范围不同。风险方面，所有央行都关注转型风险，部分央行还同时关注物理风险。行业方面，荷兰央行、欧洲央行及德国央行的行业覆盖面最广，同时包括银行、保险及投资基金，其他央行则大多仅关注银行业。时间跨度方面，绝大多数压力测试时间跨度长达 30 年，英格兰银行在评估物理风险时时间跨度达 60 年。

　　三是使用数据的精确度不同，大多数央行都使用行业层面的信贷敞口及证券持有量数据，欧洲央行、英格兰银行、意大利银行则使用企业和金融机构层面的风险敞口数据，数据精确度更高。

在气候压力测试的实施方式上，各央行主要采用两种形式（见表10-3）。一种是"自下而上"的方式，即金融机构根据自己的内部数据和模型各自进行压力测试，评估气候风险对其资产负债等方面的影响，然后将结果汇总给央行，由央行汇总后得到行业层面的数据。目前，英格兰银行、法国央行采取的就是这种方式。

"自下而上"的方式有两个优点：一是金融机构在数据获取方面具有优势，可充分利用单个资产组合的数据，除了分析信贷风险以外，还可有效分析市场风险和操作风险；二是无须向央行报送用于压力测试的底层细分数据，可解决数据保密性的问题。但这种方式增加了各金融机构的成本，而且各机构可能采用不同的假设情景和模型进行评估，从而导致结果的可比性较差。

另一种是"自上而下"的方式，即央行使用金融机构报送的数据直接进行评估，从而得出气候风险对金融稳定造成的影响。这种方式的好处是有统一的框架，有助于提高评估结果的一致性和可比性，并且便于实施。目前，大多数开展压力测试的央行采用的都是"自上而下"的方式。

表10-3　主要央行开展气候压力测试情况

央行及监管机构	进展	实施方式	覆盖气候风险	行业范围	时间范围	情景假设	数据精确度	报告频率
荷兰央行	2018年完成	自上而下	转型风险	银行、保险、养老金	5年	4种冲击	分行业数据	1年
英格兰银行	进行中/2022年5月完成	自下而上	转型风险和物理风险	银行、保险	30年（物理风险60年）	NGFS	企业、居民敞口数据	5年

央行及监管机构	进展	实施方式	覆盖气候风险	行业范围	时间范围	情景假设	数据精确度	报告频率
丹麦央行	2020 年完成	自上而下	转型风险	银行	10 年	NGFS	分行业数据	
法国央行	2021 年完成	自下而上	转型风险	银行、保险	30 年	NGFS	55 个行业数据	5 年
欧洲央行	进行中 / 2021 年第四季度完成	自上而下	转型风险和物理风险	银行、保险、投资基金	银行 30 年、保险和投资基金 15 年	NGFS	企业层面数据	1 年
意大利银行	计划 / 2021 年第四季度完成	自下而上	转型风险	居民和企业			居民与企业数据	
西班牙央行	进行中 / 2021 年第四季度完成	自上而下	转型风险	银行			企业数据	
德国央行	进行中 / 2023 年第四季度完成	自上而下	转型风险和物理风险	银行、保险、投资基金	30 年	NGFS	行业数据 + 企业数据	
加拿大央行	进行中	自上而下	转型风险和物理风险	银行、保险	30 年	IPCC+ NGFS	18 个区域、33 个行业数据	5 年
波兰金融监管局	定期内部评估	自上而下		银行			企业数据	
奥地利央行	进行中	自上而下	转型风险	银行	5 年		银行数据	
匈牙利央行	进行中		转型风险和物理风险	银行			行业数据	
澳大利亚审慎监管局	进行中	自上而下	转型风险和物理风险	存款机构			行业数据	

央行及监管机构	进展	实施方式	覆盖气候风险	行业范围	时间范围	情景假设	数据精确度	报告频率
新加坡金融管理局	进行中	自下而上	转型风险和物理风险	银行		碳价上涨、极端天气等	企业数据	
巴西央行	计划/2022年完成			银行				
新西兰央行	计划		转型风险和物理风险	保险				
韩国金融监管服务局	计划		转型风险	银行				
马耳他金融服务局	计划	自上而下	转型风险	银行		NGFS	投资组合数据	

资料来源：根据公开资料整理。

三、气候风险压力测试的主要结果

受限于数据可得性，加之气候压力测试仍处于试验阶段，各央行评估气候风险对金融体系的影响时选择了不同的风险度量指标，因此结果之间较难直接比较。但整体来看，压力测试结果均显示，气候变化很大程度上会导致金融机构成本上升，及早推动绿色转型将有助于减少气候变化给金融机构带来的冲击，从而降低金融稳定风险。

具体来看，荷兰央行的压力测试结果显示，政策变化（突然收取 100 美元/吨的碳排放税）及突然转型（可再生能源快速发展、化石燃料技术过时）带来的冲击给荷兰银行业资产造成的损失最高可达 3%，银行业核心一级资本充足率（CET1）最多下降约 4 个百分点；给保险公司资产造成的损失最高可达 11%，偿付能力充足率最多下降 10.8 个百分点；养老金资产损失达 10%，资本覆盖率下降 11.8 个百分点。

丹麦央行重点关注转型风险对银行业的影响。其首先评估了丹麦实施绿色转型过程中企业资产因减排要求而受到的冲击，然后据此评估企业违约概率的变化，进而评估其对银行贷款的影响。压力测试结果显示，银行总体上具备应对转型风险的能力，但如果银行短时间内需支付急剧转型带来的巨额减值支出，则系统性银行的资本缺口将达到总资产的 2.9%，非系统性银行的资本缺口将达到总资产的 4.9%。因此，银行应在风险管理和资本规划中及早考虑气候风险，从而确保相关成本在多年内进行分摊。

法国央行与法国审慎监管局针对转型风险对银行业和保险业的影响开展了联合压力测试。结果显示，法国银行和保险机构气候风险整体敞口及脆弱性"适度"，银行及保险机构对采矿、炼焦等受转型风险影响较大行业的敞口相对较小。但上述行业的风险成本和违约概率对转型路径的敏感度较高，在无序转型时给银行带来的风险成本将是有序转型时的 3 倍，对保险的索赔费用可能上升 5~6 倍。此外，在无序转型情景下，最大的 6 家银行持有的股票及债券资产的损失将达 1.6 亿欧元。

欧洲央行对银行、保险及投资基金面临的气候风险开展了压力测试，并于 2021 年 9 月公布了测试结果。结果显示，若没有更多政策推出，在温室情景下，气候风险将使欧元区 GDP 到 2100 年下降 10%，欧元区银行信贷组合到 2050 年的违约概率比有序转型情景下高 8%。在无序转型的情况下，欧盟银行业的贷款损失将占其对非中小企业风险加权敞口的 1.6%，在温室情景下，该比重升至 1.75%。银行贷款损失主要集中在电力和房地产行业，占据了总损失的一半。对保险业来说，在无序转型情景下，其公司债及股权投资的总估值损失为 5.1%，其中股权投资损失最大，价值下降了 15%，主要损失集中在石油行业持股。但由于欧洲保险业投资高碳行业规模整体较小，因此公司债和股权投资总损失仅占其总投资规模的 0.5%。对投资基金来说，在无序转型情景下，资产减记规模约为 620 亿欧元，约占总资产规模的 1.3%。此外，欧洲央行拟于 2022 年采用"自下而上"的方式，完成银行业监管气候压力测试。

IMF 也在部分国家的 FSAP 中对气候风险进行了试点评估。挪威 FSAP 主要评估转型风险，这是因为挪威是石油和天然气的主要生产国，转型风险对其影响更大。评估重点关注全球碳价上涨导致的石油行业收入下降给挪威银行业带来的信贷风险。具体来看，IMF 工作人员首先评估全球碳价上涨对全球石油需求及价格的影响，然后评估挪威石油生产企业利润受到的冲击，进而评估其对银行贷款造成的影响。评估结果显示，在碳价上升到 75 美元 / 吨和 150 美元 / 吨的情景下，挪威银行业贷款损失率将分别上升 0.3 个百分点和 0.4 个百分点。

菲律宾 FSAP 覆盖了 46 家银行，占银行业总资产的 92%，主要关注银行业面临的物理风险。受数据可得性制约，评估只考察了台风的影响，洪水、海平面上升等其他因素带来的物理风险并未纳入。IMF 工作人员首先估算了全球高排放情景下菲律宾台风频率和强度的变化，模拟了极端台风的影响，并进一步将灾害影响转化为宏观财务指标，得到资产贬值情况。考虑到疫情因素，IMF 工作人员使用了两种基线情景：一种是新冠肺炎疫情前的基线情景，采用 2020 年 1 月《世界经济展望报告》中的基线假设；另一种是新冠肺炎疫情防控期间的基线情景，采用的是 2020 年 10 月《世界经济展望报告》中的基线假设。评估结果显示，在没有其他冲击的情况下，如果出现 500 年一遇的台风，银行资本充足率将下降 1 个百分点，但如果同时叠加疫情冲击，则银行资本充足率将下降 4.5 个百分点（见表 10-4）。

表 10-4　主要气候压力测试结果

	压力测试情景	对金融业的影响
荷兰央行	收取 100 美元 / 吨碳排放税	银行业 CET1 最多下降约 4 个百分点，保险业偿付能力充足率最多下降 10.8 个百分点，养老金资本覆盖率下降 11.8 个百分点
丹麦央行	2030 年突然开始转型	系统性银行的资本缺口达到总资产的 2.9%，非系统性银行的资本缺口达到总资产的 4.9%
法国央行	2030 年突然开始转型	最大的 6 家银行持有的证券资产损失达 1.6 亿欧元
欧洲央行	2030 年突然开始转型	银行业贷款损失 / 对非中小企业风险加权敞口达 1.6%，保险业投资的总估值损失为 5.1%，投资基金资产减记 / 总资产约为 1.3%
挪威 FSAP	碳价上升到 75 美元 / 吨、150 美元 / 吨	贷款损失率分别上升 0.3 个百分点、0.4 个百分点
菲律宾 FSAP	500 年一遇的台风并叠加疫情冲击	银行资本充足率将下降 4.5 个百分点

资料来源：根据公开资料整理。

中国人民银行已指导金融机构"自下而上"地开展气候变化风险压力测试，并持续监测评估金融机构绿色转型进展。中国工商银行是最早针对火电和水泥行业开展气候压力测试的商业银行，其设置了三个压力水平，即重压力、中压力和轻压力。这三种情景都是基于预计环保部门可能采取的更严格的排放标准和更高的排放税来设定的，并分别考虑了排污费分别提高2倍、3倍、4倍对企业成本的影响。具体来看，中国工商银行首先分析环保政策变化对企业财务状况的主要影响，然后推算出压力情景下企业新的财务报表，再利用工商银行内部已有的客户评级模型得到压力情景下企业信用等级和违约率的变化，进而推算出相关行业在压力情景下不良率的增长（见图10-2）。结果显示，环保标准提高将给火电和水泥行业带来成本压力，给中小企业信用风险带来的影响尤为显著。在目前AA级及以上评级的火电企业中，81%的企业在重压力情景下评级会被下调，75%的企业在中压力情景下评级会被下调，68%的企业在轻压力情景下评级会被下调。对水泥行业来说，在重、中、轻压力情景下，目前评级在AA级及以上的企业的信用评级被下调的比例可能分别达到81%、62%、48%。

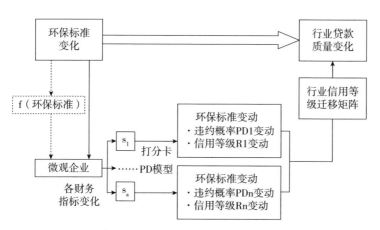

图10-2　中国工商银行气候压力测试财务传导模型原理

资料来源：中国工商银行。

中国建设银行也对化工行业和火电行业开展了专项压力测试。化工行业情景分析分为低、中、高三档压力水平，计算企业未来因环保要求提升会带来的成本增加比例。火电行业情景设计分为"全面减排"、"碳达峰"提前和"碳中和"提速轻度、中度、重度3个压力情景，对火电行业客户的财务成本、信用评级及风险加权资产等指标进行压力分析。测试结果显示，化工行业客户信用风险的影响总体可控，客户评级降低较少且幅度较小，火电行业客户财务状况受碳交易因素的影响最为明显，但风险整体也可控。

四、对于完善气候压力测试的思考

各央行在开展气候压力测试的过程中积累了初步经验，但也暴露出一些问题。

数据缺口问题是当前面临的最大瓶颈，也是未来国际社会的工作重点。气候压力测试的结果高度依赖风险敞口的分布情况，而目前各国普遍缺乏可比且具有较高颗粒度的相关数据。具体来看，央行在进行"自上而下"气候压力测试时，一是缺乏评估金融机构气候相关风险敞口的精细数据和跨境数据。缺乏金融机构贷款或保险层面的精细数据可能导致气候风险集中在少数公司却不易识别，从而对金融体系造成系统性影响；缺乏金融机构跨境气候风险敞口数据则可能不利于央行对气候风险跨境传播进行监测。二是缺乏评估气候风险敞口缓释和转移机制的数据。金融机构可以通过购买保险等金融工具对风险进行转移和缓释，进而改变不同机构的气候风险敞口。然而，相关数据较为缺乏，并且各国保险条款存在差异，影响了对气候相关风险的整体评估。

在进行"自下而上"的压力测试时，金融机构也普遍缺乏交易对手方的相关风险信息。评估企业气候相关风险敞口需要两类数据。一类是引发物理风险和转型风险因素的数据。物理风险包括洪灾等极端天气事件和全球气温上升等渐进性气候变化，地理位置的微小差异在引发企业物理风险方面存在显著差异。例如，相邻两地会因所处海拔的不同而面临不同的洪灾风险。现有数据提供的信息仅涉及特定地点的气候变化信息，并且较为粗略，缺乏引发物理风险因素方面的全球性精细数据，从而影响了不同国家间企业物理风险敞口的比较。引发转型风险的因素包括政府气候政策、消费者偏好变化以及科技变革等，这些因素会影响公司和家庭的资产负债表以及它们的生产或生活成本。然而，由于专业知识和资源的限制，极少有公司能够独自进行转型风险评估。

另一类是物理风险和转型风险敞口数据。物理风险敞口方面，一是缺乏公司的资产和活动所在地信息，特别是经营活动、经营环境和供应链方面的信息，对于在多地运营的大型公司的物理风险敞口评估面临不确定性。二是缺乏物理风险对宏观经济的影响以及风险在不同行业间传导的数据，不利于对企业物理风险敞口进行全面评估。三是企业为保护自身及资产免受物理风险影响会采取一些适应性措施，这方面的数据有限且难以量化。转型风险敞口方面，则存在数据缺乏一致性的问题，因为缺乏气候相关风险的标准度量指标，不同规模、行业、地区和经营范围的公司对温室气体排放数据的披露差异明显。主权国家转型风险敞口的数据也较为有限，不利于评估经济低碳转型对政府财政的影响。

此外，气候风险评估的时间跨度长，需考虑金融机构的资产负债表在此过程中发生的变化，这也对相关数据提出了进一步的要求。使用动态资产负债表可提高压力测试结果的可信度，但受限于可得数据，目前压力测试大多采用静态资产负债表假设，即假设评估期间金融机构不对资产负债的构成进行主动调整。

与此同时，压力测试的模型也存在改进空间。一是压力测试模型未充分考虑不同机构气候变化应对行动的相互影响。随着物理风险增加，保险公司可能缩小承保范围，这可能导致银行部分抵押贷款风险增加，从而增加银行业的脆弱性。已有部分央行在压力测试时考虑到这一因素，法国央行在压力测试时就考察了银行和保险公司压力测试结果报告的一致性，包括评估银行对其抵押贷款投保水平的估计是否与保险公司考虑到气候风险后确定的承保范围一致。

二是压力测试模型未充分考虑金融机构应对气候变化风险的行动可能带来的反馈效应。为了降低气候风险，银行可能会降低特定行业的贷款，保险公司也将调整承保范围，这些都可能拉低经济增速，反过来给银行和保险公司带来负面影响。

三是在采用"自下而上"的方式开展压力测试时，各银行由于关注重点不同，模型的输入变量也不同，有的银行关注环境、社会和治理问题，有的银行仅关注气候或环境问题。模型输入变量的差异也影响了压力测试结果的可比性。

正是基于上述原因，目前央行及监管当局暂未将测试结果用于对金融机构施加新的监管要求，而主要是通过气候压力测试来加强各方对气候变化影响的理解。这是因为压力测试的结果及其对监管指标的影响很大程度上取决于情景假设和模型选择，在将结果应用于监管实践之前，需要首先解决结果的准确度和可信度问题。英格兰银行在其压力测试的说明文件中明确表示，压力测试仅是探索性研究，不会据此对金融机构设置相应的资本要求。但也有部分央行的官员态度相对积极，欧洲央行执行委员会成员、NGFS主席弗兰克·埃尔德森就曾公开表示，欧洲央行将考虑提高对气候风险较高银行的资本金要求。国际金融协会认为，将评估结果用于设置资本要求应首先满足以下前提条件：一是加强对风险传导渠道的理解，并进一步完善气候变化风险数据及风险工具；二是应进一步完善数据质量及压力测试模型的验证环节。从现状来看，预计未来几年上述前提条件不太可能满足，但监管当局可先通过"监管沙箱"的方式进行尝试。

总的来看，各国气候压力测试仍处于探索尝试阶段，但相关行动已经明显提速。未来，以下几个方面的工作将有助于进一步完善气候压力测试。

一是弥补数据缺口，各国可推动金融机构和企业实现信息共享，同时加强金融机构与公共部门的合作，从而解决数据缺口问题，进一步提高气候风险评估的准确性。在相关数据完备之前，各央行也可考虑同时使用多个数据源的数据进行分析，并对比测试结果，提高压力测试结果的可信度。

二是不断完善气候压力测试的情景设置和模型开发，推动形成统一的气候压力测试的方法论。目前各央行进行压力测试时选用的模型不同，特别是在评估气候变化对宏观经济的影响时，模型设计存在较大差异，影响了结果的可比性。但简单套用同一个模型也存在问题，需进一步研究如何更好地设定参数。同时在模型设计上，应充分考虑不同机构气候风险应对措施之间的相互影响及反馈效应。

三是各主要国际机构和国际平台均在推进压力测试相关工作，各方可在模型开发、指标选择等方面做好研究成果分享，加强能力建设。BIS、IAIS、NGFS 及 SIF 等国际组织于 2021 年 7 月 9 日宣布，将搭建气候培训联盟，在线为各央行和金融监管机构提供气候风险培训资料。各央行和金融监管机构可借助类似平台加强分享与沟通。

第十一章

绿色金融实践之一：
多边开发机构

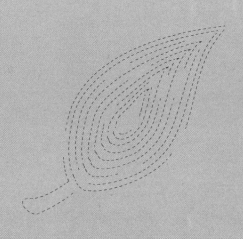

多边开发机构（以下简称开发机构）是《巴黎协定》的重要落实机构。在全球气候治理共识的推动下，开发机构将发展绿色金融纳入自身长期战略，通过金融手段调控能源消费模式和绿色转型，绿色投资规模快速增长。本章将介绍开发机构绿色金融发展历程、主要举措以及未来挑战。在这一进程中，开发机构进一步明确了绿色投融资标准，发行了绿色债券，建立了绿色联合融资机制，为各国实现 NDC 提供了技术援助，并积极参与应对气候变化的国际协调。中国与开发机构在绿色发展方面开展了密切合作，积极支持发展中国家加快绿色转型。

一、开发机构绿色金融发展历程及现状

《巴黎协定》为全球减排努力设定了法律框架，也开启了开发机构发展绿色金融的任务挑战。虽然各国在履行减排承诺问题上面临的国内阻力和显现的决心不同，但各方对推动开发机构履约并无分歧。因此，《巴黎协定》成为开发机构加速发展绿色金融的催化剂。下面分两个阶段回顾开发机构的绿色实践进程。

一是《巴黎协定》签署前阶段（2011—2015年）。2011年，世界银行、欧洲投资银行（EIB）、欧洲复兴开发银行、亚洲开发银行、非洲开发银行和泛美开发银行（IDB）6家开发机构做出集体承诺，决定每年发布《开发机构气候融资联合报告》，追踪针对新兴经济体的绿色投资，拉开了开发机构绿色金融集体行动的序幕。在这一阶段，开发机构面临的主要问题是探索绿色投资的定义标准与运营模式，逐步细化绿色投资数据披露内容。在缺乏明确绿色指引的情况下，主要开发机构绿色投资增速出现分化，但总体增长缓慢，每年总规模为250亿~300亿美元。

二是《巴黎协定》通过后的快速增长阶段（2015年至今）。2015年《巴黎协定》通过后，开发机构陆续发布绿色战略文件（见表11-1），将落实绿色发展理念、支持成员国绿色转型的量化目标纳入自身中长期发展规划，承诺到2020年将绿色投资年度规模增加至560亿美元。6家主要开发机构年度绿色投资的目

表11-1　主要开发机构绿色战略概况

机构	发布时间	主要承诺/目标设定	2020年更新情况
世界银行	2016年	1. 设置了28%的绿色投资占比目标 2. 帮助发展中国家增加3 000万千瓦可再生能源 3. 为15个国家建立气候变化早期预警系统 4. 协助40个国家制订绿色农业投资计划，协助50个国家制订森林保护计划	1. 将绿色投资占比目标提升至35% 2. 将可再生能源目标增加至3 400万千瓦 3. 为50个国家改善早期预警系统
欧洲投资银行	2015年	1. 设置了35%的绿色投资占比目标 2. 将应对气候变化列入首要发展任务 3. 承诺所有投融资活动都与《巴黎协定》保持一致	1. 将绿色投资占比目标提升至50% 2. 承诺在2021年底前终止化石燃料项目投资

机构	发布时间	主要承诺 / 目标设定	2020 年更新情况
欧洲复兴开发银行	2015 年	1. 设置了 35% 的绿色投资占比目标 2. 承诺将逐步推进整体战略同《巴黎协定》保持一致	1. 将绿色投资占比目标提升至 50% 2. 提出加速推动绿色供应链、绿色数字解决方案等新领域，加大在政策制定领域的参与力度，增加量化目标，如每年至少减排 2 500 万吨温室气体
亚洲开发银行	2017 年	1. 设置了 2019—2030 年绿色投资累计达到 800 亿美元的目标 2. 提出增加绿色投资、推进减排步伐、提高应对气候变化的能力、提高环境可持续性、关注"水—粮食—能源"纽带五大目标	
非洲开发银行	2015 年	1. 设置了 40% 的绿色投资占比目标 2. 帮助非洲能源部门减排温室气体 2 250 万吨，将电力耗损率从 15% 降至 10% 以下，保障 77.5% 的非洲人能够安全用水，并增加绿色就业 470 万人次	
泛美开发银行	2015 年	1. 设置了 30% 的绿色投资占比目标 2. 承诺增加绿色投资，改进项目的气候风险评估方法，帮助成员国提高应对气候变化的能力	1. 补充部分定量目标，如农林及土地改善类项目占比高于 10%，自身运营排放的温室气体低于 9 600 吨

标分别为，世界银行 160 亿美元、欧洲投资银行 200 亿美元、欧洲复兴开发银行 40 亿美元、亚洲开发银行 60 亿美元、非洲开发银行 50 亿美元、泛美开发银行 50 亿美元。自 2015 年以来，开发机构绿色投资连续 5 年快速增长，累计增加 53.5%，到 2020 年绿色投资规模已达到 660 亿美元（见图 11–1）。

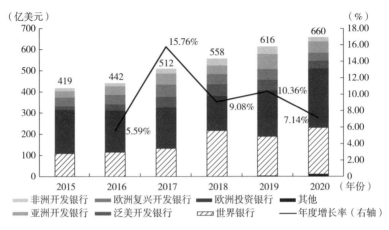

图 11-1　主要开发机构绿色投资规模

资料来源：开发机构官网，《开发机构气候融资联合报告》（2015—2020 年）。

从机构规模看，欧洲投资银行和世界银行是绿色投资力度最大的两家开发机构。2020 年，欧洲投资银行绿色投资达 278.6 亿美元，同比增长 28.6%，占开发机构绿色投资总额的 42.2%。世界银行绿色投资为 220.2 亿美元，同比增长 17.0%，占开发机构绿色投资总额的 33.3%。这两家开发机构绿色投资规模远超其他机构。以欧盟 28 个成员国为主要股东的欧洲投资银行走在前列，是对欧盟零碳愿景的回应。而世界银行对绿色投资的支持绝对规模高，与其自身资金总量不无关系。亚洲开发银行、欧洲复兴开发银行、泛美开发银行和非洲开发银行绿色投资规模分别为 53.3 亿美元、38.6 亿美元、34.3 亿美元和 20.9 亿美元（见表 11-2）。

从国家类别看，绿色投资主要投向中低收入国家。2020 年，开发机构向中低收入国家共提供 380 亿美元绿色投资，占绿色投资总额的 57.6%。世界银行是向中低收入国家提供绿色投资的最主要机构，向中低收入国家提供的绿色投资达 213 亿美元，占所有开发机构的56.1%。欧洲复兴开发银行、亚洲开发银行、非洲开发银行等机构的借款国为区域内转型国家和中低收入国家，因此这些开发机构绿色投资的支持对象也以发展中国家为主。只有欧洲投资银行约90%的绿色投资投向高收入国家，是唯一主要以高收入国家为投向的开发机构。

表11-2　主要开发机构2020年绿色投资情况

机构	投资额（亿美元）	占比（％）	同比（％）
欧洲投资银行	278.6	42.2	28.6
世界银行	220.2	33.3	17.0
亚洲开发银行	53.3	8.1	−25.4
欧洲复兴开发银行	38.6	5.8	−22.0
泛美开发银行	34.3	5.2	−32.0
非洲开发银行	20.9	3.2	−41.7
其他	14.6	2.2	210.6
总规模	660.5	100.0	7.3

　　从地区分布看，欧盟国家是开发机构绿色投资最多的区域。开发机构绿色投资主要投向欧盟地区、撒哈拉以南非洲地区、南亚地区、拉丁美洲地区以及东亚和太平洋地区（见图11-2）。欧盟排在第一的原因是，欧洲投资银行作为绿色投资规模最大的开发机构，主要在欧盟国家开展投资业务。其他地区的排名则反映了全球发展援助的重点，非洲成为不同开发机构优先关注的地区。

　　从资金来源和投向看，资金来源以开发机构自有资金为主，主要投向公共部门项目。95.6%（631.1亿美元）的绿色投资来自各开发机构自有资金渠道，包括留存收益、成员捐资、发行绿色债券等；4.4%（29.3亿美元）来自外部融资渠道，主要是开

发机构与其他国家开展的联合融资。多数开发机构绿色投资以公
共部门项目为主，整体占比70.7%。只有欧洲复兴开发银行的业
务重心偏向私人部门，有63%的资金投向私人部门。

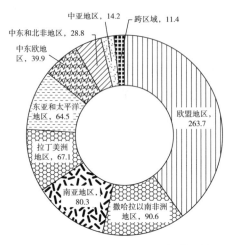

图11-2　开发机构绿色投资的地区分布（单位：亿美元）

二、开发机构绿色金融发展举措

　　在绿色战略框架的指引下，开发机构推动绿色金融发展的方
式更加多元。主要举措包括确立绿色投资标准、发行绿色债券、
建立联合融资机制、提供技术援助和参与气候变化国际协调等。
　　一是确立绿色投资标准。欧洲投资银行依照《欧盟可持续金
融分类法案》，通过正面清单的方式进行评估，具体包括"对某
项环境目标有重大贡献""对其他环境目标无重大危害""最低社
会保障要求"三类要求；欧洲复兴开发银行根据其董事会批准的
《环境和社会政策相关绩效要求》对项目进行审查，将臭氧生产、

杀虫剂生产等 13 类项目纳入负面清单，炼油厂、铁路铺设等 32
类可能对环境产生影响的项目需根据实际判定。在此标准下，开
发机构主要投向减缓气候变化和适应气候变化两类项目，特别是
能源和交通等领域。如图 11-3 所示，2020 年主要开发机构减缓
气候变化类绿色投资占比前三的领域分别为交通（26.0%）、可
再生能源（23.8%）和能源提效（23.7%）。

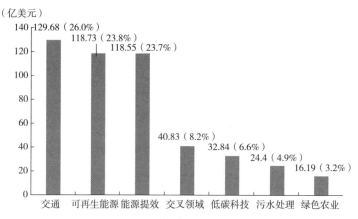

图 11-3　2020 年开发机构绿色投资主要领域

资料来源：开发机构官网。

　　二是发行绿色债券。开发机构是绿色债券的先行者，最早探
索通过发行绿色债券，为发展中国家绿色产业发展募集低成本资
金。全球首只绿色债券是欧洲投资银行于 2007 年 6 月发行的 6
亿欧元气候意识债券（Climate Awareness Bond）。虽然首只绿色
债券发行金额不高，但其示范效应明显。气候意识债券成功后，
国际绿色债券市场得以迅速发展。据统计，截至 2020 年，全球
绿色债券累计发行规模已超 1 万亿美元（见图 11-4），其中开发
机构累计发行规模为 1 588 亿美元，占比为 16%（见图 11-5）。

欧洲投资银行、世界银行、欧洲复兴开发银行、亚洲开发银行和
非洲开发银行 5 家主要开发机构累计发行了覆盖超 20 个币种、
规模约 700 亿美元的绿色债券（见表 11-3），成为各自所在地区
最活跃的绿色债券发行机构。

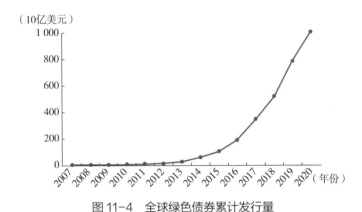

图 11-4　全球绿色债券累计发行量

资料来源：CBI。

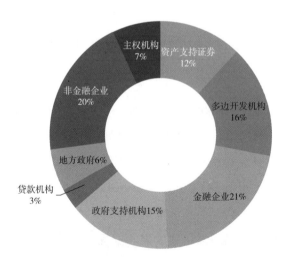

图 11-5　绿色债券各发行方累计发行量占比统计

资料来源：CBI。

表 11-3　5 家主要开发机构发行绿色债券情况

机构	参与绿债市场的时间	累计绿债规模	覆盖币种（种）
欧洲投资银行	2007 年	346 亿欧元	16
世界银行	2008 年	130 亿美元	20（含人民币）
欧洲复兴开发银行	2010 年	52 亿欧元	8
亚洲开发银行	2015 年	83 亿美元	11
非洲开发银行	2013 年	26 亿美元	3

资料来源：开发机构官网。

三是建立联合融资机制。根据《开发机构气候融资联合报告》的数据，2020 年，主要开发机构以 660 亿美元的绿色投资，撬动其他部门融资 851 亿美元用于支持绿色可持续发展，其中，同私人部门联合融资 317 亿美元，同公共部门联合融资 534 亿美元。提供联合融资的合作伙伴包括非洲、拉丁美洲等地区的受援国当地政府（260 亿美元），绿色气候基金（GCF）等国际组织（64 亿美元），德国复兴信贷银行等其他开发机构（90 亿美元），以及中国、美国、法国等援助国政府（20 亿美元）（见表 11-4）。在双边机制外，开发机构还致力于搭建多边融资平台以促进绿色投资发展。2017 年，世界银行同联合国合作成立气候投资平台，旨在为各国政府、金融机构、投资者等参与绿色投资提供支持。欧洲复兴开发银行设立了绿色经济融资平台，目前已搭建出覆盖26 个成员国、由 140 多家金融机构组成的贷款网络，能够为绿色项目提供转贷服务及技术支持。

表 11-4　主要开发机构气候联合融资情况

类别	金额（亿美元）	占比（%）
公共部门联合融资	534	62.8
1. 受援国政府（非洲、拉丁美洲等地区的受援国）	260	30.6
2. 援助国政府（中国、美国、法国等援助国）	20	2.4
3. 其他开发机构（德国复兴信贷银行等）	90	10.6
4. 国际组织（绿色气候基金等）	64	7.5
5. 其他（社保基金等）	100	11.8
私人部门联合融资	317	37.2
联合融资总规模	851	100.0

资料来源：《开发机构气候融资联合报告》（2020 年）。

　　四是提供技术援助。开发机构提供咨询服务和支持技术研发，在推动发展中国家实现 NDC 承诺方面发挥了重要作用。非洲开发银行帮助非洲国家从绿色气候基金等国际组织获取绿色资金，并建立非洲国家自主贡献中心（Africa NDC Hub），支持非洲国家将 NDC 纳入长期规划；欧洲复兴开发银行创立气候变化技术和金融交易中心以支持成员国进行绿色技术研发，资金主要来自全球环境基金及欧盟捐资，每项技术可获得最多 50 万美元的资金支持，目前已有 17 个国家参与，主要为高加索及中亚地区的早期转型国家。

　　五是参与气候变化国际协调。除推动和成员国、其他国际组织的政策协调外，世界银行、欧洲投资银行、欧洲复兴开发银行、亚洲开发银行、非洲开发银行、泛美开发银行、伊斯兰开发银行（IsDB）和亚洲基础设施投资银行（AIIB）8 家开发机构专门组建了气候变化工作组，加强开发机构间的协调。气候变化工作组每年轮换一次主席，2021 年由亚洲开发银行负责。工作组每年 4 月、10 月各召开一次会议，并代表开发机构参与 G20、联合国气候大会的讨论。

2011 年，开发机构开始每年发布《开发机构气候融资联合报告》，披露开发机构在气候变化、《巴黎协定》落实等方面取得的工作进展。此后，开发机构不断完善自身绿色投资数据披露，于 2014 年将开发机构与其他机构的联合气候融资情况纳入报告，于 2019 年将在发达国家开展绿色投资的数据纳入统计。

2015 年，开发机构与 IDFC 共同发布了《关于减缓气候变化和适应气候变化融资的共同原则》，目的是统一不同开发机构绿色投资数据统计和披露的标准。开发机构均表示将以共同原则为基础，提高数据披露透明度，并逐步解决不同开发机构数据统计方法中存在的分歧。

同年，开发机构在 UNFCCC 第 21 次缔约方大会上，公布了促进自身投资业务符合《巴黎协定》要求的指导原则与方法，指出开发机构需要采取的六大行动，包括减缓气候变化、适应气候变化、通过气候融资加快绿色转型、政策制定、数据报告和增强内部治理，并由不同开发机构牵头推进（见表 11-5）。

表 11-5　开发机构分工情况

重点工作领域	牵头开发机构
减缓气候变化	欧洲复兴开发银行
适应气候变化	欧洲投资银行、伊斯兰开发银行
通过气候融资加快绿色转型	世界银行
政策制定	世界银行、欧洲复兴开发银行、亚洲开发银行
数据报告	欧洲复兴开发银行
增强内部治理	非洲开发银行

2017 年 4 月，开发机构联合发布了《引导私人部门投资的数据披露指引》，明确了披露开发机构与私人部门联合融资情况的统计方式和分类标准。

2019 年 12 月，开发机构和 IDFC 联合发布了《增强气候韧性融资的框架与原则》，明确了开发机构增强气候韧性项目评价指标的核心概念，从项目设计、资源投入、项目运营和项目影响等方面度量融资项目在增强气候韧性方面的效果。

2021 年，G20 可持续金融工作组提出，开发机构应加强自身业务的低碳转型，发挥开发性资金优势，提供风险缓释工具，为市场资金支持发展中国家可持续投资创造条件，并向发展中国家减排提供技术和资金支持。

开发机构参与气候变化国际协调大事记如图 11-6 所示。

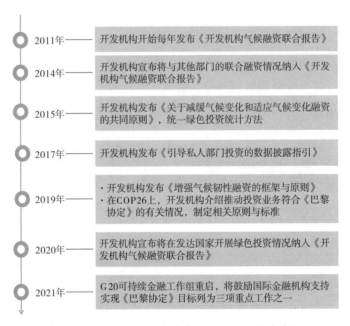

图 11-6 开发机构参与气候变化国际协调大事记

三、开发机构的差异化绿色金融发展特点

不同地区的开发机构在绿色战略目标和发展举措上总体方向一致，但在各自开展绿色投资时重点不同，要契合当地绿色金融发展需要。总体来看，欧洲地区开发机构致力于高端绿色升级和绿色转型，以及改善城市生产生活和消费模式。亚非拉地区开发机构的绿色战略则主要着眼于中低端发展和气候变化应对问题，以应对灾害、发展农业和基础设施等作为绿色投资优先事项（见表11-6）。

表11-6 不同地区开发机构的差别化绿色投资战略

地区	地区特点问题	绿色投资战略
西欧	对生产生活减排需求大，消费方式有待升级	绿色消费、绿色生活项目
中东欧	市场化转型过程中产生高能耗、高排放	能源提效、清洁能源
亚洲	缺乏基础设施、灾害频发	绿色基础设施、灾后援助
非洲	经济以农业为主、依赖大宗商品出口	智慧农业、清洁能源
拉美	森林砍伐严重	森林资源管理

具体来看，西欧地区高度关注气候变化问题，对生产生活减排升级的需求较大，消费方式也在向绿色转型。西欧地区开发机构的绿色投资更加侧重于升级绿色消费模式和支持绿色前沿技术应用，包括物资的回收利用、能源的高效使用，以及减少对环境的破坏等。欧洲投资银行的项目主要投向欧盟国家，2020年投向欧盟外的资金仅占13%。欧洲投资银行于2018年同法国开发署、德国复兴信贷银行共同提供20亿欧元资金发起"海洋清洁倡议"，并且每年投资数十亿欧元应对微型塑料垃圾对海洋的影响。在农业领域，欧洲投资银行更加注重投资数字农业，力图将

区块链等数字技术引入农业生产及物流，降低农业生产的污染。此外，欧洲投资银行还注重投资绿色生活类项目，仅在巴塞罗那就开展了 40 多个项目，以改善当地环境、提高生活质量。

中东欧地区致力于实现市场化绿色转型，解决严重的高能耗、高碳排放问题（GDP 仅占全球 6%，温室气体排放量却占全球 11%）。开发机构关注该地区的能源提效及清洁能源领域。欧洲复兴开发银行在 2006 年提出能源可持续倡议，旨在通过加强同政府、私人部门的合作提高清洁能源投资力度。目前欧洲复兴开发银行能源类投资已占绿色投资总规模的 30% 以上，占比最高，风电、水电、生物电、太阳能等项目除覆盖中东欧以外，还延伸至中亚、北非等地区。

亚洲地区基础设施落后且灾害频发，需要解决气候脆弱性问题。亚洲地区开发机构对灾害应对以及提供灾后援助尤为重视。根据亚洲开发银行的估算，由于地理环境与气候的差异，亚洲遭受地震、洪水等自然灾害的概率是非洲的 4 倍，是北美洲与欧洲的 25 倍。同时，经济增长吸引大量人口涌入城市，但部分亚洲城市的基础设施并不足以满足不断增长的城市人口需求。一旦灾害来临，造成的损失更大，因此，最近 30 年全球自然灾害产生的经济损失中亚洲地区占比接近一半。对此，亚洲开发银行在 20 世纪 80 年代便开始专注于灾害应对问题，累计批准 222 个抗灾类项目，涉及资金 103 亿美元，占绿色投资总规模的 30% 左右。亚洲开发银行于 2009 年成立亚太灾害响应基金，为成员国应对重大自然灾害提供快速贷款，至今已批准 27 笔贷款，覆盖南亚洪水、东南亚海啸、中亚严冬等灾害项目。

非洲地区的经济仍以农业发展为重点，依赖石油等大宗商品出口，在绿色投资方面以支持绿色农业和清洁能源方面为主。世界银行和非洲开发银行在非洲主要投资清洁能源及智慧农业等领域。世界银行在非洲制订了惠及 20 个国家的综合景观管理计划、帮助改善 1 000 万农民生计的气候智慧农业计划以及将发电能力从 2 800 万千瓦提升至 3 800 万千瓦的可再生能源计划。非洲开发银行将推广气候智慧农业确定为其适应气候战略的主要目标之一，致力于发展精准滴灌等能够应对旱灾等气候灾害的农业生产方式。非洲开发银行在农业升级领域的投资占其绿色投资的 26%。

拉美地区拥有世界最大的亚马孙雨林，需要解决滥砍滥伐问题，而区内国家对气候变化的重视程度较低。泛美开发银行绿色投资起步较晚，投向森林保护的资金较多。截至 2019 年，泛美开发银行绿色投资累计仅为 200 亿美元，在 2021 年 1 月才迟迟公布履行《巴黎协定》的时间表和路线图，进度落后于其他机构。目前泛美开发银行绿色投资主要投向墨西哥（15%）、阿根廷（15%）、巴西（14%）等区内大国。同时，由于拉美地区森林资源丰富，泛美开发银行投向森林资源管理领域的资金比例高于其他机构，达到 22%。

四、中国与开发机构的绿色金融合作

一是利用联合融资机制，跟投开发机构绿色项目。中国与 IFC、非洲开发银行、泛美开发银行分别建立了 30 亿美元、20 亿美元、20 亿美元的联合融资机制，与欧洲复兴开发银行建有 2.5 亿欧元的股权参与基金。近年来，联合融资资金更多投向污水处理、能源提效等绿色项目领域。例如，中国人民银行与非洲开发银行联合成立的非洲共同增长基金（AGTF），投资了 5 000 万美元的安哥拉能源提效项目和 1 000 万美元的加蓬水电站项目等，支持非洲国家实现能源提效、减少发电过程的碳排放。

二是吸引开发机构资金，促进中国绿色金融发展。2016 年，亚洲开发银行提供 4.58 亿欧元资金支持，与中国投融资担保股份有限公司合作建立了促进可持续发展的绿色融资平台，利用增信担保和金融机构转贷等形式，吸引更多商业资金投资，为北京、天津、河北、河南、山东、山西、辽宁、内蒙古 8 个省区市的节能减排、清洁能源、绿色交通、废弃物能源化利用等项目提供金融服务，促进改善北京、天津、河北的空气质量。

三是合作发行绿色债券。2016 年，新开发银行在中国银行间债券市场发行 30 亿元人民币绿色债券。2018 年，中国人民银行与泛美开发银行和 CBI 联合发布了绿色熊猫债指南，明确发行流程、信息披露等要求，为境外机构发行人民币计价的绿色债券提供指引。

四是开展绿色能力建设和绿色研究项目。中国人民银行与 IMF 联合成立了"中国 –IMF 能力建设中心"，为发展中国家学员提供包括绿色金融在内的相关培训。中国人民银行与欧洲复兴开发银行于 2019 年签署了加强第三方市场合作的谅解备忘录，进一步深化双方在中东欧、中亚地区的绿色投融资合作。同年，中国人民银行还与欧洲复兴开发银行合办了"欧亚绿色转型"国际研讨会，为中东欧国家落实《巴黎协定》和实现绿色转型目标提供政策建议。

五、开发机构绿色金融发展的不足之处与未来展望

一是开发机构间绿色协作不足，资源利用效率有待提高。G20可持续金融工作组指出，开发机构现有绿色投资规模与增速和实现《巴黎协定》可持续发展目标仍存在巨大差距。一方面，不同开发机构业务地域存在重叠，投资重叠导致的效率低下及不健康竞争屡见不鲜，阻碍了绿色资源的最优化配置。另一方面，开发机构虽然已在数据披露等领域开展合作，但是各机构的绿色投资定义及统计方法仍存在差异。现有的绿色投资数据披露只集中于直接投资项目，对开发机构从事的金融中介和咨询业务的环境影响评估仍有待加强。

当前开发机构间加强绿色合作的重点应放在建立绿色信息共享机制、增强机构间融资合作以协调资源分配上，这样才能提高绿色投资的效率。开发机构还可以在政策研究、项目管理、金融产品创新等领域形成合力，如世界银行、加勒比开发银行、北欧投资银行（NIB，丹麦、挪威、瑞典、芬兰、冰岛五国于1976年成立）都关注岛屿国家的绿色发展，可在蓝色债券即投资海洋保护的绿色债券领域加强合作。此外，开发机构还可推动绿色标准的趋同工作，打破不同开发机构在绿色项目界定和认证机制方面的障碍，促进绿色跨境跨地区投资。

二是私人部门资金参与率偏低，开发机构的资金撬动作用仍有提升空间。根据国际可再生能源署的统计，为实现2030年气候发展目标，每年绿色投资规模需达到7 000亿美元，但2020年主要开发机构绿色投资仅为660亿美元，供求之间还存在巨大缺口。开发机构虽然已有引导私人部门资金的战略安排，但实

际真正撬动的商业化、市场化资金有限。开发机构绿色投资的
76.4% 是绿色贷款，为第三方提供的绿色担保仅占绿色投资总额
的 2.9%（见图 11-7），在投资非洲、拉丁美洲等欠发达地区的
项目时，仍以提供优惠贷款为主，项目经济效益偏低导致私人部
门参与率较低。

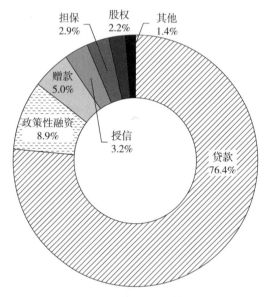

图 11-7　主要开发机构绿色投资形式

资料来源：开发机构公开披露数据。

开发机构拥有成员国的外部资金支持，比借款国主权信用评
级更高，应充分利用评级高的优势，与私人部门在绿色投资方面
加强合作，重点为发展中国家环境、社会和公司治理的项目提供
可持续的资金支持。同时，开发机构应重点提高风险管控能力，
创新担保增信工具，丰富绿色投融资工具种类，设置合理的收益
激励机制，提高绿色投资项目的经济效益，为吸引私人部门投资

创造条件，将发展中国家潜在的绿色投资机会转化为能够吸引国际和国内市场私人部门资金的银行项目。

三是绿色发展同经济效益未能兼收并蓄，在发展策略上应兼顾并举。首先，部分开发机构在推进绿色战略时缺乏过渡安排，引发受援国不满。非洲开发银行因环保原因突然直接叫停对肯尼亚拉姆电站和南非国家电力公司的贷款项目，引发非洲国家广泛批评。其次，开发机构照搬发达国家经验时容易水土不服，新增项目同当地禀赋不契合，导致投资项目期限过长、前期投资过大。非洲开发银行在莫桑比克等地推行可再生能源项目时受到电力输送网络掣肘，项目难以达到预期效果。最后，严格的绿色标准将降低绿色项目的融资可获得性，使那些本就较落后、环境风险较高的地区难以获得融资。

开发机构应注重因地制宜，兼顾受援国发展现状，实现绿色投资社会效益的最大化，支持发展中国家制定绿色金融政策框架，为实现 NDC 承诺设计可行的路线图，努力探索低碳高效的增长路径。一方面，要做好绿色转型规划和投资项目管理，有序地退出高污染投资领域，妥善处理可能产生的失业、收入减少、产业转型等社会问题。另一方面，在能力建设和绿色金融产品创新等方面为成员国提供技术支持，在兼顾各国发展的基础上制定可持续的项目规划，实现经济效益和社会效益、生态效益的统一。

四是绿色金融发展遭到疫情冲击挑战。2020 年以来，新冠肺炎疫情在全球迅速蔓延，严重冲击各国的经济发展及社会稳定。一方面，开发机构积极应对疫情，世界银行、非洲开发银行、泛美开发银行分别推出 120 亿美元、100 亿美元、170 亿美元的抗疫救助计划，客观上分散了原先计划投向绿色转型的资金。在不计算抗疫贷款的情况下，非洲开发银行、亚洲开发银行、泛美开发银行和亚洲基础设施投资银行的绿色投资占比将分别上升至44%、25%、30%和41%。另一方面，全球的抗疫封锁措施也导致部分绿色投资项目陷入停工停产状态，造成工期延误和资源浪费。

当前全球已进入经济复苏周期，开发机构应抓住后疫情时代发展机遇，助力发展中国家实现绿色复苏。全球适应委员会（GCA）估计，在预警系统、气候适应性基础设施、改良旱地农业等领域投资1.8万亿美元，可产生7.1万亿美元的社会和环境效益。开发机构应继续加大清洁能源、气候智慧农业、绿色城市和绿色基建等行业的投资，帮助受援国走上绿色可持续发展道路。

第十二章

绿色金融实践之二：
各国绿色金融市场的发展

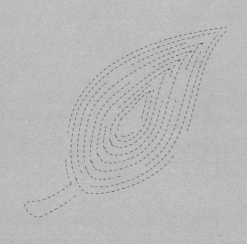

绿色金融市场涵盖绿色信贷、绿色债券、绿色基金、绿色保险等内容。我国绿色金融市场尽管起步晚于发达国家，但得益于积极的政策引导，近年来发展势头迅猛，特别是绿色信贷和绿色债券规模已位居世界前列，相对而言，绿色基金和绿色保险仍处于发展初期，第三方评级和认证也有待进一步完善。从发展路径看，与发达国家"自下而上"的模式不同，我国形成了"自上而下"与"自下而上"相结合的特色。本章对国内外绿色金融市场的发展进行了梳理和比较，提出了加快我国绿色金融市场发展的思考和建议。

一、绿色信贷市场发展

绿色信贷主要是指银行通过将气候和环境因素融入信贷决策和管理流程，对支持环境改善、应对气候变化、资源节约高效利用等经济活动加大信贷支持的金融服务。

国际绿色信贷通常指金融机构符合"赤道原则"的信贷活动。花旗集团等金融机构自1997年开始探索建立环境与社会风险管理体系，加大对可再生能源的信贷投放。2003 年 6 月，花旗集团、荷兰银行和巴克莱银行等共同发起"赤道原则"，要求银行根据信贷项目的环境风险程度进行分类，对于环境风险较高的贷款项目提供"环境评估"报告，成为国际银行业提供绿色信贷的规范性文件。此后，"赤道原则"获得了大量金融机构的自愿支持，截至 2021 年 6 月末，已有来自 37 个国家的 118 家金融机构签署。

近年来，国际绿色信贷规模快速增长，欧洲和亚太地区尤为活跃。根据环境金融（Environmental Finance）的统计，2019 年国际绿色信贷规模约为 291 亿美元，欧洲市场占比超过六成，其次是亚太（不含中国）和美洲。2020 年受新冠肺炎疫情影响，国际绿色信贷规模下降至 165 亿美元，但仍高于疫情前 2018 年的水平，显示出绿色信贷市场具有较为广阔的前景。从资金用途看，据 IFC 统计，国际绿色信贷的 41% 用于支持绿色建筑，15% 用于发展清洁能源。

与国际上金融机构自发开展的路径不同，我国绿色信贷的发展得益于政策设计和市场参与的双向推动，形成了全国推进与地区试点并行的格局。2007 年，国家环境保护总局、中国人民银行和银监会联合发布了《关于落实环保政策法规防范信贷风险的意见》，提出绿色信贷的应用方式和范围，标志着绿色信贷这一重要绿色金融工具在我国正式启用。2012—2015 年，银监会从公司治理、信贷流程、信息披露等方面对银行机构开展绿色信贷做出规定。并于 2016 年后逐步完善顶层设计、考核评价和约束激励机制等政策（见图 12-1）。特别是中国人民银行在中期借贷便利（MLF）担保品范围中纳入绿色信贷，对银行开展绿色信

贷形成有效的激励。同时，各地绿色金融改革创新试验区就银行
再贷款、创新资本市场工具和绿色项目担保等创新性做法进行试
点，为在全国范围内推广积累了宝贵的经验。

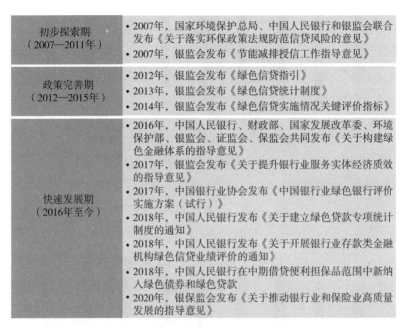

初步探索期 （2007—2011年）	• 2007年，国家环境保护总局、中国人民银行和银监会联合发布《关于落实环保政策法规防范信贷风险的意见》 • 2007年，银监会发布《节能减排授信工作指导意见》
政策完善期 （2012—2015年）	• 2012年，银监会发布《绿色信贷指引》 • 2013年，银监会发布《绿色信贷统计制度》 • 2014年，银监会发布《绿色信贷实施情况关键评价指标》
快速发展期 （2016年至今）	• 2016年，中国人民银行、财政部、国家发展改革委、环境保护部、银监会、证监会、保监会共同发布《关于构建绿色金融体系的指导意见》 • 2017年，银监会发布《关于提升银行业服务实体经济质效的指导意见》 • 2017年，中国银行业协会发布《中国银行业绿色银行评价实施方案（试行）》 • 2018年，中国人民银行发布《关于建立绿色贷款专项统计制度的通知》 • 2018年，中国人民银行发布《关于开展银行业存款类金融机构绿色信贷业绩评价的通知》 • 2018年，中国人民银行在中期借贷便利担保品范围中新纳入绿色债券和绿色贷款 • 2020年，银保监会发布《关于推动银行业和保险业高质量发展的指导意见》

图 12-1　我国主要绿色信贷政策

资料来源：各部门官网及作者整理。

在上述政策的推动下，我国绿色信贷规模逐年稳定增长。截
至 2021 年第一季度末，我国全行业绿色信贷规模突破 13 万亿元
（见图 12-2），位居世界第一。新冠肺炎疫情暴发后，我国绿色
信贷业务继续快速发展，2021 年第一季度同比增长近 25%，高
出各项贷款增速近 12 个百分点（见图 12-3）。不过从存量占比
上来看，目前我国绿色信贷占总贷款规模的比重为 7.22%，未来
仍有较大提升空间。

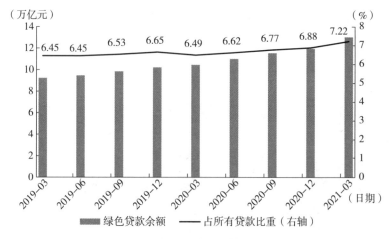

图 12-2　绿色信贷余额及绿色信贷占比

资料来源：中国人民银行。

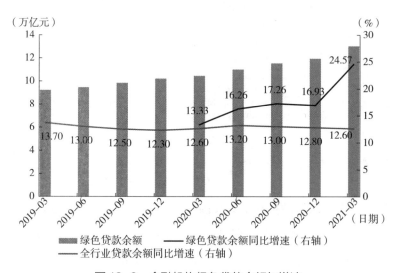

图 12-3　金融机构绿色贷款余额与增速

资料来源：中国人民银行。

近年来，我国绿色信贷呈现出投向多元、违约率低的特点。2007 年绿色信贷发展初期，主要用于环保、节能减排等领域，近年来，投向清洁能源、应对气候变化等领域的绿色信贷增速逐年提高。根据中国人民银行统计的贷款用途（见图12-4），2021年第一季度末，投向基础设施绿色升级（包括绿色建筑、城市轻轨、地铁、共享交通等）的贷款余额达到6.29万亿元（占比48%），清洁能源产业为3.40万亿元（占比26%），此外，包括生态环境、节能环保、清洁生产和绿色服务在内的其他绿色产业贷款余额为3.35万亿元（占比26%）。绿色信贷支持的低碳环保项目往往更符合国家的环境标准，贷款违约率较低。根据中国人民银行的统计，截至2020年末，我国绿色不良贷款余额为390亿元，不良贷款率为0.33%，比同期企业不良贷款率低1.65个百分点。

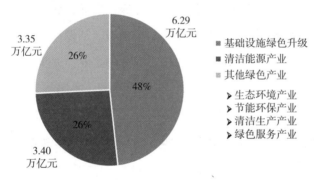

图12-4　2021年第一季度末绿色信贷分项余额及占比

资料来源：中国人民银行。

二、绿色债券市场发展

　　绿色债券是指募集资金专门用于符合规定条件、具备环境和气候效益的绿色项目，便于畅通企业绿色融资渠道，引导更多社会资本投向绿色低碳领域。

绿色债券最早由多边开发机构发行，随后商业金融机构逐步加入。如前文所述，欧洲投资银行于 2007 年发行了总规模达 6 亿欧元的气候意识债券，成为世界上第一只绿色债券。此后绿色债券发行主体一直以欧洲投资银行、世界银行及 IFC 等开发性金融机构为主，基本没有商业性金融机构参与。直到 2013 年，由于国际投资者对 ESG 投资日益看重，商业金融机构也开始发行绿色债券，带动市场规模快速增长。据 CBI 统计，截至 2020 年末，全球累计绿色债券发行量突破 1 万亿美元。其中，2020 年发行规模为 2 901 亿美元，较 2013 年增长 26 倍。

国际绿色债券的发行主体和债券种类也更为丰富。从资金用途看，近八成用于能源、绿色建筑和绿色交通，此外还用于水资源保护、垃圾处理、土地利用等多个领域。从发行主体看，绿色债券的发行人从最初的金融机构、非金融企业，逐步拓展到主权国家和地方政府，例如波兰、法国、韩国、泰国等逐步于 2016 年后发行绿色主权债。从债券类别看，汇丰银行于 2017 年发行全球首只转型债券，法国农业银行于 2019 年发行全球首只可持续挂钩债券。

欧洲是目前最大的绿色债券市场，美国以绿色市政债为主。截至 2020 年末，欧洲绿色债券累计发行 4 688 亿美元，占全球约 43%，并且发行主体多元，公共部门、企业、金融机构占比分别约为 40%、33%、25%。美国绿色债券累计发行 2 237 亿美元，占全球约 21%，并且以绿色市政债为主，私人部门绿色债券发展相对较慢，一些非金融企业出于对发行成本和程序的考量，不愿发行绿色债券。

与此同时，新兴经济体绿色债券规模也迅速增加。2012 年以来，已有 43 个新兴经济体的企业、金融机构或政府部门发行了绿色债券，累计发行量达 2 260 亿美元。2020 年，新兴经济体表现依旧强劲，共有 101 家发行机构发行了 174 只绿色债券，发行规模达 400 亿美元；除中国以外的新兴经济体绿色债券发行额增速为 21%，超过全球 17% 的水平。

我国绿色债券虽然起步相对较晚，但得益于政策完善和市场创新，实现了跨越式发展。2016 年以来，我国绿色债券发行规模有所上升（见图 12-5），每年发行量均超 2 000 亿元，目前累计发行规模超过 1.2 万亿元，跻身世界前列。

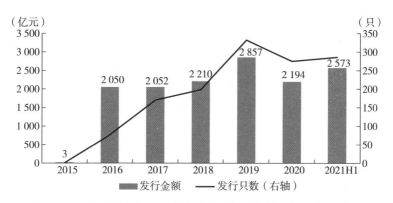

图 12-5　2016 年至 2021 年上半年我国绿色债券年度发行情况

注：H1 表示上半年。

资料来源：万得资讯，中金公司。

2015 年，中国人民银行发布公告，鼓励企业在银行间市场发行绿色债券，配合出台了《绿色债券支持项目目录（2015 年版）》，并于 2021 年 4 月进行了更新（见图 12-6），删除了煤炭等化石能源清洁利用的高碳排放项目，促进与国际接轨。为鼓励金融机构更多投资绿色债券，中国人民银行还于 2018 年将绿色债券与绿色信贷一道纳入中期借贷便利担保品范围。国家发展改革委、上海证券交易所、深圳证券交易所、中国银行间市场交易商协会、证监会等也发文指导绿色企业债、绿色公司债、绿色资产证券化产品、非金融企业绿色债务融资工具的发行。同时，各试点地区均出台了有关绿色债券的一些补贴政策（见表 12-1），探索合适的绿色债券激励机制。

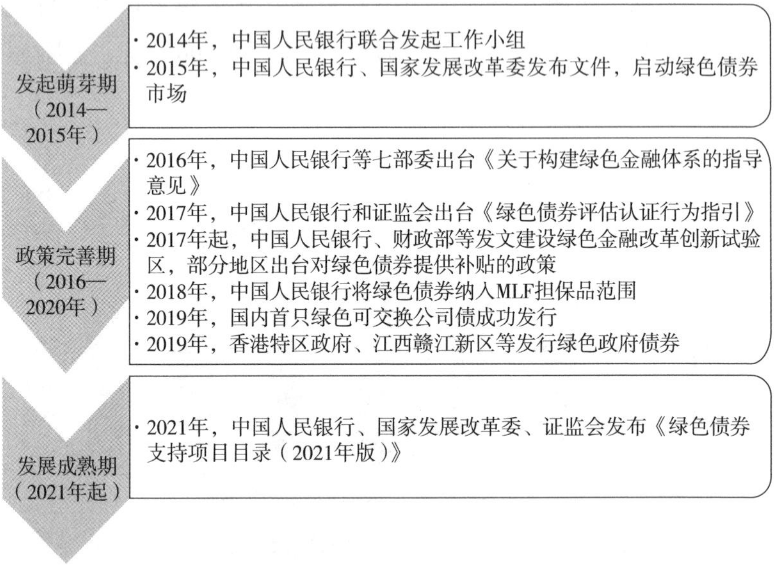

发起萌芽期（2014—2015年）	· 2014年，中国人民银行联合发起工作小组 · 2015年，中国人民银行、国家发展改革委发布文件，启动绿色债券市场
政策完善期（2016—2020年）	· 2016年，中国人民银行等七部委出台《关于构建绿色金融体系的指导意见》 · 2017年，中国人民银行和证监会出台《绿色债券评估认证行为指引》 · 2017年起，中国人民银行、财政部等发文建设绿色金融改革创新试验区，部分地区出台对绿色债券提供补贴的政策 · 2018年，中国人民银行将绿色债券纳入MLF担保品范围 · 2019年，国内首只绿色可交换公司债成功发行 · 2019年，香港特区政府、江西赣江新区等发行绿色政府债券
发展成熟期（2021年起）	· 2021年，中国人民银行、国家发展改革委、证监会发布《绿色债券支持项目目录（2021年版）》

图 12-6　绿色债券相关政策及发展阶段

表 12-1　多地出台绿色债券等金融工具的补贴政策

发布时间	地区	补贴类型	补贴内容
2018 年7 月 6 日	贵阳新区	直接补贴	对绿色信贷、绿色债券、绿色保险、绿色基金等，根据规模给予 500 万元、200 万元、100 万元等不同标准的奖励
2018 年8 月 9 日	南宁市	直接补贴	按照绿色债券发债期限及成本不同根据年度发行给予1%~3% 的债权融资额奖励，当年单户奖励最高不超过100 万元

发布时间	地区	补贴类型	补贴内容
2018 年 9 月 11 日	湖州市	直接补贴	按照贴标绿色债券实际募集金额的 1‰给予补助，每单债券补助不超过 50 万元
2018 年 10 月 10 日	江苏省	风险补贴、直接补贴、贴息补贴	（1）对中小企业绿色信贷提供担保的第三方担保机构担保额度在 1 000 万元以内的，按照其担保业务季均余额给予不高于 1% 的风险补偿，出现代偿后按照实际发生损失金额的 30% 给予风险补偿，单只债券最高补偿不超过 300 万元；（2）对绿色债券发行提供担保的第三方担保机构每只债券奖励 30 万元，同一担保机构每年奖励金额不超过 600 万元；（3）对成功发行绿色债券的非金融发债主体年度实际支付利息的 30% 进行贴息，持续时间 2 年，单只债券每年最高贴息不超过 200 万元
2019 年 1 月 8 日	深圳市	直接补贴	对成功发行绿色债券的企业，按照发行规模的 2%，给予单个项目单个企业最高 50 万元的补贴
2019 年 5 月 31 日	广州市黄埔区	直接补贴	对发行绿色债券的企业，债券存续期内按其实际付息额的 10% 给予贴息，同一笔债券业务补贴最长 3 年，单个企业每年最高 200 万元
2019 年 7 月 17 日	广州市	直接补贴	（1）企业在交易所市场、银行间市场新发行绿色债券，按照发行费用的 10% 给予最高不超过 100 万元的一次性补贴；（2）在区域性股权市场新发行绿色债券，按照发行费用的 20% 给予最高不超过 100 万元的一次性补贴
2019 年 11 月 8 日	吉林省	风险补贴、直接补贴	（1）政府对金融机构向绿色项目库中的优质项目发放贷款或发行债券等投融资行为予以奖励、补贴或风险补偿；（2）引导融资担保机构设立绿色事业部，为绿色债券提供增信服务，支持绿色债券发行和绿色项目实施等
2019 年 11 月 19 日	广西壮族自治区	贴息补贴、风险补偿	研究制定绿色信贷贴息和风险补偿、绿色产业企业发行上市奖励、绿色债券贴息、环境污染责任保险保费奖补等政策实施细则，对发展绿色信贷、绿色债券、绿色基金、绿色保险等给予政策支持
2020 年 6 月 9 日	广西壮族自治区	直接补贴	对于发行绿色、扶贫债务融资工具或资产证券化产品的企业，每户企业每类产品补助金额最高不超过 200 万元

资料来源：万得资讯，中金公司。

第十二章

绿色金融实践之二：各国绿色金融市场的发展

目前，我国已围绕绿色项目评估遴选、募集资金用途、募集资金专户管理、信息披露 4 个支柱，逐步构建起全流程的绿色债券管理体制，绿色债券市场得到快速发展，市场深度和广度得到拓展，产品创新不断涌现。主要体现在以下方面。

绿色债券市场结构日趋完善，品种、期限和评级逐步丰富。期限上，1~3 年和 3~5 年的短期限品种较多。评级上[①]，绝大多数为 AAA 评级，发行人以国企为主。交易场所上，银行间市场发行的绿色债券余额最多，但 2019 年起交易所绿色债券存量只数已超前者。行业上，发行人主要来自金融、工业和公用事业领域，近年来工业、公用事业等行业绿色债券占比明显提升。存量绿色债券分品种金额和只数分布情况如图 12-7 所示。

2021 年以来，我国出现了更多的绿色债券创新产品。2021年 2 月，全国首批 6 只碳中和债在银行间债券市场成功发行，募集资金主要用于风电、光伏、水电等清洁能源和绿色建筑，同时符合国际国内主流绿色债券与气候债券标准。随后，碳中和债持续受到市场热捧。截至 2021 年 4 月中旬，全市场累计发行 57 只债券名称中冠有"碳中和债"的债券，总规模已超 1 000 亿元，涉及私募债、资产支持证券、中期票据、超短期融资券等多个类型。但目前除了中国银行间市场交易商协会要求银行间市场的碳中和债所募资金 100% 用于减排项目，其他市场为了激发企业主体的积极性，均允许碳中和债部分用于补充流动资金，与国际标准仍存在一定差异。

---

① 因资产支持证券性质特殊，在统计评级、企业属性和行业时，仅统计除资产支持证券外的其余绿色债券。

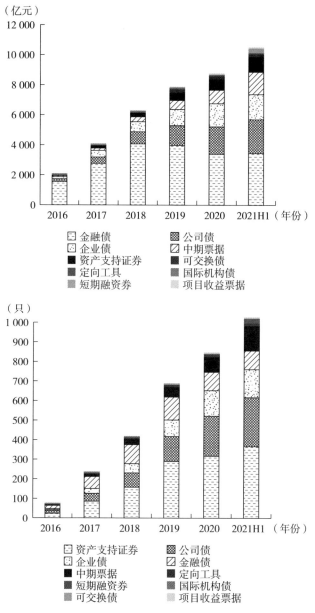

（亿元）

12 000

10 000

8 000

6 000

4 000

2 000

0

2016   2017   2018   2019   2020   2021H1（年份）

金融债   公司债
企业债   中期票据
资产支持证券   可交换债
定向工具   国际机构债
短期融资券   项目收益票据

（只）

1 000

900

800

700

600

500

400

300

200

100

0

2016   2017   2018   2019   2020   2021H1（年份）

资产支持证券   公司债
企业债   金融债
中期票据   定向工具
短期融资券   国际机构债
可交换债   项目收益票据

图 12-7 存量绿色债券分品种金额（上）和只数（下）分布

资料来源：万得资讯，中金公司。

第十二章

绿色金融实践之二：各国绿色金融市场的发展

2021 年 4 月，中国银行间市场交易商协会创新推出可持续发展挂钩债券（SLB）。该产品是指将债券条款与发行人可持续发展目标挂钩的债务融资工具，通过债券结构设计激励发行人制定和实现可持续发展目标，满足各类致力于实现可持续发展目标的企业融资需求，初期重点聚焦于高碳行业的减排需求。2021年 5 月，首批 7 单可持续发展挂钩债券成功发行，首批项目发行金额 73 亿元，投资者认购热情高涨，票面利率普遍低于发行人同期二级市场利率水平。

此外，我国中资企业在海外发行的绿色债券也初具规模（见图 12-8）。海外绿色债券绝大多数仍以美元计价，投资级和无评级较多，绝大多数投向绿色项目，仍有一小部分用于再融资、项目融资等。发行人原以国企为主，但 2020 年非国企发行金额首次超出国企（见图 12-9），反映出海外绿色债券的多元化发展趋势。

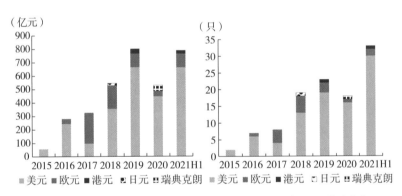

图 12-8　中资境外绿色债券分币种发行金额（左）和只数（右）

资料来源：彭博，中金公司。

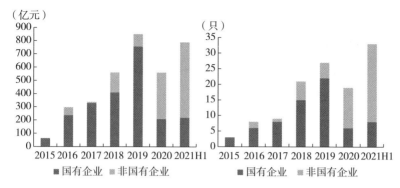

图 12-9　中资境外绿色债券分企业性质发行金额（左）和只数（右）分布

资料来源：彭博，中金公司。

三、绿色基金市场发展

国际上绿色基金主要是指通过采用正面筛选、负面筛选、ESG 整合、股东参与等 ESG 投资策略，将 ESG 因素纳入投资分析和决策的基金。目前我国绿色基金尚处于起步阶段，一般是指为促进节能减排、支持低碳产业、实现可持续发展而建立的专项投资基金。

美国、欧洲、日本等发达经济体的各类绿色基金起步较早。在 20 世纪六七十年代环保运动的影响下，1982 年，世界上第一只将环境指标纳入考核标准的绿色投资基金——卡尔弗特平衡投资组合 A（Calvert Balanced Portfolio A）在美国成立。1990 年，在美国成立的全球环保基金（Global Environment Fund）专注投资新兴经济体的清洁技术、节能和林业项目。英国于 1988 年推出第一只绿色投资基金——梅林生态基金，成为欧洲最早的绿色投资基金。之后，荷兰、比利时、日本相继在国内成立绿色投资基金。

2006 年 PRI 系统性地推动 ESG 投资理念普及，极大促进了绿色基金的发展。据晨星统计，截至 2021 年第一季度末，全球绿色基金总规模已接近 2 万亿美元，环比增长 17.8%，同比增长近一倍（见表 12-2）。其中，绿色基金持有资产最多的为欧洲，规模超过 1.6 万亿美元，占全球绿色基金资产之比高达约 82%；排名第二的为美国，规模为 2 658 亿美元，占全球之比约 13%；余下的约 5% 主要分布于亚洲、大洋洲和加拿大。

注重长期投资回报的主权基金和养老金成为国际上可持续投资的主力。国际养老基金可持续投资主要采取主动型、直接参与方式，并且更倾向于采用直接参与或主动行使股东权利的方式践行可持续投资理念。研究机构 Create Research 于 2020 年 7 月对全球 20 多个国家的 131 家养老基金气候相关投资的资产配置结构开展调查，发现样本中 81% 的养老基金已进行气候相关投资，以主动投资为主。以日本为例，政府养老投资基金已成为负责任投资的积极倡导者，2016—2018 年日本可持续资产增长 3 倍，日本政府养老投资基金就是主要推手之一。

表 12-2　2021 年第一季度末全球绿色基金资产规模

地区	2021 年第一季度绿色基金流量		2021 年第一季度绿色基金资产存量		绿色基金数量	
	（单位：10 亿美元）	占比（%）	（单位：10 亿美元）	占比（%）	（单位：只）	占比（%）
欧洲	146.7	79.2	1 625.3	81.9	3 444	76.1
美国	21.5	11.6	265.8	13.4	409	9.0
亚洲（除日本）	7.8	4.2	36.7	1.8	237	5.2
澳大利亚和新西兰	1.1	0.6	21.2	1.1	129	2.9

地区	2021 年第一季度绿色基金流量		2021 年第一季度绿色基金资产存量		绿色基金数量	
	（单位：10 亿美元）	占比（%）	（单位：10 亿美元）	占比（%）	（单位：只）	占比（%）
日本	4.1	2.2	21.2	1.1	149	3.3
加拿大	4.1	2.2	14.2	0.7	156	3.4
合计	185.3		1 984.4		4 524	

注：①截至 2021 年 3 月末，资金单位为 10 亿美元；②"亚洲（除日本）"包括中国（含港台）、韩国、印度、印度尼西亚、马来西亚、新加坡、泰国，因绿色资产相对较少，故合并统计。

资料来源：晨星。

中国的绿色基金近年来也取得了长足的进展，但总体规模仍然较小。随着环保事业的发展加快，我国绿色基金应运而生。2011 年 10 月，《国务院关于加强环境保护重点工作的意见》明确提出，鼓励多渠道建立环保产业发展基金，拓宽环保产业发展融资渠道。此后，随着绿色发展战略的推进，政策对绿色基金的支持力度进一步加大。2016 年《关于构建绿色金融体系的指导意见》明确提出要设立绿色产业发展基金，2018 年中国证券投资基金业协会又出台了《绿色投资指引（试行）》，成为国内出台的首份全面系统的绿色投资行业自律标准。

在此背景下，绿色投资理念在资产管理业逐步走向主流，特别是 ESG 投资的规模逐步上升。按照发起方式划分，我国的绿色基金包括绿色产业投资基金、绿色产业并购基金、PPP（政府和社会资本合作）模式的绿色基金等；按照投资方向划分，又包括公募绿色基金、私募绿色基金、绿色股权投资基金、绿色创业投资基金等。这些基金的发起人既包括政府也包括金融机构和个人，不同类型的基金在发起设立与投资上也会存在交叉。可统计范围内，截至 2020 年 10 月末，国内共有 13 家公募基金管理人签署 PRI，泛 ESG 公募基金数量达到 127 只，规模达到 1 209.72 亿元，约占市场所有股票型基金和混合型基金的 2.16%；同时，涉及 ESG 理念的理财产品大量涌现，共有 10 家商业银行或理财公司推出 47 只泛 ESG 理财产品。

我国各级政府积极发起绿色发展基金。2016 年后，各地纷纷响应政策号召，地方性的绿色产业基金迎来了快速发展，内蒙古、山西、河北、山东、四川等十几个省区已设立 50 多个由地方政府支持的绿色发展基金或环保基金，地级市也在不断推动绿色基金发展的进程，以带动绿色投融资。部分民间资本、国际组织等也纷纷参与设立绿色发展基金，PPP 模式的基金成为政府支持绿色发展的主要形式之一。

同时，我国金融机构和企业层面的绿色基金发展也逐渐兴起。2020 年 4 月，"光大一带一路绿色股权投资基金"正式成立，基金管理目标规模为 200 亿元，首期 100 亿元基金，成为中国首只百亿元级以绿色为投资主题的私募股权基金。2020 年 12 月，财金资本公司联合中化资本等机构共同设立的规模 30 亿元的山东省新动能中化绿色基金正式启动投资运营，首批项目合益气体、葛泰环保投资额共计 1.3 亿元，标志着财金资本公司在探索央地合作中迈出坚实的一步。此外，私募股权基金和创业投资基金越来越关注节能减碳、生态环保领域，上市公司发起的环保并购基金对中小企业的并购呈加速趋势，有效撬动社会资本参与绿色产业发展。

虽然近年来绿色基金在我国发展较快，但在规模和投研实践方面与国际上发达的绿色基金市场尚有一定差距。目前,我国的ESG主题基金规模仅有股票型基金和混合型基金总体市场规模的2%,远低于欧洲和美国等地。由于我国上市公司ESG信息披露制度还不完善,上市公司披露的ESG信息在数量、质量等方面与国际成熟市场相比存在较大差距,也缺乏相对统一并符合中国市场特点的ESG评价标准和体系。

同时,与国际相比,我国绿色基金仍缺乏更明确的定义标准。例如,投资组合中对标的资产的ESG评价缺乏统一标准,导致评价结果存在较大差异性,投资组合的资产配置比例不固定。此外,实践中多数基金仍主要考虑公司的盈利水平,缺乏对上市公司绿色贡献度的评价和测算,导致基金实际"含绿量"不透明,增加了市场的"漂绿"风险。

总体来看,国际上的绿色基金主要是养老金、保险资金等长期限、开放式基金,由金融机构结合ESG理念自主开展多元化绿色投资,而我国绿色基金发展还刚起步,目前主要由政策驱动,撬动境内外社会资本的规模有限,信息披露、标准设定和第三方评估监督也有所不足,未来还有较大的发展潜力。

四、绿色保险市场发展

绿色保险是指与环境风险管理有关的各种保险,是绿色金融体系的重要组成部分。相比发达国家较为丰富的绿色保险产品体系,我国的绿色保险市场尚处于起步阶段。

欧美等发达经济体绿色保险发展较早,其中由保险公司对污染受害者进行赔偿的环境污染责任险最具代表性。环境污染责任险最早出现于20世纪60年代。彼时,英国发布《核装置法》,规定核装置机构必须购买最低赔付金额为500万英镑的核责任保险。迄今为止,主要发达国家的环境污染责任保险制度已成为其解决环境损害赔偿责任问题的主要方式之一,包括两种模式。一是强制模式,如德国在1991年通过的《环境责任法》,要求96个行业强制投保环境责任险。二是以自愿保险为主、强制保险为辅的模式。一般情况下,由企业自主决定是否就环境污染责任投保,但法律规定必须投保的,则应依法投保,例如英国法律要求油污损害责任保险和核反应堆事故责任保险等。

相较于欧美国家,我国环境污染责任险由于初期缺乏具体的政策支持,发展相对较慢。1991年,我国推出了环境污染责任险,相继在大连、沈阳、长春等城市开展试点。但初期试点效果不佳,投保企业很少,赔付率也很低。大连市1991—1995年的赔付率只有5.7%,远低于国际上70%~80%的赔付率。

进入21世纪,随着我国对环境保护的日益重视,我国环境污染责任险的发展驶入新车道。特别是2007年,国家环境保护总局和保监会联合印发《关于环境污染责任保险工作的指导意见》,成为我国环境污染责任险发展的重要转折点。随后,我国环境污染责任险得到迅速发展,主要体现在全国层面的政策完善和试点地区的创新探索上,并通过试点形成了良好实践。下一步的工作重点是如何将试点中取得的良好经验推向全国。

全国层面,我国已逐渐建立起发展高风险领域强制环境污染责任险的政策体系。2013年初,环境保护部与保监会联合出台了指导意见,鼓励各地在涉重金属企业和石油化工等高环境风险行业推进环境污染强制责任保险试点。2016年,中国人民银行等部门明确指出，要在环境高风险领域建立环境污染强制责任保险制度，同时鼓励和支持保险机构创新绿色保险产品和服务。2020年9月，《中华人民共和国固体废物污染环境防治法》的施行，标志着环境责任险全面覆盖涉危险废物的企业。

地区试点层面，不少地区在绿色保险方面推出的具有地方特色的创新模式和产品，形成了我国目前相对成熟的两类绿色保险和服务模式。一类是工业企业环境责任险。主要是运用互联网平台，引入第三方环保服务机构为投保企业提供事前风险评估、事中隐患排查、事后损害鉴定的环境风险防控机制，同时环境主管部门对投保企业进行指导和监督，初步实现了"保险＋服务＋监管＋科技"的联动。目前较为成熟的试点有"无锡模式""湖州模式""宁波模式"等。另一类是养殖保险。近年来，保险业在参与养殖业环境风险管理方面进行了积极探索，目前试点地区不断扩大，形成了"济源模式""衢州模式""武安模式"等，有效防止了因不当处理病死牲畜造成的环境污染。

除传统的环境污染责任险外，国际上近年还出现如下几类新型绿色保险产品。一是绿色建筑保险，可以对企业建筑开发项目的事前、事中、事后进行阶段性风险保障。开发前有助于项目投融资过程中的增信，开发中发挥风险管理作用，开发后针对保险范畴的损失进行及时补损。二是天气指数保险，指因天气异常导致企业或个人遭受经济损失后，由保险公司向投保者提供赔偿的保险。该保险以指数化气候条件（如气温、降水、风速等）为基础，当指数达到一定水平并造成保险条款限定的影响时，由被保险人获得相应标准的经济补偿。对于气候变化应对不力的国家或企业，保险机构可以将指数设定在更高水平。三是可再生能源项目保险，是以可再生能源开发和使用过程中的风险为标的的保险。依据投保资产，可再生能源项目保险可以分为光伏项目保险、风电保险等不同类型，最终可促进有关可再生能源产业的良性健康发展。四是碳保险，指的是与碳信用、碳排放配额交易直接相关的金融产品，以 UNFCCC 和《京都议定书》为前提、以碳排放权为基础，主要承保碳融资风险和碳交付风险。

中国在绿色保险创新方面开展了积极尝试，上述四类创新保险产品均已在我国落地。2016 年，苏美达能源与鼎和财产保险合作，开展国内首例光伏电站发电量保险合作。湖北碳排放权交易中心、平安保险湖北分公司和华新水泥集团签署了中国首单"碳保险服务协议"。2019 年，广州发布政策性蔬菜种植气象指数保险实施试行方案，规定日降雨量达到 100 毫米以上或日最大风速达到 7 级以上时，即触发理赔程序。2021 年，人保财险在青岛相继推出了超低能耗建筑性能保险产品和建筑节能保险产品。

五、绿色金融市场的第三方评级与认证

绿色金融市场中的第三方服务主要包括第三方评级和第三方认证。第三方评级是指对企业的整体 ESG 表现进行评级，第三方认证则是针对绿色债券等绿色金融产品是否符合产品要求进行认证，既包括发行前对债券是否符合绿色债券标准的认证，也包括发行后对资金落实使用是否符合要求的认证。

由于欧美在 ESG 投资实践以及发展绿色金融产品方面起步较早，当前欧美机构是国际上第三方评级和认证机构的主力。全

球的主要 ESG 第三方评级机构中，既有道琼斯、明晟等传统的第三方金融服务机构，也有加拿大 Sustainalytics 等专注于 ESG 评级的新兴第三方金融服务机构（见表 12-3）。整体来看，国际主流 ESG 评价内容基本都涉及环境可持续性、合规程度、利益相关方、风险管理等，不过各评级机构侧重不同，从而形成了多元的评价维度。

我国 ESG 评级起步较晚，基础较为薄弱，尽管近年来发展较快，但评级体系的完整性和评级机构的市场影响力与海外相比尚有差距。2011 年起，我国逐步出现第三方评级公司，开始建立起 A 股 ESG 信息数据库，并开展沪深 300 股票的 ESG 评级。2018 年后，我国国内各类 ESG 评级机构逐渐兴起，当前主要包括商道融绿、社会价值投资联盟等独立第三方机构，中证指数、华证指数等指数编制公司，嘉实等基金公司，以及万得资讯等金融数据服务商。此外，和讯网、商道纵横 MQI（关键定量指标）等也发布企业社会责任评分等与 ESG 类似的评级产品。但是从整体上看，由于我国 ESG 投资规模仍然较小，相关 ESG 评级机构服务的受重视程度还有待提高，在国际上的影响力有限。

值得注意的是，我国 ESG 评级机构对 A 股市场的 ESG 评级与国际金融机构存在较大差异。明晟等国际机构 A 股评级分布普遍左偏，即评级相对较低，而商道融绿等国内机构则呈普遍右偏，即评级相对较高，大部分企业的评级都在 B 以上。背后既有不同评级体系所采用的指标类型和指标范围的差异，也有基础数据源和覆盖面的不同。

在第三方认证领域，国际市场上绿色债券的主要认证标准为 ICMA 于 2014 年推出的《绿色债券原则》和 CBI 于 2015 年推出

表 12-3　国际主流 ESG 评级机构

评级机构	覆盖范围	主要指标	得分等级	主要特点
道琼斯可持续发展指数（DJSI）	全球近 5 000 家上市公司	基于环境、社会和经济三个层面，对企业的 600 余个指标进行评分	得分区间为 0~100 分，各行业可持续发展表现最好的 10% 将最终入选 DJSI 指数系列成分股	通过公开信息、公司文件、调查问卷、直接与公司联系四种渠道获取信息
明晟（MSCI）	全球 7 500 多家企业	三大领域、10 项主题，以及 37 项关键绩效指标	从 AAA 到 CCC 共 7 级	通过企业主动披露的公开信息，以及学术、政府、非政府组织等具有公信力的渠道的信息，来评估一家公司的 ESG 风险敞口及管理情况
Sustainalytics	全球 11 000 多家企业	从风险暴露和风险管理两个维度的约 270 个指标为企业的 ESG 重大性议题评分	依据得分分为可忽略、低、中、高和严峻级别，分数越高风险越高	与多个国际财务数据资讯平台合作，如彭博终端、FactSet（研究系统公司）等联合公布企业的 ESG 评级结果
彭博（Bloomberg）	全球 60 多个国家的 11 500 余家企业	使用约 200 个指标的数据进行加权	0~100 分	所采集的 ESG 数据包括比率、同行排名等，彭博 ESG 评分规则每年会根据企业的 ESG 表现和相关政策做出改变
富时罗素（FTSE Russell）	全球 25 个交易所所和 98% 的可投资证券市场	三大维度、14 个主题，300 个指标	每项 ESG 议题对公司区分为高、中、低三个等级，每个维度得分，再逐渐汇总从每个维度得分 1~5 分，最终得出的 ESG 评级结果	每年 4 月至次年 3 月对每家被评公司进行分析，分析结束后 1 个月内允许公司回复
汤森路透（Thomson Reuters）	全球 7 000 多家企业	三大类和 10 个主题关键指标，在 400 个公司级 ESG 指标中选择 178 个相关的数据点	从 D- 到 A+ 或从 0~1 的十二点评分系统	在评价过程中给予争议性事件较高权重

资料来源：根据公开资料整理。

的气候债券标准（CBS）。《绿色债券原则》基于自愿性列举了大多数认证方案应遵循的一般性原则，CBI 在《绿色债券原则》指引的基础上制定了相应的绿色认证程序安排，并会同经其认可的 54 家认证机构共同维护全球绿色债券数据库。

除了 CBI 及其认可的评估机构之外，穆迪、标普等第三方机构也开发了自己的绿色债券评估体系。穆迪于 2016 年发布了首个绿色债券评估，估计债券收益用于支持环保项目的相对可能性。标普在 2017 年推出了绿色评估，关注范围相较穆迪更为广泛，通过打分衡量债券整个生命周期内对环境的相对影响程度，考虑了各种定量指标的重要性，提高了数据透明度。

相较于第三方评级，我国第三方认证机构的表现更加活跃，这可能得益于我国绿色债券等绿色金融产品的蓬勃发展以及监管部门对绿色债券评估认证的积极支持态度。2015 年 12 月，中国人民银行发布公告，鼓励申请发行绿色金融债券的机构提交由独立的专业评估或认证机构出具的评估或认证意见，鼓励按年度披露独立的专业评估报告。2016 年，中国人民银行等部门再次明确指出要进一步完善绿色债券第三方评估和评级标准，规范第三方认证机构对绿色债券评估的质量要求。目前我国已有 30 余家绿色认证机构，其中商道融绿、中财绿融、中国节能、中诚信、联合赤道等 13 家机构可以提供 CBI 标签认证服务，占 CBI 认证机构数近 1/4。

总体来看，由于我国绿色金融市场体量大且发展速度快，近年来已涌现出较多的 ESG 评级及第三方认证机构，未来具有很大的发展潜力。再加上相关服务涉及不同行业和公司，外资机构通常难以建立一套适用于中国市场的统一数据模型，我国评级和认证机构应抓住契机，努力构建符合中国资本市场特色且具有国际影响力的 ESG 评级和第三方认证体系。

六、我国绿色金融市场发展面临的挑战与下一步建议

尽管近年来我国绿色金融市场规模逐步扩张，产品日益丰富，创造了相当程度的经济效益与环境效益，但相较成熟的绿色金融市场仍存在一定差距，这当中既包括绿色金融市场面临的共性问题，也包括不同产品面临的特殊挑战。

共性问题方面，一是绿色分类标准有待统一。如前文所述，我国绿色金融标准设定与国际上的相比仍有一定差异。《绿色债券支持项目目录（2021 年版）》《绿色融资统计制度》均删除了煤炭清洁利用，但《绿色产业指导目录（2019 年版）》仍保留了煤炭清洁化、高效化利用项目。同时，CBI 统计我国不小比例的绿色债券与其定义并不一致，主要是在募集资金使用等方面与国际惯例仍有一定差异。

二是信息披露不足。绿色信贷方面，企业端关键指标的信息披露率较低，整体质量参差不齐，金融机构难以及时、准确了解企业碳减排的实际贡献及其他环境社会信息并进行披露。绿色债券方面，目前我国只对绿色债券发行前和存续期的信息披露有规定，并未对到期时的信息披露提出要求，具体披露内容尚无统一要求，相关信息的收集、整理、监测与评估的困难较大。绿色基金方面，由于缺乏信息披露的统一标准，信息披露责任不清晰，可信度与有效性较低，削弱了投资人的积极性。

除上述共性问题外，目前我国不同绿色金融产品在政策设

计、配套措施、激励机制等方面也存在各自有待改进的地方。

绿色信贷存在融资期限结构错配的问题。相较传统行业，低碳产业往往需要较长周期，但目前商业银行提供绿色信贷时，较少考虑投融资期限错配问题，更多关注资金的快速流转和风险防范。部分碳减排项目无法得到期限足够长的信贷支持，未来可能存在中途资金链断裂的潜在风险。

绿色债券的发行成本相比普通债券并无明显优势，发行人动力有限。尽管目前相关部门已出台一些鼓励措施，比如优化审批流程、鼓励中介机构参与、地方政府给予贴息等，但 2020 年以来超七成的发行人的票面利率仍高于发行当日同期限同评级的中债估值收益率曲线，其中中低评级的债券更为明显，表明绿色债券发行成本仍然偏高。再加上绿色债券还存在认证等一系列其他复杂要求，导致发行人发行绿色债券的动力不足，缺乏足够的经济激励。

绿色债券使用第三方认证的比例偏低。我国对绿色债券未要求强制性的第三方认证，仅做鼓励性支持，导致绿色债券第三方认证的比例偏低。同时，如前文所述，近年来我国绿色认证机构数目快速增长，现已多达 30 余家，但出现了数量较多、质量参差不齐的情况，第三方认证的质量和规范也有待统一。

绿色基金缺乏政策规范和配套支持措施。目前绿色基金在法律上没有明确的定义，在实践上也存在不同的名称和说法，不利于其规范有序发展。各部门及地方监管政策也存在差异，难以实现协调有效监管，不利于绿色基金的长远发展。

建设更高水平的绿色金融市场，是推动我国实现双碳目标的重要途径。具体实施中，既要结合国内外实践经验，又要不断深化绿色金融工具创新，培育重点市场的特色化发展。下一步，可从以下几个方面着手，推动我国绿色金融市场实现更高水平的发展。

一是完善绿色金融的制度框架。可继续完善绿色金融业绩评价、贴息奖补等政策，引导金融机构增加绿色资产配置、强化环境风险管理，提升金融业支持绿色低碳发展的能力。其中，在标准趋同方面，应继续推进中国绿色金融标准与国际标准的接轨和趋同，提高国际投资者对中国标准、产品和市场的认同度，激励更多国际资本投资中国绿色金融市场。短期内，可通过 IPSF 率先推动中欧绿色金融分类标准趋同；中长期内，可通过 G20 可持续金融工作组促进全球主要国家在绿色金融分类标准、报告和披露等领域加强协调，提高相关政策要求的可比性和一致性，推动国际绿色金融市场协调发展。在信息披露方面，应探索逐步实现金融机构环境和气候信息的强制披露，便利计算、识别和管理气候风险，可考虑先在绿色金融试点地区先行先试，并逐步扩大。同时，可考虑推动上市公司环境和气候信息强制披露，并做好与其他国家环境和气候信息披露规则的协调。

二是优化绿色金融的激励机制。目前我国绿色金融市场和产品发展速度较快，但仍然存在相关市场主体缺乏开展绿色金融业务激励的问题，应进一步构建正向激励机制，促进资金流向绿色领域。例如，可研究通过再贷款等工具发展绿色金融债券、绿色担保基金、绿色保险等，提高金融机构开展绿色金融业务的积极性，撬动市场资金加大对绿色产业的支持，降低绿色低碳技术的商业化风险等。

三是推动绿色金融产品创新和市场发展。通过鼓励产品创新、完善发行制度、规范交易流程、提升透明度，助推形成更多层次的绿色金融产品和市场体系。在产品创新方面，可在继续鼓励绿色债券、绿色信贷和绿色基金等基础资产的同时，推动绿色资产证券化、绿色投资信托等多元产品发展，盘活绿色资产，增强资金期限与绿色产业周期的匹配性，为中小企业提供有效的融资支持。在市场发展方面，应进一步拓宽碳交易市场的深度和广度。在我国已启动建立全国性碳市场的背景下，应充分发挥金融机构的作用，考虑支持碳期货等 ETS 衍生品创新，增强 ETS 流动性，更好地为绿色发展配置资源。

四是增强低碳减排的全民意识。实现"30·60"双碳目标，需要全社会加快推进生产方式和消费行为的低碳转型，提高经济社会发展的可持续性。应加强对碳排放影响气候、环境问题的宣传，让公众进一步认识到应对气候变化和环境恶化的重要性与紧迫性，鼓励金融消费者关注绿色低碳类金融产品，提升全民绿色意识，激发低碳经济活力，推动全社会绿色转型与高质量发展。

第十三章

绿色金融实践之三：
"一带一路"建设绿色化

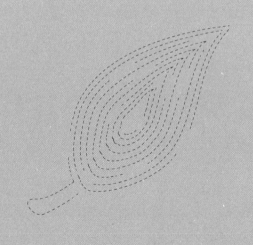

近年来，我国绿色金融市场蓬勃发展，取得了令人瞩目的成绩。但在绿色金融的国际实践上，还存在一些质疑和批评，主要聚焦于支持"一带一路"沿线国家绿色转型和低碳发展领域。实际上，"一带一路"沿线国家绿色转型潜力较大，近年来我国持续大力推动"一带一路"建设绿色高质量发展。本章重点介绍目前"一带一路"绿色发展面临的压力和转型的潜力，回顾我国与"一带一路"沿线国家开展绿色金融合作取得的积极进展，提出进一步促进"一带一路"绿色、高质量发展的思考和建议。

一、"一带一路"绿色投融资面临的压力

自 2013 年"一带一路"倡议发起以来，我国秉持共商、共建、共享原则，不断推进务实合作与高质量发展，取得一系列瞩目的成绩。但一些外国政府、媒体和智库持续对"一带一路"建设进行指责，认为中国为脆弱国家发放超出其承受能力的贷款，使这些国家陷入中国构建的"债务陷阱"等。近年来，低碳转型逐渐成为全球共识，国际上对"一带一路"倡议的指责逐步聚焦

到了相关项目及投融资是否与绿色发展的要求一致上。这对"一带一路"沿线国家的煤电、森林开采等项目的融资带来了不小的压力。同时，我国金融机构的相关投融资活动客观上也面临一些风险，主要体现在以下方面。

中资银行被列为全球煤炭开采和煤电项目前十大融资提供者。非政府组织雨林行动网络（Rainforest Action Network）对全球主要商业银行 2016—2020 年为化石燃料提供融资的情况进行了统计，数据显示煤炭和煤电项目的前十大融资提供者均为中资银行，融资额分别达到 1 548 亿美元（占全球 73%）和 960 亿美元（占全球 80%），其中相当一部分项目位于"一带一路"沿线国家。2020 年，加纳环保人士齐贝泽·伊齐基尔（Chibeze Ezekiel）因反对中国融资支持的煤电项目而获得有"绿色诺贝尔奖"之称的戈德曼环境奖。

部分中资机构支持的"一带一路"煤电项目受到非政府组织的抵制。2021 年初，我国部分金融机构受到国际环保组织的抵制，要求其限制境外煤电等化石燃料项目的融资，修改相关政策以确保与《巴黎协定》要求一致。部分"一带一路"沿线国家的煤电项目也受到抗议，非政府组织指责其增加了当地的温室气体排放。

部分金融机构面临股东和投资人的压力。我国一些金融机构的股东有外资机构或国际组织，因此受到过一些重视绿色环保理念的股东的问询施压。同时，随着资本市场投资者可持续融资理念加强，在股票、债券投资中评估金融机构相关业务也形成了一定压力。

国际各方纷纷"弃煤"，对"一带一路"煤电项目的合作形成进一步制约。近年来，全球加紧控制温室气体排放的共识越来越强,应对气候变化的呼声越来越高,国际上从市场到政府纷纷开展"弃煤"行动。

　　一方面,全球知名金融机构纷纷退出煤炭等高排放产业融资。能源经济和金融分析研究所(IEEFA)的持续跟踪研究显示,截至 2021 年中期,已有 178 家全球重要金融机构宣布正式退出煤炭融资的政策,包括多边开发机构、商业银行、保险公司、出口信贷机构和发展融资机构等(见图 13-1 和表 13-1),并且 2021 年上半年有 65 家宣布新的或改进的承诺,同比增长 60%。2019 年底,管理着约 32 万亿美元资产的 415 家全球投资者呼吁 OECD 成员在 2030 年前彻底淘汰煤电。2019 年以来,还有 66 家全球主要金融机构陆续从具有高碳排放量的油砂勘探以及北极油气钻探中退出,其中包括 5 家多边开发机构[①]。

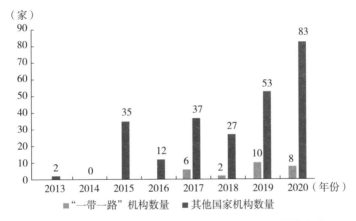

图 13-1　2013 年以来超过 150 家金融机构退出煤炭行业

资料来源:IEEFA。

――――――――――――

① 包括世界银行、亚洲开发银行、非洲开发银行、欧洲复兴开发银行和欧洲投资银行。

表 13-1　部分代表性金融机构的限煤行动

时间	机构与行动
2013 年	1. 世界银行成为第一家决定开始退出煤炭的重要金融机构 2. 欧洲投资银行宣布将停止为燃煤发电项目提供融资，以帮助各成员国减少碳排放量，达成减排目标
2015 年	3. 安盛保险和安联保险成为全球第一批限制煤炭保险和投资的保险公司 4. 约 35 家出口信贷机构发布联合声明，同意制定限制煤电贷款的新规 5. 亚洲基础设施投资银行董事会主席宣布将排除对燃煤电厂的融资 6. 总部位于挪威的全球第二大主权财富基金（规模达 1 万亿美元）挪威政府养老基金开始从煤炭领域撤资，这也是该基金最为强势的举措之一
2018 年	7. 日本第一生命保险宣布将不再为煤炭投保 8. 三井住友信托银行排除了燃煤电厂贷款 9. 渣打银行宣布结束对世界各地新建煤电厂的贷款 10. IFC 宣布对 95% 的金融信贷采取"隔绝防范"以防其流向煤炭 11. 亚洲开发银行官员称亚洲开发银行贷款组合不再提供给污染性能源
2019 年	12. 巴克莱银行宣布退出煤炭项目融资 13. 法国巴黎银行资产管理公司宣布计划停止投资从事动力煤开采的公司 14. 加拿大出口发展银行承诺退出包括所有动力煤基础设施，以及港口和铁路连接在内的煤炭项目融资项目 15. 欧洲投资银行在 2013 年停止为燃煤发电项目提供融资决定的基础上，进一步决定自 2021 年起不再为包括天然气项目在内的化石能源项目提供贷款 16. 非洲开发银行表示未来将不再考虑为新建燃煤发电项目提供资金
2020 年	17. 摩根大通宣布将限制全球煤炭开采和燃煤发电的融资 18. 黑石公司宣布退出其全部资产中的燃煤开采相关投资 19. 花旗银行在 4 月加强了自己在 2015 年的限制煤炭投资的规定，不再向燃煤开采项目提供融资或协助现有项目扩张 20. 汇丰银行已完全退出其全球范围内所有煤电项目

资料来源：IEEFA。

　　另一方面，多国政府表态将不再支持煤电产业。从发达国家看，德国正式宣布将在 2038 年前关闭所有煤炭火力发电厂；英国决定在 2025 年前关闭所有煤电设施；法国计划到 2021 年关闭所有燃煤电厂；芬兰计划到2030年全面禁煤；日本承诺将不再参与任何新燃煤发电和煤矿项目的开发，同时对公司现有煤炭资产进行严格评估并逐渐退出；韩国国会已启动立法程序拟对本国的海外煤炭融资实施禁令。2021年5月，七国集团（G7）发布联合声明，认为煤电是导致全球升温的最主要原因，应立即停止对煤炭的国际投资，并称G7将于2021年底停止包括官方发展援助、出口信贷、金融和贸易政策等在内的对国际煤电项目的政府支持，并呼吁其他主要经济体跟进。

从"一带一路"沿线国家看，一些国家正在逐步退出煤炭等高排放产业，将减少对相关项目的支持。巴基斯坦总理已宣布不再新增以煤炭为基础的能源，并减少化石能源发电项目的投资。泰国计划到2030年将煤炭在其能源中的占比降至5%。越南、印度尼西亚等国电力缺口较大，但因环保压力加大、可再生能源成本下降，煤电项目正面临政府财务支持日益减小的压力。

同时，国外智库还质疑"一带一路"建设造成碳泄漏。碳泄漏是指某国（地区）采取碳减排措施可能造成碳排放转移到其他国家或地区。美国外交关系协会（2021）认为，中国在"一带一路"沿线国家建设燃煤电站可起到一举多得的效果，既可以输出国内工人解决就业问题，又可以化解国内过剩产能，还可以将国内碳排放转移到其他国家。2013年来，至少有13个"一带一路"沿线国家的二氧化碳排放量在"一带一路"倡议提出的最初几年实现了两位数的增长，中国这一举措在受援国推动了污染密集型电力形式，而中国国内却在推动向清洁能源过渡。受影响较大的国家包括孟加拉国、缅甸、巴基斯坦和越南，这些国家自身就存在环境较脆弱、抵御气候变化能力较低等问题。

部分国家认为"一带一路"建设环保标准偏低。2021 年 9 月，美国国务院发布了"中国破坏环境事实清单"，认为"一带一路"倡议缺乏清晰的环境指引，不符合国际标准，将使项目所在国花费更多资源来应对长期恶果。美国战略与国际研究中心还指出，由于部分"一带一路"沿线国家甘愿牺牲环境来降低项目成本，中国部分金融机构按东道国要求将项目降至其国内标准，低于中国自己的环保要求，进一步加剧了"一带一路"沿线国家的环境污染问题。尽管这些批评并不公正、客观，但也提醒了我们"一带一路"建设环境标准的重要性。

一些非政府组织还指责"一带一路"项目影响森林和生物保护。森林与金融（Forest & Finance）2021 年发布报告，指出中国 2016 年 1 月至 2020 年 4 月向从事纸浆、橡胶、棕榈油等大宗商品的企业提供了 149 亿美元的融资，是全球第二大为森林砍伐相关商业活动提供资金的国家。但该组织的报告单独批评中国一家，对于同样排名前五的巴西、印度尼西亚、美国和日本未进行批评，数据的客观性和权威性存在问题，对我国的批评失之偏颇，需要客观看待。

二、"一带一路"碳排放现状及绿色转型潜力

"一带一路"沿线国家大多仍处于发展中阶段，电力供应仍有短缺，对化石能源较为依赖，短期看碳排放量占全球的比重将维持在较高水平。但该地区可再生能源丰富，已有不少国家大力发展可再生能源，未来绿色转型潜力巨大。

从现状看，"一带一路"沿线国家煤炭、石油等化石能源占

比较大，但电力供应仍有短缺。根据世界银行的数据，2018 年"一带一路"沿线 64 国化石能源消费占总能源消费的比重高达 86.8%，显著高于全球水平（76.6%），不仅造成高碳排放，还可能导致越来越严重的大气污染。根据世界能源理事会（WEC）在 2016 年发布的报告，目前全球仍有 12 亿人口无法获得电力供应，其中大部分分布在"一带一路"沿线的亚洲、非洲的发展中国家。这些沿线国家迫切需要提升自身的清洁能源开发能力，从而更有效地应对环境容量紧迫、能源安全威胁以及国内可持续发展等问题。

短期之内，"一带一路"沿线国家的碳排放量占全球的比重将维持在较高水平，未来还可能进一步增长。根据世界银行的数据，2016 年"一带一路"沿线 64 国 GDP 仅占全球的 15%，但碳排放量占全球的 24.9%。"一带一路"沿线 64 国及全球碳排放变化见图 13-2。不仅如此，"一带一路"沿线国家多为发展中国家，人均 GDP 较低，中等收入与低收入国家占比为 65.6%，高于全球平均水平。它们所处的经济发展阶段决定了其大多仍采用高耗能的经济增长模式，并且工业、交通等传统部门的温室气体排放较高。未来，随着这些地区人口的增加，碳排放还可能继续增长。

尽管"一带一路"沿线国家现阶段对传统化石能源依赖比较严重，但已有不少国家将大力发展可再生能源视为实现能源可持续发展的根本路径，未来绿色转型潜力巨大。

"一带一路"沿线国家自然资源丰富，已展现出较大的清洁能源发展潜力。从电力资源分布上看，俄罗斯和青藏高原周边是水电资源最为丰富的地区，风电资源主要分布在中国以及中亚、南亚和西亚地区，太阳能主要分布在中国、蒙古国以及中亚、南亚和西亚地区。而"一带一路"沿线国家人口和能源电力需求主要分布在东亚、南亚和东南亚等沿海地区，与清洁能源资源呈逆向分布。电力是清洁能源资源高效利用的载体，进一步加强"一带一路"沿线国家能源电力互联互通，是推动"一带一路"沿线国家实现清洁能源利用转型的重要抓手。

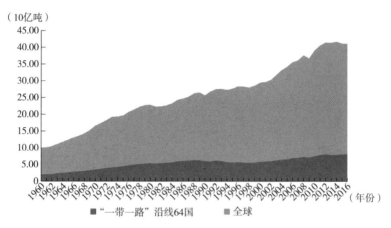

图 13-2 "一带一路"沿线 64 国及全球碳排放变化

资料来源：根据世界银行世界发展指标数据库整理。

"一带一路"沿线国家的清洁能源增速已显著高于全球水平。从增速看，1980—2018 年，全球清洁能源[①]消费增长了 3.1 倍，年均增速 3.1%；"一带一路"沿线国家清洁能源消费增长了 8.7 倍，年均增速 5.9%。从占比看，清洁能源在全球能源总消费中

[①] 按照使用时碳排放和污染物排放的情况，可将能源分为清洁能源和非清洁能源。一般讨论将可再生能源和核能都归类为清洁能源。从气候风险防控的角度研究清洁能源的使用与消费更有针对性。

的占比从 1980 年的不到 10% 上升到 2018 年的超过 15%；"一带一路"沿线国家清洁能源生产占比从 3% 上升到 11%，消费占比从 6% 上升到 11%。由此可见，"一带一路"沿线国家已开始出现绿色转型的趋势，沿线国家自身及各国金融机构已加大对相关清洁能源项目的支持，发展绿色"一带一路"面临广阔的前景。

实际上，我国已经在"一带一路"沿线国家开展了广泛的绿色能源、基建等项目，为沿线国家的绿色转型和发展提供了支持。截至 2018 年底，中国企业以股权投资形式在"一带一路"沿线国家参与的在建及计划新建的光伏和风电项目总计 10 913 兆瓦，其中，光伏项目 7 937 兆瓦，风电项目 2 976 兆瓦。若在建及计划新建的风电、光伏 10 913 兆瓦项目全部投产，则可替代约 3 157 兆瓦的煤电装机。总计约 12 622 兆瓦的风电、光伏装机可替代约 3 647 兆瓦的煤电装机，每年可减少因燃煤发电排放的二氧化碳约 1 500 万吨，如果按照风电和光伏 25 年项目生命周期计算，预计可减少 3.8 亿吨二氧化碳的排放。

未来，我国对"一带一路"沿线国家的清洁能源投资还有望持续增长。经过 10 多年的积累和高速发展，中国在清洁能源领域取得了丰富的应用经验和技术积累，在产品制造和工程建设上拥有明显优势，未来还可继续引导"一带一路"沿线国家风电、光伏等行业扩大投资。据中国新能源海外发展联盟（2019）预测，2020—2030 年，以"一带一路"沿线重点国别发布的可再生能源装机规划目标水平为基础，沿线 38 个国家的可再生能源总装机容量有望达到 644 吉瓦，风电、太阳能总投资有望达到 6 440 亿美元，若中国参与可再生能源市场份额达 10%，即有

644.334 亿美元的投资市场。

此外,"一带一路"的大规模基础设施建设也将提升对绿色投融资的需求。世界银行 2018 年的研究指出,约 70% 的碳排放源于基础设施建设与维护。世界银行 2019 年发布的《"一带一路"经济学》报告表示,"一带一路"沿线国家发电和交通运输项目占总投资的比重分别为 46% 和 25%。预计未来数 10 年中,全球大部分基础设施建设仍会发生在"一带一路"沿线发展中国家。

"一带一路"绿色转型仍面临较大的投资需求,而发展绿色金融既可以为依赖化石能源的企业提供绿色低碳转型所需的资金,又可以有效支持清洁能源和技术获得融资,助力"一带一路"沿线国家在有效减少化石能源的同时,挖掘自身在可再生能源方面的优势,推动能源转型。我国在"一带一路"清洁能源、绿色基建等领域已开展大量工作,未来可结合"一带一路"沿线国家的绿色转型投资需求继续推进。

三、我国推动绿色"一带一路"的进展及下一步思考

当前,构建绿色"一带一路"既是国际社会对中国的期待,又是我国推动"一带一路"高质量发展的内在要求。2021 年 9 月 21 日,习近平主席出席第七十六届联合国大会一般性辩论并发表重要讲话,宣布"中国将大力支持发展中国家能源绿色低碳发展,不再新建境外煤电项目",这与国内的减排政策一脉相承,也显示了我国推动"一带一路"绿色发展的决心与担当。

与此同时,我国金融机构已经在践行绿色"一带一路"上取

得积极进展。一方面，我国绿色金融政策体系不断完善，绿色金融市场快速发展，为"一带一路"沿线国家提供了有价值的经验借鉴。另一方面，我国金融机构对"一带一路"沿线国家清洁能源等绿色项目的融资持续增长，有力支持了沿线国家的绿色与可持续发展。主要体现在以下几个方面。

第一，倡导和推广绿色金融理念。为体现"一带一路"建设中可持续发展的内在要求，打造绿色可持续的"一带一路"投融资体系，中国人民银行于 2018 年指导中国金融学会绿色金融专业委员会与伦敦金融城牵头多家中外机构发起了《"一带一路"绿色投资原则》（GIP）。GIP 从战略、运营和创新 3 个层面明确了 7 条原则，包括将可持续性纳入公司治理、充分了解 ESG 风险、充分披露环境信息、加强与利益相关方沟通、充分运用绿色金融工具、采用绿色供应链管理、通过多方合作进行能力建设，供参与"一带一路"的投资者自愿采纳和实施。自发布以来，GIP 得到了金融业界的积极响应，各项原则逐步得到落实。

随着影响力的不断增强，GIP 的覆盖面不断扩大，相关工作机制得到完善。截至 2021 年 9 月，已有 40 家大型金融机构签署 GIP，其中既包括英国、法国、德国、日本等发达国家的金融机构，也包括来自巴基斯坦、哈萨克斯坦、蒙古国等"一带一路"沿线国家的金融机构。2020 年 10 月，GIP 发布了首份年度进展报告。此后，GIP 成功召开两次年会，2021 年 9 月于北京成功召开第三次年会并发布 2021 年 GIP 进展报告。

第二，推动"一带一路"绿色投融资快速发展。近年来，我国主要金融机构纷纷通过贷款、股权、债权等多元化渠道参与"一带一路"绿色项目。例如，我国金融机构以股权投资形式在南亚、东南亚"一带一路"沿线国家参与大量风电项目，在孟加拉国、阿富汗、越南和巴基斯坦投资了相当数量的光伏项目，国家开发银行为赞比亚政府提供贷款，建设了 1 583 个太阳能磨坊厂，国家开发银行、中国进出口银行、丝路基金和 IFC 共同为巴基斯坦卡洛特水电站提供了银团贷款，项目建成后能满足 200 多万普通家庭的年度用电需求，减少二氧化碳排放量 270 万吨。

与此同时，我国金融机构还面向"一带一路"沿线国家不断推出绿色产品和创新服务。中国工商银行于 2017 年倡导成立了"一带一路"银行间常态化合作机制（BRBR），并于 2019 年与欧洲复兴开发银行、法国东方汇理银行和日本瑞穗银行等 BRBR 成员共同发布了"一带一路"绿色金融指数，可帮助各国政策制定者和各类投资人量化分析"一带一路"投资过程中的绿色投资机会与环境挑战，引导资金流向绿色领域。中国银行自 2016 年以来已在境外累计发行 7 期绿色债券，总规模约为 83 亿美元，在为境外绿色项目提供低成本长期稳定资金来源方面做出了有益探索。2020 年 4 月，"光大一带一路绿色股权投资基金"正式成立，基金管理目标规模为 200 亿元，首期 100 亿元基金，成为中国首只百亿元级以绿色为投资主题的私募股权基金。

新冠肺炎疫情暴发以来，我国金融机构对"一带一路"的投融资有所放缓，但推动绿色发展的力度加大。截至 2021 年上半年，我国对"一带一路"沿线国家的投资金额为 193 亿美元，与 2020 年上半年相比整体下降，其中没有煤炭项目获得投资。中国商务部和生态环境部在 2021 年 7 月发布的《对外投资合作绿色发展工作指引》中，鼓励企业在整个项目生命周期内采用更严格的环境标准，必要时应采用国际通用环境标准。由此，预计中国企业将加速绿色项目投融资并采用更高的环境标准开展"一带一路"国际投融资合作。①

第三,多渠道开展"一带一路"绿色金融能力建设。能力建设对于激发沿线国家推动绿色金融发展的动力、提升其发展能力具有重要意义。因此,中国在推动"一带一路"沿线国家绿色金融发展的同时,也不断总结提炼自身经验,为"一带一路"沿线国家提供发展绿色金融的中国智慧。

央行积极推进"一带一路"能力建设合作,不仅积极推动与多边开发机构的第三方能力建设合作,还于 2018 年与 IMF 联合建立"中国－国际货币基金组织联合能力建设中心"(CICDC),已累计为沿线多国政府的约 1 200 名官员提供了培训,为改善"一带一路"资金融通软环境发挥了积极作用。此外,在中国人民银行的指导下,GIP 自 2019 年以来已召开 4 次能力建设网络研讨会,组织 GIP 成员就环境和气候风险评估、环境和气候风险披露、绿色金融产品创新等重要议题进行了交流。

我国金融机构也积极提供多种形式的能力建设。中国工商银行牵头发起的"一带一路"银行家圆桌会成了"一带一路"沿线国家商业金融机构间互助合作和能力建设的重要平台;国家开发银行、中国进出口银行、中国农业银行、中国银行等机构结合市场需求与自身优势,提供了大量与"一带一路"建设可持续发展相关的培训。

相关智库机构也协助提供了智力支持。清华大学国际金融研

---

① 资料来源:中央财经大学绿色金融国际研究院,《2021 年上半年中国"一带一路"投资报告》。

究院绿色金融研究中心已协助蒙古国、哈萨克斯坦、巴基斯坦等"一带一路"沿线国家制定绿色金融界定标准，开发绿色项目环境效益评估工具，并与 IFC 等共同发起了绿色金融能力建设项目（GFLP），已面向中亚、拉丁美洲和非洲沿线国家举办多场研讨会。此外，保尔森基金会等国际智库也应邀以专题讲座等形式支持绿色金融改革创新试验区绿色金融能力建设，分享国际经验，取得良好效果。

下一步，我国还应在已取得成绩的基础上，继续提升"一带一路"建设可持续性，坚定推动"一带一路"发展绿色金融，与"一带一路"沿线国家共同推进绿色低碳转型。综合上述情况，本书认为，未来我国可在以下方面加大绿色"一带一路"在金融领域的推进力度。

一是停止海外新建煤电项目投资，继续加大对绿色项目的支持。目前我国已承诺不再新建境外煤电项目，金融机构应做好后续落实工作，同时挖掘相关国家绿色转型潜力，加大对"一带一路"沿线国家清洁能源、绿色环保等低碳项目的资金支持力度。

二是加强绿色金融的第三方合作。中国人民银行与 IFC 等多边开发机构开展了联合融资，迄今已投资超过 200 个项目，覆盖 70 余个国家和地区。应继续通过联合融资支持更多清洁能源等绿色项目，并鼓励我国金融机构与发达国家商业金融机构开展第三方合作，按市场化原则切实满足"一带一路"沿线国家的绿色发展需求。

三是帮助"一带一路"沿线国家建立绿色标准。建立绿色金融标准是开展绿色投融资活动的基础。目前"一带一路"沿线多数发展中国家还没有建立绿色金融标准。作为相关领域的先行者，中国与欧盟正在研究制定一套共同的绿色分类标准。未来，可推动"一带一路"沿线国家使用中欧共同的绿色分类标准，便利国际资金支持沿线绿色发展。

四是加强应对气候变化相关的能力建设。一方面，要发挥官方层面能力建设的重要作用。优化 CICDC 和 GIP 培训课程，增强"一带一路"沿线国家决策者对气候变化相关问题的认识和应对；支持 GIP 在中亚、东南亚和非洲成立区域性分会，帮助当地提升绿色金融发展水平；鼓励金融机构发挥自身优势提供绿色金融相关能力建设。另一方面，要充分发挥学界智库的作用。可在清华大学国际金融研究院绿色金融研究中心开展绿色金融能力建设的基础上，继续支持学界智库协助"一带一路"沿线国家建立绿色金融政策和标准体系，推进沿线国家绿色发展。

1. ACEVEDO S, NOVTA N. Climate Change Will Bring More Frequent Natural Disasters & Weigh on Economic Growth [R]. Washington : IMF, 2017.

2. ADRIAN T, MORSINK J, SCHUMACHER L. Stress test at the IMF [R]. Washington : IMF, 2020.

3. ALBANO M, MCCARTHY I, DETTINGER D, et al. Techniques for constructing climate scenarios for stress test applications [J]. Climatic Change, 2021 (164).

4. Allianz. EU Carbon Border Adjustments & developing country exports : Saving the worst for the last [R]. Munich : Allianz, 2020.

5. Allianz, Euler Hermes. European Climate Policy Goes Global [R]. Munich : Allianz, 2020.

6. ANOUJ M, SONIA C, BELINDA K, et al. Catalyzing Green Finance : A Concept for Leveraging Blended Finance for Green Development [J]. Asia Development Bank, 2017.

7. ANSUATEGI A, ESCAPA M. Economic growth and greenhouse gas

emissions [J] . Ecological Economics, 2002, 40（1）: 23–37.

8. BABIKER M, RUTHERFORD T. The Economic Effects of Border Measures in Subglobal Climate Agreements [J] . The Energy Journal, 2005, 26（4）: 99–125.

9. Bank Negara Malaysia. Climate Change and Principle-based Taxonomy [R] . Kuala Lumpur : Bank Negara Malaysia , 2021.

10. Bank of England. Update on the Bank's approach to the Climate Biennial Exploratory Scenario in selected areas [R] . London : BOE, 2020.

11. Basel Committee on Banking Supervision. Climate-related risk drivers and their transmission channels [R] . Basel : BCBS, 2021.

12. Basel Committee on Banking Supervision. Climate-related financial risks-measurement methodologies [R] . Basel : BCBS, 2021.

13. BARKAY S. Climate change stress testing [J] . The Regulatory Review, 2021.

14. BHATTACHARYA A, STERN N. From rescue to recovery, to transformation and growth : building a better world after COVID-19 [J] . LSE Research Online Documents on Economics, 2020.

15. BOFFO R, PATALANO R. ESG Investing : Practices, Progress and Challenges [R] . Paris : OECD, 2020.

16. BOLTON P, DESPRES M, SILVA L A P, et al. The green swan [M] . Basel : BIS, 2020.

17. BOSELLO F, EBOLI F, PIERFEDERICI R. Assessing the economic impacts of climate change-an updated CGE point of view [J] . Social Science Electronic Publishing, 2012.

18. BURKE M, HSIANG S M, MIGUEL E. Global non-linear effect of temperature on economic production [J] . Nature, 2015, 527（7577）: 235–239.

19. CARATTINI S, HEUTEL G, MELKADZE G. Climate policy, financial

frictions, and transition risk [R] . Cambridge : NBER , 2021.

20. Climate Bonds Initiative . ASEAN Sustainable Finance State of the Market 2020 [EB/OL] . [2021–05–13] . https://www.climatebonds.net/files/ reports/asean-sotm-2020.pdf.

21. Climate Bonds Initiative. Climate Bonds Standards V2.1 [EB/OL] . [2017– 01–25] . https://www.climatebonds.net/files/files/Climate%20Bonds%20 Standard%20v2_1%20-%20January_2017%281%29.pdf.

22. Climate Bonds Initiative . Sovereign Green, Social, and Sustainability Bond Survey The ultimate power to transform the market [EB/OL] . [2021–01–14] . https://www.climatebonds.net/files/reports/cbi-sovereign- green-social-sustainability-bond-survey-jan2021.pdf.

23. Climate Bonds Initiative . Sustainable Debt Global State of the Market 2020 [EB/OL] . [2021–04–23] . https://www.climatebonds.net/files/releases/ media-release-global-sustainable-debt-report-2020-22042021-final-version. pdf.

24. Climate Policy Initiative. Global Landscape of Climate Finance 2015 [EB/OL] . [2015–11–16] . https://www.climatepolicyinitiative.org/wp- content/uploads/2015/11/Global-Landscape-of-Climate-Finance-2015.pdf.

25. COPELAND R , TAYLOR S. Trade, Spatial Separation, and the Environment : The Case of Uruguay Round [J] . Journal of International Economics, 1999, 47 (1): 137–168.

26. Council on Foreign Relations . China's Belt and Road : Implications for the United States [R] . New York : Council on Foreign Relations, 2021.

27. COVAS F. Challenges in stress testing and climate change [R] . Washington : Bank Policy Institute, 2020.

28. DAFERMOS Y, NIKOLAIDI M. How can green differentiated capital requirements affect climate risks ? A dynamic macrofinancial analysis [J] .

Journal of Financial Stability, 2021（54）.

29.   De Nederlandsche Bank. An energy transition risk stress test for the financial system of the Netherlands［R］. Amsterdam ： De Nederlandsche Bank, 2018.

30.   Denmark National Bank. A gradual green transition supports financial stability［R］. Copenhagen ： Denmark National Bank, 2020.

31.   Denmark National Bank. Climate change can have a spillover effect on financial stability［R］. Amsterdam ： De Nederlandsche Bank, 2019.

32.   Deutsche Bank. What are Scope 3 emissions and why are they important?［R］. Frankfurt ： Deutsche Bank, 2021.

33.   DIKAU S, VOLZ U. Central Banking, Climate Change and Green Finance［R］. Manila ： ADBI, 2018.

34.   DIKAU S, VOLZ U. Central bank mandates, sustainability objectives and the promotion of green finance ［J］. Ecological Economics, 2021（184）.

35.   D'ORAZIO P, POPOYAN L. Fostering green investments and tackling climate-related financial risks ： which role for macroprudential policies ?［R］. Pisa ： L Laboratory of Economics and Management, 2018.

36.   EBRD. Green Transition Bond/Green Bond Programme Information Template［R］. London ： EBRD, 2021.

37.   ECB. ECB economy-wide climate stress test［R］. Frankfurt ： ECB, 2021.

38.   ECB. Financial Stability Review［R］. Frankfurt ： ECB, 2019–2022.

39.   ECB/ESRB Project Team on climate risk monitoring. Climate-related risk and financial stability［R］. Frankfurt ： ECB, 2021.

40.   EMERSON C, MORITSCH S. Making Carbon Border Adjustment proposals WTO-compliant［R］. 2021.

41.   EU Technical Expert Group. EU TEG Taxonomy Technical Report［R］. Brussels ： EU , 2019.

42. European Banking Authority. 2021 EU-wide stress test results［R］. Paris：EBA，2021.

43. European Commission. Inception Impact Assessment on Carbon Border Adjustment Mechanism［R］. Brussels：European Commission，2020.

44. European Commission. Strategy for financing the transition to a sustainable economy［R］. Brussels：European Commission，2021.

45. European Commission. Towards a WTO-compatible EU carbon border adjustment mechanism［R］. Brussels：European Commission，2021.

46. European Systemic Risk Board. Positively green：Measuring climate change risks to financial stability［R］. Frankfurt：ESRB，2020.

47. FANKHAUSER S，TOL R. On climate change and economic growth［J］. Resource and Energy Economics，2005，27（1）：1–17.

48. FERIDUN M，GUNGOR H. Climate-related prudential risks in the banking sector：A review of the emerging regulatory and supervisory practices［J］. Sustainability，2020，12（13）：1–20.

49. FERRARI M，PAGLIARI M. No country is an island：international cooperation and climate change［R］. Frankfurt：ECB，2021.

50. FERREIRA C，ROZUMEK D，SINGH R，et al. Strengthening the Climate Information Architecture［R］. Washington：IMF，2021.

51. Financial Services Agency，Ministry of Economy，Trade and Industry and Ministry of the Environment Japan. Basic Guidelines on Climate Transition Finance［R/OL］.［2021–07–05］. https://www.meti.go.jp/press/2021/05/20210507001/20210507001-3.pdf.

52. Financial Stability Board. FSB Roadmap for Addressing Climate-Related Financial Risks［R］. Basel：FSB，2021.

53. Financial Stability Board. Report on Promoting Climate-Related Disclosures［R］. Basel：FSB，2021.

54. Financial Stability Board. The availability of data with which to monitor and assess climate-related risks to financial stability[R]. Basel：FSB，2021.

55. Financial Stability Board. The Implications of Climate Change for Financial Stability[R]. Basel：FSB，2020.

56. FOREST & FINANCE. China Is World's Second Largest Financier of Deforestation-Linked Commodities[EB/OL].[2021−05−04]. https://forestsandfinance.org/news/china-is-worlds-second-largest-financier-of-deforestation-linked-commodities/.

57. French Prudential Supervisory Authority. A first assessment of financial risks stemming from climate change：The main results of the 2020 climate pilot exercise[R]. Paris：ACPR，2021.

58. French Prudential Supervisory Authority. Scenarios and main assumptions of the ACPR pilot climate exercise[R]. Paris：ACPR，2020.

59. G20. G20 Sustainable Finance Roadmap[R]. G20，2021.

60. G20 Green Finance Study Group. G20 Green Finance Synthesis Report[R]. G20，2016−2018.

61. G20 Sustainable Study Group. Synthesis Report 2018[R]. G20，2018.

62. GASPAR V，PARRY I. A Proposal to Scale Up Global Carbon Pricing[R]. Washington：IMF，2021.

63. GREINER A. Anthropogenic climate change and abatement in a multi-region world with endogenous growth[J]. Ecological Economics，2005，55（2）：224−234.

64. GREINER A. Anthropogenic climate change in a descriptive growth model[J]. Environment and Development Economics，2004，9（5）：645−662.

65. GRIPPA P，MANN S. Climate-related stress testing：transition risks in Norway[R]. Washington：IMF，2020.

66. HOWARTH C，MONASTEROLO I. Understanding barriers to decision

making in the UK energy-food-water nexus : The added value of interdisciplinary approaches [J]. Environmental Science & Policy, 2016 （61）: 53–60.

67. HSBC. Green Bond Report 2020 [R]. New York : HSBC, 2020.

68. ICMA. Climate Transition Finance Handbook 2020 [R]. London : ICMA, 2020.

69. ICMA. Sustainable Finance High-level definitions [R]. London : ICMA, 2020.

70. IDFC. IDFC Green Finance Mapping Report [R]. Paris : IDFC , 2017.

71. IFC. A Green Reboot for Emerging Markets [R]. Washington : IFC, 2021.

72. IFC. Emerging Market Green Bonds Report 2020 : On the Road to Green Recovery [R]. Washington : IFC, 2021.

73. IFC. Green Bond Impact Report Financial Year 2020 [R]. Washington : IFC, 2020.

74. IMF. Norway financial system stability assessment [R]. Washington : IMF, 2020.

75. IMF. Philippines financial system stability assessment [R]. Washington : IMF, 2021.

76. IMF. Tax Policy and Climate Change. IMF/OECD REPORT FOR THE G20 FINANCE MINISTERS AND CENTRAL BANK GOVERNORS [R]. Washington : IMF, 2021.

77. IMF. World Economic Outlook [R]. Washington : IMF, 2020.

78. IMF. 2021 Comprehensive Surveillance Review—background paper on integrating climate change into Article IV consultations [R]. Washington : IMF, 2021.

79. IMF. 2021 Financial Sector Assessment Program review—background paper

on quantitative analysis[R]. Washington : IMF, 2021.

80. Institute for Energy Enconomics and Financial Analysis. Finance is leaving thermal coal[EB/OL].[2021–06]. https://ieefa.org/finance-leaving-coal/.

81. Inter-American Development Bank. Inter-American Development Bank Sustainability Report 2017[R]. Washington : Inter-American Development Bank, 2018.

82. International Association of Insurance Supervisors and Sustainable Insurance Forum. Issues Paper on the Implementation of the Recommendations of the Task Force on Climate-related Financial Disclosures[R]. Basel : IAIS, 2020.

83. International Association of Insurance Supervisors and Sustainable Insurance Forum. Application Paper on the Supervision of Climate-related Risks in the Insurance Sector[R]. Basel : IAIS, 2021.

84. International Capital Market Association. Green Bond Principles[EB/OL]. [2021–06]. https://www.icmagroup.org/assets/documents/Sustainable-finance/2021-updates/Green-Bond-Principles-June-2021-140621.pdf.

85. International Organization of Securities Commissions. Recommendations on Sustainability-Related Practices, Policies, Procedures and Disclosure in Asset Management[R]. Madrid : IOSCO, 2021.

86. IPSF. IPSF annual report 2020[R]. Brussels : IPSF, 2020.

87. JUNESAND N. The History of ESG Investing : How ESG investing came to be and why it has grown drastically during the pandemic [EB/OL]. [2021–03–31]. https://storymaps.arcgis.com/stories/9852127fa088448385 821eae134e0b3a.

88. KATHY G. COP26 : Spot light on the finance community[J]. Energy & Climate Intelligence Unit, 2020.

89. KPMG. New carbon borders change the game for high carbon products and

exports [R]. Amstelveen : KPMG, 2020.

90. KRISTALINA G. Remarks by IMF Managing Director at the Climate Adaptation Summit : The IMF is placing climate change at heart of its work [EB/OL]. [2021–01–25]. https://www.imf.org/en/News/Articles/2021/01/25/sp012521-md-remarks-at-the-climate-adaptation-summit.

91. KUIK O. The Effect of Trade Liberalization on Carbon Leakage under the Kyoto Protocol : Experiments with GTAP-E [D/OL]. Amsterdam : Vrije University, 2001.

92. KUIK O, HOFKES M. Border adjustment for European emissions trading : competitiveness and carbon leakage [J]. Energy Policy, 2010, 38 (4): 1741–1748.

93. LAMPERTI F, BOSETTI V, ROVENTINI A, et al. Three green financial policies to address climate risks [J]. Journal of Financial Stability, 2021 (54).

94. MATIKAINER S, CAMPIGLIO E, ZENGHELIS D. The climate impact of quantitative easing [R]. London : CCCEP, 2017.

95. McKinsey Company. A blueprint for scaling voluntary carbon markets to meet the climate challenge [R]. Zurich : McKinsey Company, 2021.

96. MEADOWS D H, RANDERS J, MEADOWS D L. The Limits to Growth (1972)[M]. New Haven : Yale University Press, 2013.

97. MONASTEROLO I, BATTISTON S. Assessing forward-looking climate risk in financial portfolios : a science-based approach for investors and supervisors [R]. Paris : NGFS, 2019.

98. Monetary Authority of Singapore. Green Finance Industry Taskforce : Identifying a Green Taxonomy and Relevant Standards for Singapore and ASEAN [R]. Singapore : Monetary Authority of Singapore, 2021.

99. MONGELLI I, TASSIELLI G, NOTARNICOLA B. Global Warming

Agreements, International Trade and Energy/carbon Embodiments : An Input-Output Approaches to the Italian Case [J]. Energy Policy, 2006, 34（1）: 88–100.

100. MONNIN P. Systemic Risk Buffers—The Missing Piece in the Prudential Response to Climate Risks [R]. Zurich : Council on Economic Policies, 2021.

101. NACHTIGALL D. The economic and environmental benefits from international co-ordination on carbon pricing : Insights from economic modelling studies [R]. Paris : OECD , 2021.

102. Network for Greening the Financial System. Guide to climate scenario analysis for central banks and supervisors [R]. Paris : NGFS, 2021.

103. Network for Greening the Financial System. Guide to climate scenario analysis for central banks and supervisors [R]. Paris : NGFS, 2020.

104. NGFS. Climate Change and Monetary Policy Initial takeaways [R/OL]. Paris : NGFS, 2020.

105. NGFS. Guide for Supervisors Integrating Climate-related and environmental risks into prudential supervision [R/OL]. Paris : NGFS, 2020.

106. NORDHAUS W D. Economic aspects of global warming in a post-Copenhagen environment [J]. Proceedings of the National Academy of Sciences, 2010, 107（26）: 11721–11726.

107. NORDHAUS W D. Economic growth and climate : the carbon dioxide problem [J]. The American Economic Review, 1977 : 341–346.

108. NORDHAUS W D. How fast should we graze the global commons?[J]. The American Economic Review, 1982, 72（2）: 242–246.

109. NORDHAUS W D. Resources as a Constraint on Growth [J]. The American Economic Review, 1974, 64（2）: 22–26.

110. NORDHAUS W D. To slow or not to slow : the economics of the greenhouse

effect[J]. The Economic Journal, 1991, 101（407）: 920–937.

111. OECD. Border Carbon Adjustment and International Trade : A Literature Review[R]. Paris : OECD, 2013.

112. OECD. Carbon Pricing Design : Effectiveness, efficiency and feasibility [R]. Paris : OECD, 2020.

113. OECD. Developing Sustainable Finance Definitions and Taxonomies[R]. Paris : OECD, 2020.

114. OECD. Effective Carbon Rates 2021 : Pricing Carbon Emissions through Taxes and Emissions Trading[R]. Paris : OECD, 2021.

115. OECD. Is there a Case for Carbon-Based Border Tax Adjustment ? An Applied General Equilibrium Analysis[R]. Paris : OECD, 2020.

116. OECD. OECD Employment Outlook 2021[R]. Paris : OECD, 2021.

117. OECD. The Climate Challenge and Trade : Would border carbon adjustments accelerate or hinder climate action? [R]. Paris : OECD, 2020.

118. PRETE C L, TYAGI A, HOHL C. California's cap-and-trade program and emission leakage in the electricity sector : an empirical analysis[D/OL]. Pennsylvania : Pennsylvania State University, 2019.

119. RAINFOREST ACTION NETWORK. Banking on Climate Chaos 2021 [EB/OL].[2021]. https://www.ran.org/bankingonclimatechaos2021/.

120. REGELINK M, REINDERS J, VLEESCHHOUWER M, et al. Waterproof? An exploration of climate-related risks for the Dutch financial sector[R]. Amsterdam : De Nederlandsche Bank, 2017.

121. ROY J, TSCHAKERT P, WAISMAN H, et al. Sustainable Development, Poverty Eradication and Reducing Inequalities[R]. Geneva : IPCC, 2018.

122. SARIO F, PALLARDY D. EU close to new carbon tax on all global imports [N]. ICIS Editorial, 2021–03–15.

123. SENNI C, MONNIN P. Central Bank Market Neutrality is a Myth[R].

Zurich : Council on Economic Policies, 2020.

124. The Independent Expert Group on Climate Finance. Delivering on the $100 billion climate finance commitment and transforming climate finance [R/OL]. 2021.

125. The White House. U.S. INTERNATIONAL CLIMATE FINANCE PLAN [EB/OL]. 2021.

126. UNFCCC. Investment and Financial flows to Address Climate Change [R]. Bonn : UNFCCC, 2021.

127. UNFCC. Introduction to Climate Finance [R]. Bonn : UNFCCC, 2021.

128. United Nations-Department of Economic and Social Affairs (UN-DESA) and International Platform on Sustainable Finance (IPSF). Input paper to G20 SFWG-Improving compatibility of approaches to identify, verify and align investments to sustainability goals [R/OL]. 2020.

129. WENDY C, ACHIM S. The Coal Transition : Mitigating Social and Labor Impacts [R]. Geneva : World Bank, 2021.

130. WINCHESTER N. The impact of border carbon adjustments under alternative producer responses [J]. American Journal of Agricultural Economics, 2012, 94 (2): 354–359.

131. World Bank. Belt and Road Economics : Opportunities and risks of transport corridors [R]. Geneva : World Bank, 2019.

132. World Bank. Common Principles for Climate Mitigation Finance Tracking [EB/OL]. [2021–10–02].https://www.worldbank.org/en/news/feature/2015/04/03/common-principles-for-tracking-climate-finance.

133. World Bank. State and Trends of Carbon Pricing 2021 [R]. Geneva : World Bank, 2021.

134. World Bank, AfDB, AsDB, et al. A Framework and Principles for Climate Resilience Metrics in Financing Operations [R/OL]. 2019.

135. World Bank，AfDB，AsDB，et al. Joint MDB Report on Mitigation Finance［R/OL］. 2012–2014.

136. World Bank，AfDB，AsDB，et al. Joint Report on Multilateral Development Banks' Climate Finance［R/OL］. 2015–2021.

137. World Bank，IMF，OECD，Regional Development Banks. Mobilizing Climate Finance：A Paper prepared at the request of G20 Finance Ministers ［R/OL］. 2011.

138. YANNIS D，MARIA N，GIORGOS G. Climate change financial stability and monetary policy［J］. Ecological Economics，2018.

139. 陈健恒，王海波，等 . 绿色债券的国际实践和经验借鉴［EB/OL］. ［2021–06–09］. https://mp.weixin.qq.com/s/_pJgvYALbCbrGvO43Ihj5A.

140. 德勤 . 可持续发展焦点专题第十一期：ESG 鉴证助力企业提升信息披露质量［EB/OL］.［2021–06］. https://www2.deloitte.com/cn/zh/pages/risk/articles/high-quality-info-disclosure.html.

141. 德勤 . 可持续发展焦点专题第十四期：国际主流 ESG 评级介绍与提升建议［EB/OL］.［2021–06］. https://www2.deloitte.com/cn/zh/pages/risk/articles/international-esg-ratings-and-suggestions.html.

142. 德勤 . 可持续发展焦点专题第十八期：绿色保险的发展与建议［EB/OL］.［2021–06］. https://www2.deloitte.com/cn/zh/pages/risk/articles/environmental-social-and-governance-18.html.

143. 第一财经 . 专访沈联涛：全球合作是抗击疫情的唯一上策，确保良好沟通是关键［N］. 第一财经，2020–02–28.

144. 董钺，张笑寒 . 解读欧盟碳边境调节机制［R］. 北京：能源基金会报告，2021.

145. 复旦大学一带一路及全球治理研究院 . 欧盟碳边境调节机制研究报告 ［R］. 上海：复旦大学一带一路及全球治理研究院，2021.

146. 桂荷发，郭苑 . 绿色金融信息披露存在的问题与对策研究［J］. 金融与经济，2018（6）：73-77.

147. 国家发展和改革委员会.关于印发《绿色产业指导目录（2019年版）》的通知［EB/OL］.［2021］.http://www.beijing.gov.cn/fuwu/lqfw/gggs/202109/P020210912367919412891.pdf.

148. 郭谁琼，黄贤金.气候变化经济学研究综述［J］.长江流域资源与环境，2012，21（11）：1314-1322.

149. 卡尼.马克·卡尼在负责任投资原则（PRI）中国碳中和周的主旨发言［R］.PRI Youtube网站，2021.

150. 李研妮.中欧绿色分类标准比较分析［J］.金融纵横，2020（10）：28-33.

151. 刘桂平.发展绿色金融助力"30·60目标"实现［N］.中国证券报，2021-01-18.

152. 刘燕华，李宇航，王文涛.中国实现"双碳"目标的挑战、机遇与行动［J］.中国人口·资源与环境，2021，31（9）：1-5.

153. 陆文钦.中欧绿色金融标准一致性的比较与分析［J］.债券，2020（4）：75-80.

154. 陆文钦，王遥.明确界定绿色债券项目［J］.中国金融，2016，6（11）：56-57.

155. 鲁政委，钱立华，方琦.可持续金融领域的相关概念辨析［EB/OL］.［2020-12-28］.https://mp.weixin.qq.com/s/Q0WA9k3gj_NBeHyl1Mq2tg.

156. 马翠萍，史丹.开放经济下单边碳减排措施加剧全球碳排放吗——对碳泄露问题的一个综述［J］.国际经贸探索，2014，30（5）：4-15.

157. 马骏.绿色金融内容的"五大支柱"［EB/OL］.［2020-10-09］.https://mp.weixin.qq.com/s/x9esO5NZZY4oxceKtI2wJQ.

158. 马骏，孙天印.气候变化对金融稳定的影响［J］.现代金融导刊，2020（3）：4-9.

159. 马骏，孙天印.气候转型风险和物理风险的分析方法和应用——以煤电和按揭贷款为例［J］.清华金融评论，2020（9）.

160. 人行国际司青年课题组.界定绿色经济活动的边界：绿色分类标准
    ［N］.第一财经日报，2021（A11）.

161. 商道融绿.A股上市公司ESG评级分析报告2020［R］.北京：商道融
    绿，2021.

162. 商道融绿.中国责任投资年度报告2020［R］.北京：商道融绿，2021.

163. 生态环境部，国家发展和改革委员会，中国人民银行，等.关于促进应
    对气候变化投融资的指导意见［EB/OL］.［2020-10-21］. https://www.
    mee.gov.cn/xxgk2018/xxgk/xxgk03/202010/t20201026_804792.html.

164. 施懿宸，尹潇涵，杨晨辉.绿色保险：全球视角下的创新型绿色保险
    产品综述［EB/OL］.［2021-02-23］. http://iigf.cufe.edu.cn/info/1012/3895.
    htm.

165. 田辉.中国绿色保险的现状问题与未来发展［J］.发展研究，2014（5）：
    4-7.

166. 王博璐，陆文钦.中国《绿色债券支持项目目录》（2021）与欧盟《可
    持续金融分类方案-气候授权法案》（2021）的差异点［J］.清华金融
    评论，2021（4）.

167. 王海波，万筱越，等.绿债支持项目统一，助力市场规模化发展——
    《绿色债券支持项目目录（2021年版）》简评［EB/OL］.［2021-04-22］.
    https://mp.weixin.qq.com/s/iIs5bLka6Dd1OnYRe0c3SA.

168. 王天鹏，滕飞.可计算一般均衡框架下的气候变化经济影响综合评估
    ［J］.气候变化研究进展，2020，16（4）：480.

169. 王遥，潘冬阳，彭俞超.基于DSGE模型的绿色信贷激励政策研究［J］.
    金融研究，2019，473（11）：1-18.

170. 项目综合报告编写组.《中国长期低碳发展战略与转型路径研究》综合
    报告［J］.中国人口·资源与环境，2020，30（11）：1-25.

171. 肖江，严星.绿色金融标准体系现状、国际比较及建议［J］.金融实

务，2020（5）：81-7.

172. 新世纪评级研发部 . 绿色债券信用评级探究［EB/OL］.［2016-07-18］. https://mp.weixin.qq.com/s/c_ayYsd9IibnLWMNslR6Dg.

173. 兴业研究 .《欧盟可持续金融分类方案》精要与启示［EB/OL］.［2020-02-10］. https://mp.weixin.qq.com/s/e2n1GO1KENTDcnzyyghifQ.

174. 兴业研究 . 欧盟可持续金融战略与进展分析［EB/OL］.［2020-02-20］. https://mp.weixin.qq.com/s/8iP4dwi1xNieAONotuByvA.

175. 易纲 . 完善绿色金融顶层设计 将创设碳减排支持工具［N］. 经济参考报，2021-04-21.

176. 殷红 . 全球绿色分类标准及发展［J］. 绿色金融，2020（9）.

177. 中国工商银行环境因素压力测试课题组 . 环境因素对商业银行信用风险的影响——工商银行基于压力测试的研究与应用［J］. 金融论坛，2016，21（2）：3-16.

178. 中国建设银行 . 建设银行 2020 年度报告［R］. 北京：中国建设银行，2021.

179.《中国绿色金融发展报告》编写组 . 我国绿色贷款业务分析［J］. 中国金融，2021（12）：48-50.

180. 中国人民银行，财政部，国家发展和改革委员会，等 . 关于构建绿色金融体系的指导意见［EB/OL］.［2016-08-31］. http://www.gov.cn/xinwen/2016-09/01/content_5104132.htm.

181. 中国人民银行，国家发展和改革委员会，证监会 . 关于印发《绿色债券支持项目目录（2021 年版）》的通知［EB/OL］.［2021-04-21］. http://www.gov.cn/zhengce/zhengceku/2021-04/22/content_5601284.htm.

182. 中国人民银行 . 人民银行有关部门负责人就《绿色债券支持项目目录（2021 年版）》有关问题答记者问［EB/OL］.［2021-4-21］. http://www.pbc.gov.cn/goutongjiaoliu/113456/113469/4236398/index.html.

183. 中国人民银行 . 2021 年一季度金融机构贷款投向统计报告［EB/OL］.

［2021-04-30］. http://www.pbc.gov.cn/goutongjiaoliu/113456/113469/4241312/index.html.

184. 中国人民银行研究局.我国绿色贷款业务分析［J］.中国金融，2021（12）：48-50.

185. 中国新能源海外发展联盟.“一带一路”可再生能源发展合作路径及其促进机制研究［R］.北京：中国新能源海外发展联盟，2019.

186. 中金公司研究部，中金研究院.碳中和经济学［M］.北京：中信出版集团，2021.

187. 中金研究院.欧盟碳边境调节机制对中国经济和全球碳减排影响的量化分析［EB/OL］.［2021-05-26］. https://mp.weixin.qq.com/s/08ZGhgTtP1sk1Wnb_Xs5mQ.

188. 周小川.夯实应对气候变化的数据与计量基础［N］.第一财经日报，2021-04-01.

189. 周小川.建立碳市场需要回答的若干问题［J］.北大金融评论,2021(5).

190. 周小川.碳中和经济分析——周小川有关论述汇编［M］.北京：中国金融出版社，2021.

191. 朱江璐，赵建勋.国内外绿色金融统计标准比较研究［J］.金融在线，2019（30）：170-172.

附 录

英文缩写词汇表

英文缩写	释义
ABM	代理人基模型
ADB	亚洲开发银行
AfDB	非洲开发银行
AGTF	非洲共同增长基金
AIIB	亚洲基础设施投资银行
BCBS	巴塞尔银行监管委员会
BCBS TFCR	BCBS气候变化风险高级别工作组
BIS	国际清算银行
BRBR	"一带一路"银行间常态化合作机制
CBI	气候债券倡议组织
CBPS	企业债券购买计划
CBS	气候债券标准
CCER	中国核证自愿减排量
CCUS	碳捕集、利用与封存
CDM	清洁发展机制
CDP	环境信息披露行动
CDSB	气候披露标准委员会
CGE	可计算一般均衡

英文缩写	释义
CICDC	中国-国际货币基金组织联合能力建设中心
COP	缔约方大会
CORSIA	国际航空碳抵消与减排机制
CSPP	企业部门购买计划
DNSH	无重大损害
DSGE	动态随机一般均衡
EBA	欧洲银行业管理局
EBRD	欧洲复兴开发银行
EFRAG	欧洲财务报告咨询小组
EIB	欧洲投资银行
EIONA	欧洲保险和职业养老金管理局
ESG	环境、社会和治理
ESMA	欧洲证券及市场管理局
ESRB	欧洲系统性风险委员会
ETS	碳排放权交易体系
FSAP	金融部门评估规划
FSB	金融稳定理事会
FSB AGV	FSB 脆弱性分析小组
FSB WGCR	FSB 气候风险工作组
G20	二十国集团
G7	七国集团
GBP	《绿色债券原则》
GCA	全球适应委员会
GCF	绿色气候基金
GFANZ	格拉斯哥净零金融联盟
GFLP	绿色金融能力建设项目

英文缩写	释义
GIP	《"一带一路"绿色投资原则》
GRI	全球披露倡议
IAIS	国际保险监督官协会
IAM	气候变化综合评估模型
IASB	国际会计准则理事会
ICMA	国际资本市场协会
ICPs	IAIS 保险核心原则
IDB	泛美开发银行
IDFC	国际开发性金融俱乐部
IEEFA	能源经济和金融分析研究所
IFC	世界银行下属的国际金融公司
IFRS	国际财务报告准则
IIF	国际金融协会
IIRC	国际联合披露理事会
IMF	国际货币基金组织
IMF CID	IMF 气候变化指标模板
IOSCO	国际证监会组织
IOSCO STF	IOSCO 可持续金融特别工作组
IPAC	国际气候行动计划
IPCC	联合国政府间气候变化专门委员会
IPSF	可持续金融国际平台
IRENA	国际可再生能源署
IsDB	伊斯兰开发银行
ISIC	联合国国际标准产业分类体系
ISSB	国际可持续发展准则理事会
LCR	流动性覆盖率

英文缩写	释义
MLF	中期借贷便利
MRV	碳计量核查体系
NACE	欧洲行业标准分类系统
NDC	国家自主贡献
NGFS	央行与监管机构绿色金融网络
NIB	北欧投资银行
NSFR	净稳定资金比率
OECD	经济合作与发展组织
OLG	世代交叠
OTC	场外交易
PCAF	碳会计金融伙伴关系
PRI	联合国《负责任投资原则》
RGGI	区域温室气体减排机制
SASB	可持续会计标准委员会
SDG	可持续发展目标
SFC	存量流量一致
SIF	联合国可持续保险论坛
SLB	可持续发展挂钩债券
TCFD	气候相关财务信息披露工作组
UNDP	联合国开发计划署
UNEP	联合国环境规划署
UNEP FI	联合国环境规划署金融倡议
UNFCCC	《联合国气候变化框架公约》
VaR	风险价值度量指标
WCED	世界环境与发展委员会
WTO	世界贸易组织

后 记

气候变化是当前世界面临的最严峻的挑战之一。步入 21 世纪第二个 10 年，国际社会普遍更加重视气候变化问题。到 2021 年底，已有 130 多个国家宣布了 21 世纪中期达成碳中和的目标。2021 年 11 月，在英国格拉斯哥举行的 UNFCCC 第 26 次缔约方大会上，各国就《巴黎协定》实施细则达成共识，接近 200 个国家签署了《格拉斯哥气候协议》。

我国也基于自身发展考量，顺应国际趋势，积极应对气候问题，推动构建"人与自然生命共同体"。2020 年，我国宣布碳达峰、碳中和目标后，又在 2021 年进一步做出"不再新建境外煤电项目"的庄严承诺，彰显出我们应对气候变化挑战的决心，也汇聚起全球可持续发展的强大合力。

在此背景下，各方普遍认识到，金融可以对绿色转型发挥积极作用。一方面，通过恰当的金融工具和金融政策，可以更有效地将资源配置到绿色产业，支持应对气候变化；另一方面，设计得当的金融产品有助于管理气候相关金融风险，可以更好地助力绿色产业健康发展。

随着金融支持应对气候变化成为各方共识，近年来国内外相关合作平台和机制不断涌现。国际上，G20 制定了《G20 可持续金融路线图》，为中期内引导国际市场资金支持应对气候变化提供了重要指引。国际货币基金组织、金融稳定理事会、央行与监管机构绿色金融网络等也已行动起来，多项倡议取得积极进展。在国内，金融支持应对气候变化的政策框架已基本确立并不断完善，相关金融产品和市场也正迅猛发展，为我国应对气候变化提供了重要支持，也为国际社会贡献了中国经验和中国智慧。

本书为中国金融四十人论坛课题"金融支持碳达峰、碳中和"的研究成果。本书编写组从国际和国内两个角度，对金融支持应对气候变化、管理气候相关金融风险的政策框架及实践情况做了较为全面的总结与分析，以期将金融支持碳达峰、碳中和的国际经验与中国实践更全面地呈现给广大读者。本书编写组的组长为朱隽，成员包括艾明、滕锐、徐昕、白雪飞、戚雅林和傅秋子。在本书的编写过程中，刘烨、马辉、蔡晓莉、胡小璠和刘展江为相关章节提供了材料，王红波、刘璟、姜志霄、王正昌和卢诵典也做出了贡献，在此一并感谢。

金融支持应对气候变化的理论和实践仍处于快速更新的过程中，尽管本书对国际国内情况的梳理和分析力求完善，但难免有一些疏漏之处，敬请读者批评指正。路漫漫其修远兮，金融支持应对气候变化的工作方兴未艾、任重道远，我们期待在这一伟大征程中继续贡献自己的力量。